ISBN 978-0-282-10863-2
PIBN 10597780

This book is a reproduction of an important historical work. Forgotten Books uses state-of-the-art technology to digitally reconstruct the work, preserving the original format whilst repairing imperfections present in the aged copy. In rare cases, an imperfection in the original, such as a blemish or missing page, may be replicated in our edition. We do, however, repair the vast majority of imperfections successfully; any imperfections that remain are intentionally left to preserve the state of such historical works.

1 MONTH OF
FREE
READING

at

www.ForgottenBooks.com

By purchasing this book you are eligible for one month membership to ForgottenBooks.com, giving you unlimited access to our entire collection of over 700,000 titles via our web site and mobile apps.

To claim your free month visit:
www.forgottenbooks.com/free597780

English
Français
Deutsche
Italiano
Español
Português

www.forgottenbooks.com

Mythology Photography **Fiction**
Fishing Christianity **Art** Cooking
Essays Buddhism Freemasonry
Medicine **Biology** Music **Ancient
Egypt** Evolution Carpentry Physics
Dance Geology **Mathematics** Fitness
Shakespeare **Folklore** Yoga Marketing
Confidence Immortality Biographies
Poetry **Psychology** Witchcraft
Electronics Chemistry History **Law**
Accounting **Philosophy** Anthropology
Alchemy Drama Quantum Mechanics
Atheism Sexual Health **Ancient History**
Entrepreneurship Languages Sport
Paleontology Needlework Islam
Metaphysics Investment Archaeology
Parenting Statistics Criminology
Motivational

Die

Tragödien

des

Sophokles.

Uebersetzt

von

Georg Thudichum.

—◆—

Zweiter Theil.

Trachinierinnen.   Aias.   Philoktetes.   Elektra.

Leipzig & Darmstadt, bei Carl Wilhelm Leske
und
Bonn, bei Adolph Marcus.
1838.

Die

rachinierinnen.

———————◆———————

„Doch ist's beschlossen, wenn es Ihn verderben soll,
In diesem Angriff mit ihm in den Tod zu gehn.
Denn niedern Rufs zu leben, trägt geduldig nicht,
Die groß es achtet, eine Niedre nicht zu sein."

Deianeira.

In der Zeit seiner Dienstbarkeit unter Eurystheus ver=
mählte sich Herakles mit des aitolischen Königs Oineus
Tochter Deianeira, die er im Zweikampfe seinem Mitbe=
werber, dem Flußgott Acheloos, abgewonnen hatte, und
lebte zuerst mit ihr in dem Hause seines Schwähers in
Pleuron. Bald aber nöthigte ihn ein unvorsätzlich begange=
ner Todtschlag das Land zu verlassen, und er zog mit seiner
Gemahlin nach Tiryns, einer Stadt in Argolis, die ihm
schon früher einmal zum Wohnsitz angewiesen worden war.

Auf diesem Zuge mußten sie, noch in Aitolien, den
Fluß Euenos überschreiten, und Herakles, vorangehend,
durchwatete die Furt, während Deianeira von dem Kentauren
Nessos hinübergetragen wurde. Da er sie aber mitten im
Flusse gewaltsam antastete, wandte sich Herakles auf ihr
Hülferufen um und erschoß ihn. Sterbend gab ihr das
Ungeheuer eine Handvoll Blut aus der Wunde, als ein
wirksames Zaubermittel, um ihr die Liebe ihres Gatten zu
sichern. Dieses Blut aber war vergiftet von der Galle der
lernischen Hydra, in welche Herakles vordem seine Pfeile
getaucht hatte.

Geraume Zeit nach diesem, während das Paar in Tiryns
wohnte und mehrere Kinder, unter ihnen den ältesten Sohn
Hyllos, erzeugte, geschah es, daß Herakles, der unterdessen
noch viele seiner theils gezwungenen, theils freiwilligen Ar=
beiten und Züge vollführte, von heftiger Liebe gegen Jole,

1*

die jugendliche Tochter des Eurytos, Königs von Oicha=
lia auf Euboia, entzündet wurde und sie von ihrem Vater
zu geheimer Vermählung begehrte. Da sie ihm dieser aber,
wie billig, verweigerte, wurde er so sehr erzürnt, daß er,
sonst immer offen und redlich, Jole's Bruder Iphitos, den
er als Gastfreund bei sich aufgenommen, meuchelmörderisch
vom Felsen von Tiryns hinabstürzte.

In Folge dieser Uebelthat mußten die Seinigen aus
dem Lande weichen und begaben sich nach Trachis zu dem
Könige Keyx; ihn selbst aber ließ Zeus zur Strafe auf ein
Jahr verkaufen, und es erstand ihn die lydische Königin
Omphale, bei welcher er die bestimmte Zeit als Sclave
diente, und auch dort, auf seiner Gebieterin Befehl, verschie=
dene Heldenthaten ausführte. Losgegeben überzog er sogleich
Oichalia, eroberte die Stadt, erschlug den Eurytos mit seinen
Söhnen und führte Jole als Gefangene mit sich.

Eben ist er, nach fünfzehnmonatlicher Abwesenheit, im
Begriff, zu den Seinen zurückzukehren, gerade zu der Zeit,
auf die ihm vordem das Ende seiner Mühen geweissagt
worden. Und wenn er bei seinem Auszug, in trauriger
Stimmung, dem Orakel eine unglückliche Auslegung zu geben
geneigt gewesen, so glaubt er jetzt, nach erlangtem Siege,
seines Wunsches gewährt, einer ruhigen Zukunft gewiß zu
sein, während sein treues Weib, die seit seinem Weggang
ohne Nachricht geblieben, jetzt in der entscheidenden Zeit von
bangen Ahnungen verfolgt, seiner Rückkehr sorgenvoll ent=
gegensieht.

Personen.

Deianeira.
Dienerin.
Hyllos.
Chor von trachinischen Jungfrauen.
Bote.
Lichas.
Amme.
Greis.
Herakles.

Scene: Platz vor dem Palaste des Keyx.

Deianeira.   Dienerin.

Deianeira.

Es ist ein Wort der Menschen, kund aus alter Zeit,
Daß keines Jrd'schen Leben werd' erkannt, bevor
Er sterbe, nicht ob gut es, nicht ob übel sei.
Jch aber weiß vom meinen, eh zu Hades noch
Jch komme, daß mir's traurig ist und kummerschwer.
Die ich in Dineus, meines Vaters, Hause noch
Daheim in Pleuron wohnend, vor dem Bräutigam
Schmerzvollste Angst litt, wenn ein Weib Aitolia's.
Denn Freier dorten war ein Fluß, Acheloos, mir,
Und heischt' in drei Gestalten bei dem Vater mich:
Ein Farren leibhaft kommend, bald ein schillernder
Gewundner Drache, bald auf Menschenhüll' ein Haupt
Des Stieres; doch aus schattendichtem Kinn herab
In Bächen strömte quellenhafter Trank umher.
Solch eines Brautbewerbers mich gewärtigend,
Jch Arme, fleht' ich nur den Tod mir stets herbei,
Eh' diesem Lager je dereinst ich müßte nahn.
Doch endlich, zwar in später Zeit, doch mir erwünscht,
Erschien Alkmene's und des Zeus gepries'ner Sohn,
Der zu des Gefechtes Kampf mit ihm zusammentraf,
Und mich befreiet. Und der Kampfesmühn Gestalt
Nicht sag' ich, denn ich weiß es nicht; wenn aber wer
Dasaß vom Anblick ungeschreckt, der sag' es an.
Denn ich verharrt' indessen ganz betäubt von Furcht,
Daß nicht die Schönheit einst mir Schmerz bereitete.
1 — 25.

Doch fügt' am Ende Zeus der Kampfeshort es gut,
Wenn anders gut. Denn theilend nun des Herakles
Erkornes Lager, nähre Furcht auf Furcht ich stets,
Um ihn mich ängstlich quälend. So bringt eine Nacht,
Und eine Nacht, ihr folgend, treibt hinweg die Noth.
Und uns erwuchsen Kinder, die er irgendwann,
Sowie ein Landmann eine fern erworbne Flur
Nur bei der Aussaat und der Aerndt' Einmal erblickt.
Von solchem Leben in das Haus und aus dem Haus
Ward stets der Mann, in fremder Dienstbarkeit geführt.
Doch nun er dieser Kämpfe Ziel zurückgelegt,
Da bin ich erst am meisten unruhvoll um ihn.
Denn seit die Kraft des Iphitos der Held erschlug,
Sind wir allhier in Trachis, Landvertriebene,
Bei gastverwandtem Mann daheim. Wo er jedoch
Gewandelt, Niemand weiß es. Mir nur bittre Wehn
Um sein Geschick auflegend, ging von hinnen er.
Und fast gewißlich weiß ich, daß ein Leid ihn traf;
Denn nicht ist kurze Zeit es, nein zehn Monden schon
Zu andern fünfen, daß er botschaftlos verweilt.
Und schwer ist, was er leidet. Solch ein Täflein mir
Zurücklassend schied er, das zu Göttern oft
Ich bete daß mir's ohne Leid empfangen sei.

Dienerin.

Gebietrin Deianeira, oft zwar sah ich schon,
Wie du in thränenreichen Schmerzergießungen
Den Wanderauszug Herakles bejammertest.
Nun aber, wenn des Freien Unterweisung ziemt
Der Sclaveneinsicht, sei von mir auch Eins gesagt.
Warum an so viel Söhnen bist du reich, und doch
Den Mann zu suchen schickst du einen nicht hinaus?
Vor allen Hyllos, dem es ziemt, wenn Sorg' er trüg'
Um seinen Vater, seines Wohls gewiß zu sein.
Da eilt er eben nahen Schritts zum Haus heran,

Daß also, wenn dir zeitig meine Red' erschien,
Du nutzen kennst den Jüngling und was ich dir sprach.

Hyllos.   Vorige.

Deianeira.

O Sohn, Geliebter, auch dem Abkunftlosen ja
Entfällt ein Wort zum Guten. So hat dieses Weib,
Zwar Sclavin, eines Freigebornen Wort gesagt.

Hyllos.

Und welches? Sag', o Mutter, wenn's zu sagen ist.

Deianeira.

Daß du den Vater, der so lang im fremden Land,
Nicht suchest, wo er weile, bringt Beschämung dir.

Hyllos.

Allein ich weiß es, soll Gerüchten man vertraun.

Deianeira.

Und wo des Landes hörst du daß er weilt, o Sohn?

Hyllos.

Den jüngsten Sommer lange Zeit arbeitet' er
Als Fröhner, sagt man, einem Weibe Lydia's.

Deianeira.

Nun Alles, wenn er Dieß ertrug, gewarte man.

Hyllos.

Allein entlassen, wie ich höre, ward er dort.

Deianeira.

Wo nun denn lebend, oder todt, ihn meldet man?

Hyllos.

Im Land Euboia, vor der Stadt des Eurytos
Zu Felde, sagt man, lieg' er, oder werb' es noch.

Deianeira.

Und weißt du Sohn nun, daß er zuverlässige
Weissagung über dieses Land zurück mir ließ?

50 — 77.

Hyllos.

Welch eine, Mutter? Denn ich kenne nicht das Wort.

Deianeira.

Daß seines Lebens letztes Ziel er werde dort
Sehn, oder, endend diesen Kampf, inskünftige,
Den Rest des Lebens, segenbare Tag' empfahn.
In solchem Ausschlag schwebend, gehst du nun, o Kind,
Ihm nicht zum Beistand? da wir selbst gerettet sind,
Wenn Er sich rettet, oder mit ihm untergehn.

Hyllos.

Ich gehe, Mutter. Wäre dieses Götterworts
Ausspruch mir kund gewesen, längst wohl war ich dort.
Doch ließ des Vaters langgewohntes Glück uns nicht
Um ihn verzagen, noch zu sehr in Sorgen sein.
Jetzt aber wissend, unterlaß' ich Nichts, bevor
Ich ganz die Wahrheit dieser Dinge nicht vernahm.

Deianeira.

So geh', o Kind, nun. Denn es fährt dem Spätern auch
Das Glück, vernahm er's endlich, noch Gewinn herein.

(Hyllos ab. Der Chor, aus der Stadt kommend, ordnet sich vor
dem Palaste.)

Deianeira.   Chor.

Chor.

Strophe 1.

Dich, den die Glanznacht im Ersterben hervor
Gebiert, und neu stets bettet, den flammenden Gott
    Helios, Helios ruf' ich,
        Daß du kund uns thust Alkmene's
        Sprossen, allwo er mir, wo
Doch wohnt, o du hellblitzend in flammendem Glanz!
        Ob wo in Meers Thalwegen, ob
        Er auf den zwo Landvesten ruht;
    Sprich, dessen Aug' obsiegt im Schauen.

Antistrophe 1.

Denn kund mir wird, daß sie in sehnendem Geist,
Die Braut des Wettkampfs, Deïaneira, so lang,
  Gleich dem bekümmerten Vogel,
  Nie des Augs Sehnsucht, befreit von
  Thränen, beschwichtiget, nein
Um Mannes Auszug schwebend in mahnender Angst,
  Auf gattenlos schwermüth'ger Ruh=
  statt hin sich einsam quält, ein schlimm
  Geschick, die Unglücksel'g', erwartend.

Strophe 2.

  Wie du gedrängt vor dem regen
  Boreas, oder dem Notos,
  Wogen in offener Meersluth,
  Gehend' und kommende siehst;
  So auch den Sohn Kadmos umfängt,
  Es wächst die mühselige Noth
  Des Lebens, gleich kretischen Meers
  Wallungen. Aber stets ein Gott
  Ziehet ihn ohne Fehl zurück
  Wieder vom Haus des Hades.

Antistrophe 2.

  Darum ein tadelndes Wort, zwar
  Freundlich, dir setz' ich entgegen:
  Sage dir, daß du die Hoffnung
  Nimmer entkräften dir sollst,
  Die edle. Schmerzloses ja fiel
  Auch nicht vom allwaltenden Herrn,
  Des Kronos Sohn, Sterblichen zu.
  Gehet ob allen Leid und Lust
  Doch in die Runde, wie der um=
  kehrende Pfad der Bärin.

Epode.

  Denn dauernd bleibt nicht die Glanz=
  Nacht den Menschen, noch die Keren,

Noch der Reichthum; alsobald ent-
weichet und dem Andern naht
Genießen und Entbehren.
Drum heiß' ich dich die Fürstin auch in Hoffnung Dieß
Zu halten stets feste. Denn wer sah so
Zeus ohne Rath für seine Kinder?

Deianeira.

Vernehmend kommst du, wie zu schließen ist, hieher
Von meinem Leiden. Aber wie mein Herz vergeht,
Mögst nie du selbst empfinden. Noch erfuhrst du's nicht.
Denn sie, die Jugend, wächset so genährt empor
Auf ihrem Boden, und die Gluth des Gottes nicht,
Noch Regen, noch der Stürme Wehn erschüttert sie,
Nein hoch in Freuden lebt sie mühelos dahin.
So lange, bis für eine Jungfrau dann ein Weib
Sie heißt, und nächtlich ihrer Sorgen Theil empfängt,
Bald durch den Gatten, bald die Kinder angsterfüllt.
Dann wohl versteht es Eine, schaut ihr eignes Loos
Sie an, von welchen Uebeln ich belastet bin.
Und nun der Leiden viele zwar beweint' ich schon,
Doch Eines, wie kein früh'res, sag' ich gleich dir an.
Als auf den Weg sich dieses letzte Mal der Fürst
Von Haus erhoben, Herakles, da lässet er
Ein altes Täflein mir daheim, beschrieben mit
Geboten, wie er nie zuvor sich je entschloß,
Zu vielen Kämpfen ziehend aus, mir kund zu thun;
Nein als zu Thaten ging er, nicht zum Tod hinweg.
Jetzt, wie gestorben, sagt' er, was des Ehebetts
Erwerb ich sollte nehmen, sagte, welcher Theil
Den Kindern bleiben ausgewählt vom Väterland.
Die Zeit vorherbestimmend, wenn dreimonatlich
Aus seinem Land er und ein Jahr gegangen sei,
Alsdann zu sterben sei in dieser Zeit verhängt
Ihm, oder überschreitend dieses Ziel der Zeit,

Fortan ein Leben frei von Traurigkeit zu sehn.
So, sprach er, werde von den Mühn des Herakles
Der Götter Vorbestimmung ganz zum Ende gehn,
So wie die alte Eiche Dieses ausgesagt
Dereinst in Dodon, sprach er, durch das Taubenpaar.
Und Dessen tritt Gewißheit ein in dieser Zeit,
Die jetzt erschienen, wie es sich erfüllen soll.
Drum aus dem süßen Schlummer fahr' ich oft empor,
In Furcht, ihr Lieben, bebend, ob auf immer ich
Des besten aller Männer soll beraubet sein.

Chor.

Sprich gute Laute jetzo; denn bekränzet hier
Zu Freudenbotschaft seh' ich einen Mann sich nahn.

Bote.   Vorige.

Bote.

Gebietrin Deianeira, ich befreie dich
Zuerst von Sorge. Denn den Sohn Alkmene's sollst
Du lebend wissen, und im Sieg, und aus dem Kampf
Erstlinge bringend dieses Lands Gottheiten hier.

Deianeira.

Was sagst du da, o Alter, für ein Wort mir an?

Bote.

Bald dir zum Hause komme dein bewunderter
Gemahl, erscheinend im Geleit siegreicher Kraft.

Deianeira.

Und wer von Bürgern oder Fremden sagt' es dir?

Bote.

Auf stierbefahrner Matte ruft sein Dienender
Es aus, der Herold Lichas. Ihn vernehmend rannt'
Ich fort, damit ich, Dieses meldend nur zuerst,
Von dir es hätte Nutzen, und erwürbe Dank.

Deianeira.

Wo aber weilt er selber, wenn er glücklich ist?
180 — 190.

Bote.

Nicht allzuleicht ist seine Arbeit dort, o Frau.
Denn rings umsteht ihn Melia's gesammtes Volk
Im Kreise fragend, und er kann nicht fürdergehn.
Denn wie verlangend Jeder ihn vernehmen will,
Entließ' ihn Keiner, eh' er ganz nach Lust gehört.
So weilet Jener wider Wunsch mit Wünschenden
Zusammen; doch du wirst ihn gleich vor Augen sehn.

Deianeira.

Zeus, der in Oita's ungemähter Au du wohnst,
So hast du endlich Freude doch uns noch geschenkt!
Erhebet Ruf, o Weiber, ihr im Hause drin,
Und vor dem Hof ihr! Denn ein Licht, mir unverhofft
Aus dieser Kunde gehend auf, genießen wir.

Chor.

Jauchzet auf ihr in dem Haus
Mit heerdumjubelndem Ruf,
Bräutliche Jugend! Männersang ergehe da
Vereint zum Gott mit schönem Köcher,
Dem Schirmherren Loxias;
Und laßt zugleich Paian, laßt Paian
Steigen, Jungfraun, empor,
Die Mitgeborne Artemis
Rufet, Ortygia, an,
Jägerin sie, feuerumringt,
Und die Nachbarnymphen.

(Man hört Gesang im Hause. Der Chor fährt fort.)

Es hebt mich; deine Flöte nicht
Verschmäh' ich, o Beherrscher meines Sinnes du!
Ha sieh, wie er verwirret,
Euoi! der Epheu, schon zum bacchischen
Wetteifer mich entrückend!

Gesang im Hause.

Io, io Paian!

205 — 219.

Chor.

Sieh, siehe, o geliebte Frau,
Da ist's vor deinem Antlitz
Zu schaun vergönnt in Wahrheit!

(Lichas erscheint mit Jole und anderen Gefangenen.)

Deianeira.

Ich seh's, geliebte Weiber; nicht die Wachsamkeit
Des Aug's verließ mich, diesen Zug hieher zu schaun. —
Willkommen ruf' ich erst dem Herold zu, genaht
Nach langer Zeit willkommen, wenn er Solches bringt.

Lichas.   Vorige.

Lichas.

Mit Heile nahn wir, und des Heils Begrüßungen,
O Frau, erwarb die That uns. Denn was wohl der Mann
Vollführte, muß ihm lohnen auch mit edlem Wort.

Deianeira.

O theurer Mann! Zuerst, wornach mich erst verlangt,
Sprich, ob ich lebend Herakles erwarten soll.

Lichas.

Ich ließ ihn traun zurücke, kräftigstark annoch,
Und lebend, blühend, und von Krankheit nicht beschwert.

Deianeira.

Und wo? Im heim'schen oder Barbarlande? Sprich.

Lichas.

Ein Strand ist auf Euboia, dorten gränzt er ab
Altär' und Zoll an Früchten für den Kenaier Zeus.

Deianeira.

Gelobtes bietend, oder auf ein Seherwort?

Lichas.

Gelobtes, als er Dieser speerverwüstetes
Land nahm, der Weiber, die du hier vor Augen siehst.

229 — 229.

Deianeira.

Doch Diese, bei den Göttern, weß sind sie und wer?
Beklagenswürdig, wenn ihr Schicksal nicht mich trügt.

Lichas.

Sie wählte Jener, als die Stadt des Eurytos
Gefallen, sich und Göttern zum erlesnen Gut.

Deianeira.

Vor dieser Stadt auch all die undenkbare Zeit
Zählloser Tage, seit er ging, verweilet' er?

Lichas.

Nicht, sondern ward die meiste Zeit in Lydia
Gehalten, wie er selber sagt, freiwillig nicht,
Nein als Verkaufter. Doch das Wort darf nicht Verdruß,
O Frau, erwecken, wo der Thäter Zeus erscheint.
Er denn, verkaufet Omphale'n, der Barbarin,
Verbrachte Jahresdauer, wie er selber spricht.
Und also nagend war ihm dieser Schande Schmerz,
Daß einen Eid er selber sich auflegend schwur,
Den, der ihm nahe brachte dieses Ungemach,
Mit Kind' und Weibe noch ins Sclavenjoch zu ziehn.
Und nicht vergaß das Wort er. Nein, als rein er war,
Mit hergeführtem Volke da vor Eurytos
Stadtveste rückt' er. Denn er nannte Den allein
Von allen Menschen schuld an diesem Ungemach.
Der ihn, gekommen an den Heerd in seinem Haus,
Den alten Gastverwandten, oft mit lärmenden
Scheltreden anfiel, oft mit unheilvollem Sinn;
Ihm sagend, führ' er auch ein unfliehbar Geschoß,
Doch steh' er seinen Söhnen nach im Bogenkampf;
Und rief, ein Knecht des freien Mannes müss' er sich
Aufreiben; doch beim Mahle, da er weinberauscht,
Aus seinem Haus ihn warf er. Darum grollerfüllt,
Als dann zu Tiryns Hange wieder Iphitos
Gekommen, Stuten nachzuspähn von seiner Trift,

240 — 269.

Da, als er andershin den Blick und weg den Sinn
Gewendet, stürzt' er hoch ihn von dem gethürmten Fels.
Doch dieser Unthat wegen war erzürnt der Fürst,
Der Vater über Alle, Zeus Olympios,
Und sandt' ihn weg verkaufet, und ertrug es nicht,
Dieweil er ihn von Menschen dort allein mit List
Getödtet. Wenn er offen an ihm Rache nahm,
Verzieh es Zeus wohl dem gerecht obsiegenden.
Denn Uebermuth nicht lieben sie, die Unsterblichen.
Doch Jene, die mit böser Zunge stolz geprunkt,
Sind selbst des Hades allzumal Bewohner nun,
Die Stadt in Knechtschaft; aber Sie, die hier du siehst,
Nach Glück ein Leben findend unbeneidenswerth,
Sie nahen dir sich. Also hat es dein Gemahl
Befohlen, ich es aber, ihm getreu, erfüllt.
Und Jenen selber, wenn die heil'gen Opfer er
Vollbrachte Zeus dem Vater für die Eroberung,
Vertraue daß er komme. Dieß von manchem Wort,
Gesagt zum Guten, ist dem Ohr das Süßeste.

Chor.

O Fürstin, nun wird Wonne sichtbar dir gewährt,
Was hier erschienen, und wovon dir sagt das Wort.

Deianeira.

Wie sollt' ich nicht mich freuen, dieses glückliche
Geschick des Mannes hörend, mit gerechtem Sinn?
Es stellt unfehlbar Dieses sich zu Jenem ein.
Doch aber wohnt in Denen, die es wohl beschaun,
Die Furcht, es möge fallen einst der Glückliche.
So wandelt Wehmuth mich mit Macht, ihr Lieben, an,
Erblick' ich Diese, glückberaubt, im fremden Land,
Heimathvertrieben, vaterlos umhergescheucht,
Die einstens waren freigeborner Männer wohl
Genannt, und jetzt ein Sclavenleben ist ihr Theil.
O Zeus des Sieges, möchte nie mein Auge doch
270 — 301.

So über meine Kinder je dich kommen sehn;
Nicht, was du thun wirst, doch so lang ich lebe noch!
So fasset mich ein Bangen, seh' ich diese Fraun.

(Zu Jole.)

O Schwerbeladne, wer doch bist der Mädchen du?
Jungfräulich oder Mutter? Deine Jugend zwar
Scheint dessen all unkundig, doch von edlem Blut.
O Lichas, weß der Menschen ist die Fremde doch?
Welch Weib gebar sie? Welcher Vater zeugte sie?
Sprich; denn von Allen jammert Sie am meisten mich
Zu sehn, sowie auch Sie allein zu fühlen weiß.

Lichas.

Wie weiß es ich? Was fragest du mich auch? Gewiß
Ein Zweig der Menschen dorten, nicht der niedrigsten.

Deianeira.

Nicht von den Herrschern aus dem Blut des Eurytos?

Lichas.

Nicht weiß ich's. Und ich forscht' ihm auch nicht weiter nach.

Deianeira.

Auch nicht den Namen sagt' ein Mitgezogner dir?

Lichas.

Mit nichten. Schweigend führte mein Geschäft ich aus.

Deianeira.

So rede du, Unsel'ge, von dir selbst. Ist doch
Auch Das ein Uebel, nicht zu wissen wer du bist.

Lichas.

Nicht wird sie, Dem unähnlich was sie erst gethan,
Nun ändern ihre Zunge, die auch nicht ein Wort
Gesprochen, weder größres noch geringeres.
Nein stets in Wehn versunken um ihr schwer Geschick,
Vergießt die Arme Thränen, seit die Vaterstadt,
Die winddurchwehte, sie verließ. Dieß Loos fürwahr
Ist hart ihr selber, doch es hat Entschuldigung.

302 — 326.

II. Bd.

Deianeira.

Wohlan so laßt sie, und sie wende sich zum Haus,
So wie es ihr das Liebste. Nicht bei dieser Noth
Soll nun zum Schmerze noch ihr werden Schmerz von mir;
Genug ist schon an diesem. Doch zum Hause laßt
Nunmehr uns alle gehen, daß du eilst, wohin
Du willst, und ich es ordne drin genügendlich.

(Lichas mit den Gefangenen in den Palast. Deianeira, im Begriff
ihnen zu folgen, wird von dem Boten zurückgehalten.)

Deianeira.   Bote.   Chor.

Bote.

Wenn hier du erst ein wenig noch verweilt, damit
Du hörest, ohne Diese, wen hinein du führst,
Und von dem Nichtgehörten, was du mußt, vernehmst.
Denn über Dieses alles ward Gewißheit mir.

Deianeira.

Was ist? Warum hier hältst du meinen Schritt zurück?

Bote.

Halt an und höre. Denn zuvor auch hast du ja
Kein leeres Wort vernommen, noch mir dünkt, anitzt.

Deianeira.

Woll'n also Jene wiederum hieher zurück
Wir rufen, oder sagst du mir und Diesen es?

Bote.

Dir ist's und Diesen unverwehrt; doch Jene laß.

Deianeira.

Schon sind hinweg sie, und das Wort belehre mich.

Bote.

Nichts hat der Mann hier, was er eben sprach, genau
Nach Redlichkeit gesprochen; nein falsch war er jetzt
In seiner Botschaft, oder redlich nicht zuvor.

327 — 348.

Deïaneira.

Wie sprichst du! Deutlich sag mir Alles was du meinst;
Denn was du jetzt geredet, läßt mich ungewiß.

Bote.

Aus dieses Mannes Munde selbst vernahm ich es,
In vieler Zeugen Gegenwart, daß Jener nur
Um diese Jungfrau niederwarf den Eurytos
Und seine hochbethürmte Stadt, und Eros ihn
Allein von Göttern so zum Lanzenkampf berückt;
Nicht bei den Lydern oder Omphale'n der Mühn
Frohndienste, noch der Todessturz des Iphitos;
Was Dieser nun verwerfend, ganz entgegen spricht.
Nein, als er nicht vermochte Den der sie gezeugt,
Sein Kind zu geben insgeheim zum Ehebett,
Geringe Klage hat er da und Schuld bereit,
Und überzieht Dieser Heimathstadt, worin
Den Eurytos er Beherrscher dieses Throns genannt,
Erschlägt den König, ihren Vater, und die Stadt
Zerstört er. Und nun, wie du siehst, zum Hause kehrt
Er wieder, sendend nicht sie absichtslos, o Frau,
Noch einer Magd gleich; Dessen nicht gewarte dich;
Wie sollt' er, wenn Verlangen ihn entzündet hat?
Nun schien es gut mir, Alles kund zu thun an dich,
Gebieterin, was von Jenem mir zu hören ward.
Und Dieß vernahmen mitten in der Trachinier
Versammlung mit mir Viele, gleichalso wie ich,
Zur Ueberführung. Sag' ich Unerwünschtes nun,
Nicht freut es mich, die Wahrheit aber sprach ich doch.

Deïaneira.

O weh mir Armen! Wie ist nun mit mir geschehn?
Welch herbes Leiden nahm ich auf an meinem Herd
Unwissend? O Unsel'ge, also namenlos
Geboren, wie es, der sie hergeführt, beschwur?

347 — 376.

2*

Bote.

Ja nach dem Glanz auch, so an Schöne wie Geburt,
Von Vaterabkunft einst ein Kind des Eurytos,
Hieß man sie Jole, deren Stamm uns Jener ganz
Unangesagt läßt, freilich forschend nicht darnach.

Chor.

Verderben soll nicht allen Bösen sein, jedoch
Wer heimlich Böses, nicht geziemend ihm, begeht.

Deianeira.

Was soll ich thun, ihr Weiber? Denn mich hat das Wort,
Das jetzt vernommne, ganz besinnungslos gemacht.

Chor.

Geh hin, den Mann zu hören. Da wohl offen er
Es sagte, wolltest du mit Ernst befragen ihn.

Deianeira.

Ich gehe. Denn nicht ohne Klugheit redest du.

Bote.

Ich aber, soll ich bleiben, oder was geschehn?

Deianeira.

Bleib, da der Mann hier, nicht auf Botenwort von mir,
Nein selbstgerufen, aus dem Haus gegangen kommt.

Lichas.   Vorige.

Lichas.

Was soll ich, Frau, ankommend sagen Herakles?
Laß wissen, denn weggehend hier erblickst du mich.

Deianeira.

Mit welcher Eile, der in später Zeit du kamst,
Entstürmst du, eh wir noch einmal erneut das Wort?

Lichas.

Doch wenn zu fragen du begehrst, steh ich bereit.

Deianeira.

Und auch die treue Wahrheit willst entbieten du?

277 — 396.

Lichas.

Beim großen Zeus, von Allem was ich wissend bin.

Deianeira.

Wer ist das Mädchen also, die du hergeführt?

Lichas.

Euböerin; doch von wem entsprossen, weiß ich nicht.

Bote.

Du, blicke hieher! Denkest du, zu wem du sprichst?

Lichas.

Doch du, weßwegen bietest du die Frage mir?

Bote.

Versuch's zu sagen, bist du klug, was ich gefragt.

Lichas.

Zur machtbegabten Deianeira, Tochter aus
Dineus, und Gattin Herakles, wenn anders nicht
Mein Auge trüget, und von mir Beherrscherin.

Bote.

Dieß Wort begehrt' ich, dieses nur von dir. Du sagst,
Daß Diese deine Herrin sei.

Lichas.

　　　　　Und das mit Recht.

Bote.

Wie also? Welcher Strafe werth bekennst du dich,
Würdst du an Ihr erfunden nicht ein Redlicher?

Lichas.

Wie nicht ich redlich? Welche Künste, die du brauchst?

Bote.

Ich keine. Du bist's wahrlich selbst, der dieses thut.

Lichas.

Ich gehe. Thöricht war es längst, zu hören dich.

Bote.

Nicht, eh auf kurze Frage du noch Rede stehst.

Lichas.

So sage, was du wünschest. Denn du schweigest nicht.

397 — 414.

Bote.

Die Kriegsgefangne, die du hergebracht zum Haus,
Du weißt von ihr doch.

Lichas.

Sicher. Doch was fragst du Dieß?

Bote.

War nicht von Dieser, welche nicht gekannt du siehst,
Dein Wort, du führest Jole, Tochter Eurytos?

Lichas.

Und unter welchen Menschen? Wer, woher genaht,
Wird dir's bezeugen, daß er Dieß von mir gehört?

Bote.

Vor vielen Bürgern. Mitten in der Trachinier
Versammlung eine Menge Volks vernahm's von dir.

Lichas.

Ja!
Daß ich's gehöret, sprach ich. Doch nicht ist es Eins,
Vermuthung sagen, und ein zuversichtlich Wort.

Bote.

Wie doch Vermuthung? Sprachst du nicht mit einem Eid,
Zur Gattin führest du sie her dem Herakles?

Lichas.

Ich Sie zur Gattin? — Bei den Göttern, theuere
Gebieterin, sag' mir Diesen, wer der Fremdling ist.

Bote.

Der selbst von dir es hörte, daß Sehnsucht nach Ihr
Die ganze Stadt bezwungen, und die Lyderin
Sie nicht verwüstet, nein zu Ihr die Liebe nur.

Lichas.

Der Mann, o Herrin, möge von uns gehn; dieweil
Mit Thoren plaudern, einem Klugen nicht geziemt.

Deianeira.

Nein, bei dem Zeus, der oben auf das Waldgebirg
Des Oita niederdonnert, birg mir nicht das Wort.

415 — 435.

Denn keinem niedern Weibe sagst dein Wort du an,
Noch die der Menschen Sinnesart nicht wisse, daß
Nicht aus Demselben ihnen Freude stets erwächst.
Wer nun dem Eros feindlich sich entgegenstellt,
Faustkämpfergleich zu streiten, ist nicht klug gesinnt.
Denn er beherrschet Götter auch, wie ihm gefällt,
Und mich; warum auch Andre nicht, gleichso wie mich?
Drum wenn ich meinem Gatten, da dieß Uebel ihn
Ergriffen, Tadel hegte, bin von Sinnen ich,
Und wenn dem Weibe, die es mitverschuldete,
Was nicht entehrend, noch für mich ein Uebel ist.
Das ist es nicht. Doch wenn du so von Ihm belehrt
Mich täuschest, edle Lehre nicht erlernst du dann;
Doch unterweisest du dich selbst, so wirst du bald,
Indeß du edel willst bestehn, ein Böser sein.
Nein ganz die Wahrheit sage; denn dem Freien hängt
Der Name Lügner als ein Flecken schmählich an.
Und mir's zu bergen, Dieses doch erlangst du nicht;
Denn Viele, denen du's gesagt, erzählen's mir.
Und wenn du fürchtest, bangt dir nicht mit Recht, dieweil
Es nicht erfahren, Dieses wohl mir wär' ein Schmerz;
Doch wissen, was ist's Hartes? Hat viel Andere
Nicht auch der Eine Herakles gefreiet schon?
Und ihrer Keine trug von mir ein niedres Wort
Davon noch eine Schmähung. Auch nicht sie, wie tief
Die Liebe schon gedrungen sei. Nachdem auf sie
Erbarmend schon vor Allen fiel mein Blick, dieweil
Ihr so die Schönheit Untergang des Lebens war,
Und ihr Geburtsland willenlos die Arme so
In Sturz und Knechtschaft brachte. Doch Dieß wende sich
Zu günst'gem Laufe. Dich ermahn' ich, arg zu sein
An einem Andern, gegen mich stets ohne Trug.

Chor.

Gehorch der edeln Mahnung, und nicht wirst dereinst
Die Frau du tadeln, und von uns erwirbst du Dank.

436 — 469.

Lichas.

Wohl, o geliebte Herrin, da ich sehe, wie
Mit Menschenſinne menſchlich nachſichtsvoll du denkſt,
So ſag' ich wahrhaft Alles, und verberge Nichts.
Ja alſo iſt es, wie es Dieſer angeſagt.
Zu Ihr von mächt'ger Liebe ward einſt Herakles
Durchdrungen, und um Sie die vielverwüſtete
Heimath vertilget durch den Speer, Dichalia.
Und Dieſes — denn was für ihn iſt, ſei auch geſagt
Hieß nicht er bergen, oder läugnet je es ab.
Nein ſelber, o Gebietrin, weil mir bange war,
Zu kränken deine Seele durch ein ſolches Wort,
Ich fehlte, wenn dir Dieſes als ein Fehl erſcheint.
Und nun nachdem du ganz das Wort vernommen haſt,
Dir und dem Gatten im Verein zu Liebe denn
Sei dieſem Weib gewogen, und laß, was der Mund
Für ſie geſprochen, wandellos geredet ſein.
Da Jener, ſonſt der Beſte ganz an Siegerkraft,
Vor dieſer Liebe gänzlich als zu ſchwach beſtand.

Deïaneira.

Doch eben alſo bin ich auch geſinnt zu thun,
Und will die Noth nicht hergezogen noch erhöhn,
Mit Göttern Mißkampf wagend. Aber laßt in's Haus
Uns gehn, damit der Worte Sendung hin du trägſt,
Und Gaben, die für Gaben zuzufügen ſind,
Auch dieſe bringeſt. Leer ja nicht geziemet dir
Zu gehn, dem Hergekommnen ſo mit großem Zug.

(Geht mit Lichas in das Haus; der Bote nach der Stadt.)

Chor. (Allein.)
Strophe.

Die gewaltige Kraft des Triumphes davon trägt Kypris ſtets.
    Und ich ſchweige
Von den Göttern, und wie den Kroniden ſie täuſchte, ſag'
      ich nicht,

470 — 497.

Noch den umnachteten Hades,
Noch Poseidon auch, den Erschütrer der Erde;
Aber um diese Gemahlin
Die Gelenkigen wer sie, die Freier, genaht, und wer
Zu schlagerfüllt und stauberfüllt
Ringendem Kampf hervorging.

Antistrophe.

Ein gewaltiger Fluß, des gehörneten Stiers vierfacherhöht
Bildniß war es,
Von Diniadai her, Acheloos; der Andr' aus Bacchos Stadt
Thebe genaht, den geschnellten
Bogen sammt Streitlanzen und Keule geschwungen,
Zeus Sohn. Diese gedrängt nun,
Nach dem Lager begehrend, betraten den Plan; und nur
Die lagerholde Kypris war
Richtend allein zugegen.

Epode.

Da war nun der Faust, es war Bogens Getön,
Und vom Horne des Stieres darunter,
War ringsumflechtend
Klimmen, es waren der Stirn tödtliche Schläge,
Und ein Gestöhne der Beiden.
Doch Sie, zart, mit Huldblick,
Am weitschauenden Abhang
Saß sie den Ehegatten da erwartend;
Und die Mutter sobald verließ sie, gleich der
Einsamen Stärke.

Deianeira.　　　　　　　　Chor.

Deianeira.

Indeß im Haus, ihr Lieben, laut der fremde Mann
Spricht zu den gefangnen Mädchen, im Vonhinnengehn,
Indessen kam ich ungesehn zu euch heraus,
Sowohl zu sagen, was mit Kunst ich ausgeführt,

497 — 522.

Als was ich leide, mit euch wehzuklagen hier.
Ein Mädchen, doch mir dünket nein, ein Eheweib
Nahm ich herein mir, eine Fracht, dem Schiffer gleich,
Die zum Verderben mir erwarb mein eignes Herz.
Und jetzt zu Zweien unter Einer Decke steht
Bevor uns sein Umarmen. So hat Herakles,
Der treu und edelherzig uns geheißene,
Des Hauses Hut vergolten aus der langen Zeit.
Und dennoch Unmuth weiß ich gegen Jenen nicht
Zu hegen, welcher oft erkrankt an dieser Noth;
Doch auch zu wohnen Ihr vereint, sagt welches Weib
Vermöcht' es, mit ihr theilend Einen Ehebund?
Denn Jugendblüthe seh' ich hier entfalten sich,
Und hier verwelken; wo das Auge gern hinweg
Die Blume raubet, hier den Schritt vorüberlenkt.
Dieß also fürcht' ich, daß Gemahl wohl Herakles
Von mir genannt sei, doch des jüngern Weibes Mann.
Allein ich selbst bekannt' es, nicht steht Zürnen wohl
Dem sinnbegabten Weibe. Wie jedoch, o Fraun,
Mir ward des Kummers Lösung, sag' ich euch hier an.
Ein alt Geschenke war mir einst von einem Thier
Vormals, in ehrnem Kessel insgeheim verwahrt,
Das, noch ein Mädchen, von dem rauchbehaarten ich,
Zum Tod getroffenen Nessos einst von hinnen nahm;
Der durch Euenos tiefen Strom die Sterblichen
Um Lohn mit Händen führte, nicht durch fördernden
Aufschwung der Ruder, noch mit Segelwerk des Schiffs.
Der mich auch, als entlassen von dem Vater ich
Mit Herakles als Gattin zog zuerst hinweg,
Auf Schultern tragend, als er mitten war im Fluß,
Mit frecher Hand berührte. Laut schrie ich empor,
Und Zeus Entsproßner, schnell dahin gewandt, entließ
Den Flügelpfeil den Händen. Durch die Brust hinein
In seine Lungen sauft' er. Sterbend aber sprach

Dieß noch das Unthier: Kind des alten Oineus du,
Eins wird dir nützen, wenn du folgst, die Ueberfahrt
Von meinen Händen, daß ich dich zuletzt geführt.
Denn wenn das ringsgestockte Blut der Wunde du
Entnimmst mit deinen Händen, hier wo gallichtschwarz
Die Brut der Lernahyder hat den Pfeil getränkt,
Wird dieß den Sinn des Herakles zu bannen dir
Ein Zauber werden, also daß ansehend er
Kein Weib gewinne lieber je an deiner Statt. —
An Dieß gedenkend, denn im Haus, o Freundinnen,
Seit Jenes Tode lag es wohl verschlossen mir,
Besalb' ich dieß Gewande, merkend Alles was
Er lebend sagte. Und es ist zum Ziel gebracht.
Zwar böser Wagniß möcht' ich selbst nicht kundig sein,
Noch auch sie lernen, und ich hasse, wer sie wagt.
Doch wenn mit Liebesbann ich diesem Mädchen möcht'
Obsiegen und Bezauberung an Herakles,
Ist Dieses ausgesonnen. Wenn nicht Thörichtes
Zu thun ich scheine. Ist es nicht, so unterbleibt's.

Chor.

Wohl wenn Vertrauen bei dem Unternehmen ist,
So dünket uns nicht schlimmer Anschlag dieß zu sein.

Deianeira.

So stehet mein Vertrauen, daß die Meinung wohl
Ich hege, doch noch mit dem Versuche nicht vertraut.

Chor.

Doch wissend mußt du handeln, denn nicht wenn du meinst
Zu haben, hast du Kunde wohl, noch unversucht.

Deianeira.

Wir werden bald es wissen; denn schon seh' ich ihn
Herausgetreten, und in Eile wird er gehn.
Nur sei'n von euch wir wohl verhehlt; denn Dunkelheit,
Ist auch beschämend was du thust, bewahrt vor Scham.

561 — 553.

Lichas. Vorige.

Lichas.

Was soll geschehn? Gib Weisung, Oineus Tochter, mir,
Denn schon verspätet bin ich durch die lange Zeit.

Deianeira.

Doch eben Dieses, Lichas, ist auch mir geschehn,
Indessen du im Hause mit den Gefangnen sprachst,
Damit du bringest dieses wohlgewebte Kleid
Hin zum Geschenke jenem Mann von meiner Hand.
Doch übergebend sage, daß kein Sterblicher
Vor jenem selber an den Leib es legen soll,
Noch auch es sehen nicht der Strahl des Helios,
Noch heil'ger Einschluß, noch der Feuerglanz des Heerds,
Eh' Jener selbst es offen, stehend öffentlich,
Gezeigt den Göttern an dem Farrenopfertag.
Denn so gelobt' ich, würd' ich einst zum Haus zurück
Ihn sehn gerettet, oder hören, ganz nach Recht
Ihn mit dem Gewand zu schmücken, und den Göttern ihn
Als Opfrer darzustellen neu im neuen Kleid.
Und beß ein Zeichen trägst du, das ihm leichterkannt
An dieses Siegels Schluß in's Auge treten wird. —
Doch wandel', und bewahre dir die Regel erst,
Nichts thun zu wollen über dein Botschafteramt;
Dann daß der Dank dir möge, von dem Mann zugleich
Und mir vereinigt, doppelt aus einfachem sein.

Lichas.

Doch wenn des Hermes Kunst ich hier noch festiglich
Botschafte, werd' ich nie den Fehl an dir begehn,
Nicht dieß Gefäße, wie es ist, zu zeigen dar,
Und treu die Worte, die du hast, hinzuzuthun.

Deianeira.

So magst du gehn nun. Denn zu sagen weißt du ja
Von unserm Hause, wie es da bestellet sei.

590 — 612.

Lichas.

Ich weiß es, und verkünde dort sein Wohlergehn.

Deianeira.

Allein du hast auch schauend selbst des fremden Weibs
Empfang gesehen, wie ich freundlich sie empfing.

Lichas.

Daß Ueberraschung freudenvoll das Herz mir traf.

Deianeira.

Was magst du Andres sagen noch? Mir banget, daß
Du meine Sehnsucht früher wohl verkündigest,
Bevor du wissest, ob man dort nach uns sich sehnt.

(Deianeira und Lichas nach verschiedenen Seiten ab.)

Chor. (Allein.)

Strophe 1.

Schiffbergender und befelster
Heißer Bäder, und der Höhn
Ihr des Oitagebirges Umwohner, und der innern
Melischen Seebucht nah,
Auch Ufern der Jungfrau goldnes Pfeils,
Wo Hellas Männerverein
Der Pyl'sche Rath genannt wird:

Antistrophe 1.

Mit lieblichem Ruf die Flöte
Kehret bald euch, jauchzend nicht
Feindselige Töne, zurücke, nein der Lyra
Göttliches Wohllauts gleich.
Denn Zeus von Alkmene geborner Sohn
Eilt rasch mit jeglichem Preis
Der Tapferkeit zur Heimath.

Strophe 2.

Der, ferne der Stadt, von uns all die
Zwölfmondliche Zeit hindurch erwartet,
Im Meer verblieben sonder Kunde;
Aber sein geliebtes Weib, die Arme,

Tief im Herzen ürmte fie,
Schwand ganz in Thränen ftets dahin.
Doch Ares voll Wuth hat
Jetzt gelöst den mühevollen Tag.

Antiftrophe 2.

Er erschein', er erscheine! Nicht ftillfteh'
In dem Laufe des Schiffs berudert Fahrzeug,
Bevor zu diefer Stadt er komme,
Laffend dort zurück den Heerd des Eilands,
Wo er Opfrer wird genannt.
Von dannen zieh' er all den Tag,
Durchtränkt ganz von Peitho's
Salbe, wie das Ungeheu'r vorgab.

Deianeira. **Chor.**

Deianeira.

O Frauen, wie befürcht' ich, ob mir nicht zu weit
Das alles fei gediehen, was ich eben that.

Chor.

Was ift es, Deianeira, fprich, o Oineus Kind!

Deianeira.

Nicht weiß ich, doch mir banget, wenn es bald erscheint,
Daß ich in schöner Hoffnung großes Uebel that.

Chor.

Doch nicht um deine Gaben an den Herakles?

Deianeira.

Gewißlich; uns zu einer That ein dunkles
Vertraun zu faffen, heiße nie mir wohlgethan.

Chor.

So fag' es, wenn's zu fagen, was dich fo erschreckt.

Deianeira.

Ein Solches ift geschehen, daß, o Frauen, ich
Wohl fag' ein Wunder unverhofft zu hören euch.
Womit ich eben falbte das zu tragende
625 — 680.

Gewand, des Schafs weißem schöngewolltem Fließ,
Das ist verschwunden, nicht zernagt von Etwas drin
Im Haus, nein zerfressen durch sich selbst vergeht's
Und bröckelt von dem Steine. Daß du wissest ganz,
Wie Dieß geschehn sei, breit ich weiter aus das Wort
Ich also, was der Bergkentaur, das Thier, gequält
Vom bittern Pfeil, im Busen, mich zuvor gelehrt,
Der Worte keins vergaß ich, mein bewahrt sie,
Wie einer ehrnen Tafel schwerenlöschte Schrift.
Und Dieses war gesagt mir, und so that ich auch,
Den Zauber fern dem Feuer und stets unberührt
Vom heißen Strahle tief im Haus zu wahren mir,
Bis ich ihn eben salbend wo anfügete.
Und so geschah es. Jetzo, da zu thun es war,
Bestrich ich im Verborgnen in dem Haus daheim
Mit Wolle, zupfend eines Heerdenthieres Flaum,
Und legte faltend, unbeglänzt von Helios,
In hohles Kästlein dieß Geschenk, sowie ihr saht.
Hineingegangen aber schau' ich an, ein Wort,
Undenkbar, unerklärlich, wo kein Mensch es hört.
Das Ausgezogne warf von Ohngefähr ich weg,
Vom Schaf, womit ich salbte, mitten hin zur Gluth,
In sonnenhelle Strahlen. Doch erwarmend tief,
Zergeht's unkennbar gänzlich, und zerkrümt am Grund,
Am meisten gleichgestaltet, was vom Sägespäne
Herausgewagt man siehet bei des Holzes Schnitt.
So liegt es da zerfallen. Doch vom Boden, wo
Es lag, quillt ein blasenhafter Schaum empor,
Wie wenn des blauen Herbstes fetten Trank du hin
Zur Erde schüttest von Dionysos Nebenstock. —
Nun weiß ich nichts, ich Arme, was ich ahnden soll.
Doch seh' ich schrecklich eine That von mir gethan.
Von wannen sollt auch, sterbend doch, warum das Thier
Wohlwollen mir erweisen, die der Tod ihm war?

Nicht also. Nein begehrend ihn zu vertilgen, der
Ihn traf, mich täuscht' er; und zu spät, nachdem es nun
Nicht mehr genugthut, sendet' ich erst Belehrung ein.
Denn ich allein bin's, wenn mich meine Ahnung nicht
Betrügt, ich Unglückselige, die ihn tödten wird.
Denn dieses Rohr, ich weiß es, hat auch einen Gott,
Den Cheiron einst beschädigt, und sowie es trifft,
Verderbt es alle Thiere. Das von diesem nun
Der Wund' entbrungne schwarze Gift des Bluts, warum
Nicht sollt' es Ihn auch tödten? Mir will dünken es.
Doch ist's beschlossen, wenn es Ihn verderben soll,
In diesem Angriff mit ihm in den Tod zu gehn.
Denn niederm Rufs zu leben, trägt geduldig nicht,
Die groß es achtet, eine Niedre nicht zu sein.

Chor.

Furcht wohnt gefährdevollem Thun nothwendig bei,
Doch sei Erwartung vor dem Erfolg, nicht Richterin.

Dejaneira.

Nicht ist in ungerechten Unternehmungen
Erwartung, die noch einen Muth uns geben kann.

Chor.

Wohl aber, welche fehlten nicht mit Vorbedacht,
Trifft mildes Zürnen, das zu werden dir geziemt.

Dejaneira.

Ein Solches mag wohl sagen, nicht der Mitgenoß
Des Uebels, nein, wen keine Noth daheim bedrückt.

Chor.

Dir diente wohl zu schweigen mit dem weitern Wort,
Willst nicht du Etwas sagen deinem Sohne, denn
Er nahet, der auf Forschung nach dem Vater ging.

Hyllos. Vorige.

Hyllos.

O Mutter, wie von Dreien wünscht' ich Eins zu sehn,
Daß nicht du mehr am Leben, oder lebend wärst

701 — 729.

Die Mutter eines Andern, oder bessern Sinn
Für diesen gegenwärt'gen dir erwünschetest.

Deianeira.
Doch was, o Sohn, ist so an mir des Hasses werth?

Hyllos.
Den eignen Gatten, wisse, meinen Vater, ihn
Hast du dahingemordet, heut an Einem Tag.

Deianeira.
Weh! Welche Rede brachtest, o mein Kind, du vor?

Hyllos.
Der nicht verliehn ist, unerfüllt zu sein. Denn was
Erschienen ist, wer machte dieses ungeschehn?

Deianeira.
Wie sprachst, o Sohn, du? Wer der Menschen sagt' es dir,
Daß du so unglücksel'ger That mich zeihen darfst?

Hyllos.
Ich selber, der das schwere Leid des Vaters ich
Mit Augen ansah, nicht dem Worte nach vernahm.

Deianeira.
Wo nahtest du dem Helden und umgabest ihn?

Hyllos.
Mußt du es wissen, Alles werde denn gesagt!
Als aus der Stürmung Eurytos berühmter Stadt
Mit Siegstrophä'n er ging hinweg und Erstlingen,
Ein Ufer ist, umwogichet, in dem Euboierland,
Kenaions Vorberg, wo für Zeus den Vater er
Altäre sondert und belaubten Weihbezirk;
Wo ich zuerst ihn wiedersah, sehnsüchtig froh.
Und richten wollt' er opferreiche Schlachtung an,
Als unser Herold Lichas zu ihm traf von Haus,
Von dir die Gabe bringend, dein todvoll Gewand;
Das angelegt er, wie von dir befohlen war,
Stieropfer brachte zwölf der Rinder ohne Fehl,
Des Raubes Auswahl, nehmend; aber insgesammt,

Vermischte Weiberthiere, schnit' er hundert dar;
Und erst nun stand der Arme mild in Heiterkeit,
Des Schmucks sich freuend und Gewands, anbetend da.
Doch als den hehren Opferweihn entlodert
Die blut'ge Flamme, von dem Fichtenbaum genährt;
Drang Schweiß der Haut hervor ihm, und es schmiegte sich,
Engangeleimt den Gölten, wie von Künstlers Hand,
Das Kleid an alle Glieder; zum Gebein hinab
Zerfleischend ging die Zuckung; bald der mörderisch
Feindsel'gen Natter Gifte gleich verzehrt' es ihn.
Da rief er laut auf nach dem unglückseligen
Herolde, der nicht schuldig war an deiner That,
Mit welcher Arglist dieß Gewand er hergebracht.
Doch er der Arme, wissend Nichts, er nannte dein.
Allein die Gabe, wie sie hergesendet war.
Und Jener, da er's höret', und mit Schmerzgewalt
Der Krampf ihm eben seine Brust umklammerte,
Ergreift am Fuß ihn, wo das Glied gebunden ist,
Und schleudert an den umrauschten Fels im Meer ihn hin,
Daß aus dem Haare weißes Hirn ihm spritzt, und weit
Des Hauptes Mitte mit dem Blut zerstreuet wird.
Das ganze Volk schrie frommen Jammerruf empor,
Da Dieser raste, Jener hingeopfert war,
Und Keiner wagt' es, gegen ihn heranzugehn.
Denn hin zur Erde zuckt' er und vom Boden auf,
Laut schreiend, winselnd, und die Felsen hallten rings
An Lokris Bergeswänden und Euboia's Höhn.
Doch als erschöpft der Arme war, am Boden lang
Umher sich werfend, schreiend lang mit Jammerruf,
Das mißgepaarte Lager schuldbezüchtigend
Mit dir Unsel'gen, und des Oineus Ehebund,
Womit des Lebens Untergang er sich erwarb;
Da aus dem Qualm, der um ihn lag, den wirren Blick
Des Auges hebend, sah er in der Menge mich
755 — 788.

In Thränen dastehr, und er ꝛ mich an und rief:
Mein Sohn, ꝛ ꝛꝛ ꝛ vor ꝛ Noth,
Nicht wenn ꝛ ꝛ ꝛ ꝛ mit ꝛ Sterbenden.
Rein hebe weg mütig ꝛ ꝛ vor Allem mich
Dahin, alwo mich keines Menschen Aug' erblickt;
Und haft du Mitleid, o so führ' aus diesem Land
Mich fort in Eile, daß ich hier nicht sterben muß.
So viel befahl er, und inmitten eines Boots
Ihn legend, ꝛ hier an's Land wo ihn mit Noth,
In Qualenzuckung ꝛ. Und ihr werdet gleich
Ihn lebend schauen, oder jüngst gestorben erst. —
So, Mutter, ꝛ ihn in Noth mit Vater mir
Und That betroffen, und Erinnys ꝛ dich,
Und Rächrin Dike. Wenn es recht, so ꝛ' ich es.
Recht aber ist es, ba das Recht da hin mir gabst,
Den besten aller Männer, den die Erde trägt,
Ermordend, wie du deinen ꝛ erblicken ꝛ.

(Deianeira geht ab.)

Chor.

Was gehst du schweigend? Weißt du nicht, daß also du
Die Klage ꝛ eingestehst dem Klagenden?

Hyllos.

Laßt sie dahingehn. Günst'ger Wind, von ihnen weit
Aus meinen Augen gehab, werd' ihr gern zu Theil.
Was soll sie fälschlich doch den Stolz des Namens noch
Der Mutter tragen, welche nicht wie Mutter thut?
Rein gehen mag sie freudig; doch die Wonne, die
Sie meinem Vater bietet, soll sie selbst empfahn.

(Geht in das Haus.)

Chor. (Allein.)

Strophe 1.

Sieh wie, o Jüngling, schön uns ereilt sobald
Das Wort der prophetischen Rede
Aus dem Mund der alten Vorsicht,

ꝛ — sie.

Auffagend, wenn in Montrostille ging hinaus.
Der zwölfte Sommer, oder Ihm felbsteigenem Sohn
 Vielfacher Mühe Erwerbungen nun grauogehtem schl
    Dies nun unverrückt zum Ziel
    Wer ja von dem Lichte schied ab,
    Wie trüg' er, wie der Todte noch
       Mühsel'ge Dienstschaft.

Antistrophe 1.

 Denn wenn vom Berglentaur ihn mit mörderischem Altz
    Verwundet die tückische Folter,
    Seitenangefognes Giftes,
Erzeugt vom Tod, gezeugt von bunter Drachenbrut,
Wie sollte Der noch eine andre Sonne sehn?
   Dem sich gezogen an der Hyder grausest
   Scheusal, und dazu vom Schwarz-
   mähnigen zerquälen ihn
   Langredend mordvergeltende
      Heißglühnde Stacheln.

Strophe 2.

    Was Sie, die Arm', als
Unverweilt sie das große Verderben der neuen Vermählung her
    In's Haus einstürmen sah,
   Unbeachtet ließ; doch nun es nach fremdem Rath
   Gekommen durch verderbliche Vermittelung,
      Stöhnt nun in dem Tod sie wohl,
      Gießt nun sie genug wohl aus
      Frischquellender Thränen Thau.
      Doch schreitend heran
      Macht das Geschick schon des Betrugs
         Mächtigen Fluch kundbar.

Antistrophe 2.

   Heiß bricht der Thränquell
Mir hervor. Es ergoß sich die Krankheit, o wehe, wie auch
                                    vom Feind

517 — 546.

Noch kein ruhmvolles Lied.
Des Alkmenesohns wir trauernd kommen sahn.
Weh, schwarzer Stahl des vorkämpfenden Lanzenschafts,
    Der du so behend die Braut
    Weg von der Gebirgstadt dort,
    Dichalia, siegreich nahmst!
    Doch Kypris erschien,
    Mit sichtbar stumm waltendem Dienst,
        Dieses Geschicks Wirkrin.

  C h o r.   Gleich darauf die A m m e.

Erste Jungfrau.

Wie? Bin ich eine Thörin, oder hör' ich drin
Durch's Haus ein Jammern, das sich eben jetzt erhub?
    Was sag' ich?

Zweite Jungfrau.

Es hallet nicht undeutlich, nein unselig laut
Wehklage drinnen, und das Dach bringt neue Noth.

Dritte Jungfrau.

    Gewahrst du,
Wie ungewohnt hier und mit tiefgezognen Brau'n
Die Alte zu uns schreitet, Etwas kund zu thun?

Amme.

O Mädchen, ach wie war uns nicht geringer Noth
Anfang die Gabe, die an Herakles gesandt!

Vierte Jungfrau.

Doch was, o Alte, sagst du Neugeschehnes an?

Amme.

Gegangen ist die Königin den äußersten
Von allen Wegen mit bewegungslosem Fuß.

Fünfte Jungfrau.

Nicht doch als eine Todte?

Amme.

        Ganz vernahmst du es.
                    827 — 830.

Sechste Jungfrau.

Es starb die Unglückfel'ge?

Amme.

Hör's zum andernmal.

Siebente Jungfrau.

Elend Unsel'ge, wie uns sagst du daß sie starb?

Amme.

Mit verwegenen Unglücksthaten.

Achte Jungfrau.

Sprich, in welchen Tod,

O Weib, eilte sie?

Amme.

Sich selbst dahinvertilgend.

Neunte Jungfrau.

Zorn hat —

Zehnte Jungfrau.

Oder ein

Wahnsinn?

Neunte Jungfrau.

Sie entrafft

Mit Geschosses böser Schärfe?

Eilfte Jungfrau.

Wie erstarbte sie,

Noch zu dem Tode den Tod
Zu vollbringen allein?

Amme.

Mit dem Schnitt des viel-
beseufzten Schwerdtstahls.

Zwölfte Jungfrau.

Du sahst den Frevel,

Arme Thörin, an?

Amme.

Ich sah es, die ich nahe dort daneben stand.

870 — 881.

Dreizehnte Jungfrau.
Wie war's? Welcher? Sag' es.

Amme.
Selbst durch sich selber mit den Händen that sie es.

Vierzehnte Jungfrau.
Was sagst du?

Amme.
Die Wahrheit.

Funfzehnte Jungfrau.
Es schuf, es erschuf sie dem Haus,
Diese Braut, die neuerstandne,
Gewalt'ge Flucherinnys.

Amme.
Zu sehr! Und mehr noch, wenn du nah in Gegenwart
Ihr Thun gesehen, würd' es tief erbarmen dich.

Chor.
Und Dieß ertrug zu stiften eine Weibeshand?

Amme.
Entsetzlich! Hör' es, und du wirst's bezeugen mir.
Nachdem in's Haus sie war allein zurückgekehrt,
Und sah im Hof den Jüngling hohle Lagerstatt
Bedecken, eh dem Vater er entgegenging;
Verbarg sie erst sich, wo sie Niemand möcht' ersehn,
Und schluchzte, zu den Altären niederfallend, daß
Sie nun verwaist sei, weinte, welch Geräthe sie
Berührte, daß der Aermsten sonst zum Dienste war;
Und hier und dort dann durch das Haus umhergeführt,
Wenn eines Hausgenossen liebe Gestalt sie sah,
Bei dessen Anblick weint die Unglückselige,
Sie selbst ihr eignes Mißgeschick laut rufend aus,
Und ihrer Zukunft kinderlose Einsamkeit.
Doch als sie Dieß geendet, plötzlich seh' ich sie
In's Herakleische Schlafgemach hineingeeilt.

882 — 905.

Und ich verborgnes Auges stand im Schatten still
Zur Hut, da seh' ich, wie sie auf die Lagerstatt
Des Herakles Gewänder ausgebreitet wirft,
Und da sie Dieß vollendet, schwingt sie selber sich
Hinauf, und setzte mitten sich in's Ruhebett,
Und heißer Thränen Quellenströme schüttend aus,
Begann sie: O mein Lager du und Brautgemach,
Nun lebet wohl hinfüro, nie mehr werdet ihr
In euren Schooß aufnehmen mich die Schlafende!
So viele Worte rufend, löst mit rascher Hand
Sie auf ihr Leibgewande, wo von Gold ihm lag
Die Spange vor den Brüsten, und entkleidete
Die Seite gänzlich und den Bug des linken Arms.
Und ich, im Laufe gehend, wie die Kraft mich trug,
Sagt' an dem Jüngling, daß sie Dieß bereitete.
Und während dorthin und zurück wir eilig gehn,
Ersehn wir schon sie, von dem zwiegeschärften Schwerd
Tief bis in Herz und Leben ihre Brust durchbohrt.
Das schaut der Sohn aufjammernd. Denn der Arme sah,
Daß Er im Zornmuth diese Unglücksthat geschürzt,
Zu spät belehrt durch die Hausbewohner, daß
Dem Thiere folgend willenlos sie Dieß gethan.
Und nun der unglücksel'ge Sohn, von Schmerzgestöhn
Nicht ließ er ab, wehklagend um die Gestorbene,
Noch küssend sie zu umarmen, sondern seitenan
Geschmiegt die Seite, lag er vielaufseufzend da,
Daß unbedachtsam böser Schuld er sie geziehn,
Beweinend, daß er werde von den Zween zugleich,
Ihr und dem Vater, nun verwaist gelassen sein. —
So drinnen ist's geschehen. Darum wer auf zween,
Und wer auf mehre Tage noch zu zählen wagt,
Ist unverständig. Denn es ist das Morgen nicht,
Bevor du glücklich erst den heut'gen Tag gesehn.

(Ab in das Haus.)

906 — 938.

Chor. (Allein.)

Strophe 1.

Was soll ich erst beseufzen nun,
Und was zum Letzten weiter dann?
Schwer zu entscheiden Mir Armen!

Antistrophe 1.

Das haben wir in dem Haus zu schaun,
Des sorgen wir in Erwartung noch:
Haben zugleich und noch Harren!

Strophe 2.

O' wäre mit Windeswehn
Ein günst'ger Hauch der Lüfte dieses Wohnheerds,
Der da mich hinwegversetzte von dem Ort, damit
Nicht den gewalt'gen Sohn des Zeus
Zu schaun sobald ich stürbe
Schreckenvoll, den Einsamen.
Der ja jetzo in schwer auflösbaren Wehn
Soll her vor das Haus er kommen,
Ein unsäglich Wunder.

Antistrophe 2.

Nah denn, in die Ferne nicht
Vorweint' ich, wie die hellen Nachtigallen,
Denn dieß ist fremder Menschen unvertrauter Schritt.
Wohin ihn trägt er? Wie dem Freund
Mit liebender Sorge führt er
Ohne Laut den schweren Schritt!
Wehe, wehe, da trägt sprachlos man ihn her!
Wie soll, gestorben ich, oder
Soll im Schlaf ihn sagen?

939 — 962.

Herakles. (Schlafend getragen.) · Hyllos. (Aus dem Hause kommend.) Greis. (Anführer des Zugs, der die Bahre niedersetzt.)

Hyllos.

Proodos.

Weh mir, o Vater,
O ich Leidender, weh, weh mir um dich!
Was erdulde? Was sinn' ich? O weh mir!

Greis.

Halt ein, mein Sohn, reg nun nicht auf
Den erbitterten Schmerz in dem grimmigen Mann.
Hinliegend er lebt. Doch knirschend verschleuß
Dir den Mund.

Hyllos.

Was sagst du? Er lebt, Greis?

Greis.

Systema 1.

Wirst wecken ihn nicht, den Schlummer umfängt,
Und jagen sie auf und erregen die Wuth
Der entsetzlichen Krankheit, o Sohn.

Hyllos.

Doch ach,
In mir Armen beharrt
Auf unendlicher Trauer die Seele.

Herakles. (Erwachend.)

Mesodos.

O Zeus!
Wo bin ich des Lands? Bei der Sterblichen wem
Hier liege von unablässigem Schmerz
Ich gequält? — O ich Unglücksel'ger!
Da nagt sie auf's neu, die Verruchte!

963 — 979.

Greis.

Antistrophe 1.

Saßt nun du es ein, wie es heilsam war,
Zu verschließen dich stumm, und zu scheuchen ihm nicht
Von dem Haupt und der Wimper den Schlaf?

Hyllos.

Doch nicht

Ja vermag ich und weiß
Dieß Leiden zu schaun mit Ergebung.

Herakles.

O Kenaischer Grund des Altarbau's du,
Für welcherlei Weihn welch lohnenden Dank
An mir Armen erreichtest du! — Zeus! Zeus!

Systema 2.

Wie thatest du nun, wie Schmach mir an,
Die niemals sehn ich mit Augen gesollt,
Ich beladener Mann, wahnsinniger Wuth
Unbeschwörbaren Gipfel erblickend.

Antisystema 2.

Denn wer mit Gesang, wer fertiger Hand
In der Heilkunst ist's, der weg dieß Graun,
Ohn' Er nur, Zeus, zu beschwören vermag?
Ferner mir ein Wunder erschien' es!

(Er wird aufgehoben.)

Strophe 1.

Ah! Ah!
Lasset mich, lasset mich ruhen den Leidenden,
Noch ruhn laßt mich zum letztenmal.

Strophe 2.

Ha wie rührst an? wo legst du mich hin?
Es ist Tod mir, ist Tod!
Du weckst was schon die Augen schloß.
Mit faßt an es. O Gott! Da nahet sie wieder! Wo seid ihr,
Alles Hellenischen Volks unredlichste Männer, um die ich

960 — 1005.

Oft in den Wogen des Meers, und reinigend alle Gehölze,
Mich mühselig verzehrt? Und jetzt, da also ich leide,
Wird nicht Feu'r, nicht Stahl ein Erretender gegen mich wenden?

Antistrophe 1.

Ah! Ah!
Will nicht nahend mir reißen hinweg das Haupt
Des haßwürdigen Lebens? Ach!

Greis.
Mesodos.

Jüngling, um diesen, den Mann, stieg höher empor nun die
Arbeit,
Als mir reichet die Kraft. Mitfass' ihn denn. Dir ja ist
voll'res
Auge, zu helfen, als ich es vermag.

Hyllos.
Wohl zwar, ich ergreif' ihn;
Aber Vergessen des Wehs dem geängsteten Leben zu schaffen,
Weiß nicht drin noch draußen ich Rath. So hat es gesandt
Zeus.

Herakles.
Strophe 3.

Sohn, wo bist du, Sohn?
Fasse mich, fasse du hier mich erhebend an.
Ah! Ah! O Geschick

(Sie setzen ihn auf.)

Antistrophe 2.

Auf's Neu tobt auf, tobt auf, elend
Mir bringend den Tod,
Der wild unnahbarn Seuche Wuth.
Herrscherin Pallas! Es quält aufs Neue mich! Sohn, o
erbarme
Deines Erzeugenden dich! Den untadligen Stahl dir ent-
reißend,
Stoß hier unter den Hals mir, und heile den Schmerz, von
der Mutter

Ruchlos in mir entflammt. O daß ich sie niedergeworfen,
So hier, so wie mich sie verderbet . . . Erblichem Hades! . . .

    . . . . Antistrophe 3.

    O Zeus Bruder du! . . . .
    Bette mich, bette mich eilebeschwingtem Tod
        Den Elenden hinab! . . . .

                    Chor.
Ich höre schaudernd dieß Geschick, o Freundinnen,
Des Herrn, von . . . er, . . . solch ein Mann, getrieben wird.

                    Herakles.
O Vieles schon und Heißes, auch im Worte schwer,
Mit Händen und mit . . . . Kampf, ich . . . . aus,
Und nimmer legt' ein Solches nicht die Gattin Zeus,
Noch auch Eurystheus düstrer Feindeshaß mir auf,
Wie hier die truggesinnte Tochter Oineus mir,
Auf meine Schultern heftete der Erinnyen
Umschlingend Netzgewebe, das den Tod mir bringt.
Denn klebend an den Seiten, hat's das letzte Fleisch
Hinweggefressen, schlürft die Lungenadern aus,
Inwendig hausend, hat hinweg das frische Blut
Mir schon getrunken, und dahinzerstört ist ganz
Mein Leib, von dieser Fessel unsichtbar besiegt.
Und nicht des Feldes Lanze, noch erdwachsender
Giganten Kriegsheer, noch der Ungeheu'r Gewalt,
Noch Hellas, noch fremdredend, noch wieviel ich auch
Des Landes säubernd je betrat, hat Dieß gethan.
Ein Weib, von Frauenwesen, nicht mit Mannes Art,
Hat jetzt allein mich, ohne Schwerd, hinweggerafft. —
O Sohn, nun sei mir du ein ächterzeugter Sohn,
Und laß der Mutter Namen nicht dir höher sein.
Gib mir, mit deinen Händen selbst gefaßt vom Haus,
In meine Hand die Mutter, daß ich sehe klar,
Ob meinen mehr dich schmerzet, oder ihren Leib
Entstellt zu sehen zur gerechten Züchtigung.

                                    1024 — 1054.

Auf liebes Sohn, sei muthig, und erbarm dich mein!
Der Birlen meint Erbarmen, wie ich mädchengleich
Aufschluchze weinend. Und es sagt Dieß Keiner wohl
Von diesem Manne, daß er sonst ihn thun gesehn.
Nein ohne Seufzen folgt' ich allezeit der Noth.
Jetzt, einst ein Solcher, muß ich weibisch, ach, bestehn! —
Und nun, dich nahend, trit zum Vater hier heran,
Und schau, von welchem Mißgeschicke Dieses' ich
Erlitten. Zeigen will ich's aus den Hüllen dir.

                                   (Er enthüllt sich.)

Sieh hier, betrachtet Alle diese Schmerzgestalt,
Erblickt den Armen, wie bejammernswerth ich bin.

       Ach, ach! Wehe mir!
       Oh, oh!

Es glüht Verderbens Zuckung eben jetzt auch neu,
Durchströmt's die Brust mir! Unbekämpft, ich seh' es, läßt
Mich nicht der Krankheit fressend unglückselige Wuth.

       O Hades, schluck mich auf,
       Strahl du des Zeus, o triff mich!

Schwing her, o König, schmettre nieder beim Geschoß
Des Blitzes, Vater! Wiederum verzehrt es mich,
Dringt auf zum höchsten Gipfel. Händ', o Hände mein,
O Brust und Rücken, o geliebtes Armepaar!
Seid ihr bestanden jetzt auch, die einstens ihr
Den Sohn Remein's, Plagegeist des Hirtenvolks,
Den Leu'n, die unwirthselig unnahbare Brut,
Mit Kraft zu nichte machtet, Lerna's Hyder auch,
Und ein ungesellig zwiegestalt roßwandelnd Heer
Der Thiere, ruchlos, frevelnd, übermächt'ger Kraft,
Und den Erymanth'schen Eber, und des Niedergotts
Dreiköpt'gen Hund, ein unbekämpfbar Wunderthier,
Die Brut der grausen Echidna, und den Wächter auch
Der goldnen Frucht, den Drachen, fern am letzten Ort.
Und andre Mühen tausendfach noch kostet' ich,

1655 — 1687.

Und Keiner richtet über mich Prophä'n empor.
Jetzt hier gefesselt und zerrissen lieg' ich ganz
Von blindem Unheil jammervoll verwüstet da;
Der von der besten Mutter doch benannt ich bin,
Der in den Sternen von dem Zeus ein Sohn genannt.
Doch Dieses sollt ihr wissen, bin auch Nichts ich mehr,
Trägt nicht der Fuß mich, werd' ich doch, die Dieß gethan,
Auch also überwält'gen. Komme nur sie her,
Damit sie lern', es Allen anzusagen, daß
Die Bösen lebend und im Tod ich züchtigte.

Chor.

O arme Hellas! Welche Trauer seh' ich nun,
Ihr werden, soll sie dieses Manns verlustig sein.

Hyllos.

Nachdem du, Vater, Gegenrede nun gewährt,
So höre schweigend meinem Wort, wie leidend auch.
Denn bitten will ich, was mit Recht mir werden darf.
Mir gib dahin dich, nicht so sehr von nagendem
Unmuth erbittert. Sonst verkennst du wohl, worin
Du Freude suchest, und worin dich fälschlich härmst.

Herakles.

Sprich, was du willst, und schweige, denn mein kranker
Sinn
Faßt Nichts von Allem, was du lang schon künstlich sprichst.

Hyllos.

Von meiner Mutter komm' ich dir zu sagen, wie
Mit ihr geschehn, und wie sie willenlos gefehlt.

Herakles.

O ganz Verworfner! Und gedenken darfst du noch
Der Vatermördrin Mutter, wie ich hören muß?

Hyllos.

Geschehn ist also, daß zu schweigen nicht gebührt.

Herakles.

Mit nichten, wie sie erst an mir gefehlet hat.

Hyllos.

Doch anders heiß ich dich, vernimm Das was jetzt geschah.

Herakles.

Sprich; doch bewahr dich, daß du böse nicht erscheinst.

Hyllos.

Vernim. Es starb sie eben frisch dahingewürgt.

Herakles.

Durch wen? Ein Zeichen übel traun weissagtest du.

Hyllos.

Sie durch sich selber, nicht von anderswem gethan.

Herakles.

Weh mir! Bevor sie nach Gebühr mein Arm erschlug?

Hyllos.

Es wendet auch dein Zorn sich wohl, vernahmst du's ganz.

Herakles.

Ein mächtig Wort begannst du. Doch sprich, wie du meinst.

Hyllos.

Dieß ist es ganz: sie fehlte, Gutes wollend nur.

Herakles.

Gut, o Verworfner, thut den Vater mordend sie?

Hyllos.

Ein Liebesmittel wähnend aufzulegen dir,
Ging fehl sie, da im Hause sie die Ehe sah.

Herakles.

Und wer in Trachis war ein solcher Zauberer?

Hyllos.

Das Thier vor Zeiten, Nessos überredet sie,
Zu reizen dein Verlangen durch den Liebesbann.

Herakles.

O weh, o weh, Unsel'ger, es ist um mich geschehn!
Ich sterb', ich sterbe; keine Sonne scheint mir mehr!
Weh mir! Ich weiß nun, wo wir im Geschicke stehn.
Geh, lieber Sohn, denn keinen Vater hast du mehr,
Ruf deiner Mitgebornen ganz Geschlecht mir her,
1114 — 1133.

Und ruf das ärmste Weib Alkmen her, umsonst
Des Zeus Gemahlin, daß das Endewort von mir
Der Göttersprüche kund euch sei, wie ich vernahm.

Hyllos.

Doch nicht ist hier die Mutter, nein mit Tiryns kam,
Der Uferstadt, sie überein, zu wohnen dort.
Der Kinder aber nahm ein Theil sie pflegend mit,
Die andern, wisse, sind in Thebe's Stadt daheim.
Doch wir, soviel zugegen, wenn wir, Vater, dein
Geheiß vernahmen, werden dir zu Dienste sein.

Herakles.

Nun denn, so höre Du es. Dahin kamst du nun,
Zu zeigen, welch ein Mann du seist, der mein sich nennt.
Mir war vom Vater schon vorlängst verkündiget,
Durch Keinen, welcher athmet, werd' ich sterben einst,
Nein der des Hades hingeschwundner Bürger sei.
Nun hat das Thier Kentauros, wie es göttlich war
Verkündet, todt so mich vertilgt, den Lebenden.
Ich aber künd' euch, treffend überein damit,
Ein neu Orakel, das zuvor bestätigend,
Das ich, gekommen in der bergbewohnenden
Und erdgelagerten Seller Hain, mir niederschrieb,
Von meines Vaters zungenreichem Baum herab;
Der mir in dieser lebend gegenwärt'gen Zeit,
Von meinen auferlegten Mühn erlösenden
Ausgang verheißen; und ich hoffte Glück zu sehn;
Doch Das nun war nichts Andres, als mein künft'ger Tod,
Denn zu den Todten kommet nicht die Mühe mehr. —
Da Dieses klärlich überein denn trifft, o Sohn,
So werde Du nun dieses Manns Verbündeter,
Und nicht erwart' es, meinen Mund zu reizen erst;
Nein selber frei nachgebend, steh mir bei, die Pflicht
Als schönste dir ausfindend, folgsam mir zu sein.

Hyllos.

Von Jole sprechst du, wie es mir zu schließen ist.

Herakles.

So ist's. Das Eine leg' ich nun Dir auf, o Sohn:
Sie, wenn nun ich gestorben, und frommliebend willst
Du sein, des Eidschwurs eingedenk in Vaters Hand,
Nim zur Gemahlin; mißgehorch dem Vater nicht.
Ein andrer Mann nicht möge, die bei mir geruht
An meiner Seite, nehmen einst an Deiner Statt.
Nein selber pflege du, o Sohn, dieß Ehebett.
Gehorche. Denn bestehst du, treu im Großen mir,
Im Kleinen untreu, so zerrinnt die erste Gunst.

Hyllos.

O weh mir! Schwer ist zürnen mit dem Krankenden,
Doch so ihn sehn bei Sinnen, wer ertrüge das?

Herakles.

Verweigrung Dessen, was ich sage, murrest du!

Hyllos.

Wer sollte Sie, die meiner Mutter Tod allein
Verschuldet, und daß dir sodann wie jetzt geschieht,
Wer sollte, wenn von Rachegeistern nicht verwirrt,
So wählen? Besser bin auch ich, o Vater, todt,
Als daß vereint ich wohne mit den Verhaßtesten.

Herakles.

Der Mann, so scheint es, wolle nicht mir Scheidenden
Mein Recht erweisen. Doch es wird der Götter Fluch
Dein warten, bist du ungetreu an meinem Wort.

Hyllos.

Weh mir, zu bald nur kündest du dein Uebel an!

Herakles.

Du weckst ja von dem entschlafnen Schmerz mich wieder auf.

Hyllos.

Ich Aermster, vielfach steh' ich ohne Hülf' und Rath!

1296 — 1229.

Herakles.

Weil du verschmähst, zu hören auf des Erzeugers Wort.

Hyllos.

So soll ich lernen, Vater, pflichtvergessen sein?

Herakles.

Nicht pflichtvergessen, wenn du mir das Herz erfreust.

Hyllos.

Du heißest alles Ernstes denn mich also thun?

Herakles.

Ich heiß' es. Zeugen ruf' ich deß die Götter an.

Hyllos.

Wohlan so thu' ich's, und verweigr' es nicht, als dein,
Die That den Göttern zeigend. Nie ja werd' ich wohl
Schuldvoll erscheinen, war ich dir, o Vater, treu.

Herakles.

Du endest trefflich, und hinzu nun sei die Gunst,
O Sohn, gefügt in Eile, daß, bevor mich neu
Krampf oder Wuth befalle, du auf den Stoß mich legst.
Auf, sputet euch, erhebt euch. Dieß ist Ruhe traun
Der Leiden, dieses Mannes letztes Endeziel.

Hyllos.

Doch Nichts verwehret, daß es dir vollendet sei,
Da du's gebietest, Vater, und mich zwingst zu thun.

Herakles.

Auf jetzt, eh neu du der Krankheit Weh,
Hartmüthiges Herz, dir erweckst, aus Stahl
Mit Zähnen geschärft ein Gebiß leg' an,
Zu verhalten den Schrei, daß freudiglich so
Das gezwungene Werk du vollendest.

Hyllos.

Hebt, Diener, ihn auf, und traget zu mir
Ob Diesem nun ganz nachsichtigen Sinn,
Doch Götter erseht ganz nachsichtslos
In den Thaten gesinnt, die eben geschehn.

1230 — 1253.

Hyllos.

Von Jole sprachst du, wie es mir zu schließen ist.

Herakles.

So ist's. Das Eine leg' ich nun Dir auf, o Sohn:
Sie, wenn nun ich gestorben, und frommliebend willst
Du fein, des Eidschwurs eingedenk in Vaters Hand,
Nim zur Gemahlin; mißgehorch dem Vater nicht.
Ein andrer Mann nicht möge, die bei mir geruht
An meiner Seite, nehmen einst an Deiner Statt.
Nein selber pflege du, o Sohn, dieß Ehebett.
Gehorche. Denn bestehst du, treu im Großen mir,
Im Kleinen untreu, so zerrinnt die erste Gunst.

Hyllos.

O weh mir! Schwer ist zürnen mit dem Krankenden,
Doch so ihn sehn bei Sinnen, wer ertrüge das?

Herakles.

Verweigrung Dessen, was ich sage, murrest du!

Hyllos.

Wer sollte Sie, die meiner Mutter Tod allein
Verschuldet, und daß dir sodann wie jetzt geschieht,
Wer sollte, wenn von Rachegeistern nicht verwirrt,
So wählen? Besser bin auch ich, o Vater, todt,
Als daß vereint ich wohne mit den Verhaßtesten.

Herakles.

Der Mann, so scheint es, wolle nicht mir Scheidenden
Mein Recht erweisen. Doch es wird der Götter Fluch
Dein warten, bist du ungetreu an meinem Wort.

Hyllos.

Weh mir, zu bald nur kündest du dein Uebel an!

Herakles.

Du weckst ja von dem entschlafnen Schmerz mich wieder auf.

Hyllos.

Ich Aermster, vielfach steh' ich ohne Hülf' und Rath!

1296 — 1329.

Herakles.

Weil du verschmähst, zu hören auf des Erzeugers Wort.

Hyllos.

So soll ich lernen, Vater, pflichtvergessen sein?

Herakles.

Nicht pflichtvergessen, wenn du mir das Herz erfreust.

Hyllos.

Du heißest alles Ernstes denn mich also thun?

Herakles.

Ich heiß' es. Zeugen ruf' ich, deß die Götter an.

Hyllos.

Wohlan so thu' ich's, und verweigr' es nicht, als dein
Die That den Göttern zeigend. Nie ja werd' ich wohl
Schuldvoll erscheinen, war ich dir, o Vater, treu.

Herakles.

Du endest trefflich, und hinzu nun sei die Gunst,
O Sohn, gefügt in Eile, daß, bevor mich neu
Krampf oder Wuth befalle, du auf den Stoß mich legst.
Auf, sputet euch, erhebt euch. Dieß ist Ruhe traun
Der Leiden, dieses Mannes letztes Endeziel.

Hyllos.

Doch Nichts verwehret, daß es dir vollendet sei,
Da du's gebietest, Vater, und mich zwingst zu thun.

Herakles.

Auf jetzt, eh neu du der Krankheit Weh,
Hartmüthiges Herz, dir erweckst, aus Stahl
Mit Zähnen geschärft ein Gebiß leg' an,
Zu verhalten den Schrei, daß freudiglich so
Das gezwungene Werk du vollendest.

Hyllos.

Hebt, Diener, ihn auf, und traget zu mir
Ob Diesem nun ganz nachsichtigen Sinn,
Doch Götter erseht ganz nachsichtslos
In den Thaten gesinnt, die eben geschehn.

1250 — 1258.

Vorerinnerung.

Bei dem endlichen Erscheinen der Fortsetzung meines Sophokles hoffe ich zu der Güte aller der Leser, welche die Schwierigkeiten einer solchen Arbeit kennen, oder auch nur ahnen, daß sie ihre Forderungen im Verhältniß zu dem ersten Theile nicht nach Maßgabe der zehnjährigen Zwischenzeit steigern werden. Angewendeten Fleiß wird man zwar, wie ich denke, nirgends verkennen, aber kein Mensch kann aus dem Kreise seiner gesammten Fähigkeiten heraus, oder wenn er ihn nach einer Seite hin auszudehnen versucht, so zieht er ihn von der andern her um eben so viel in die Enge. Auch hat mich die Arbeit bisher keineswegs fortwährend beschäftigt, da Haus und Beruf und Studien mit den Jahren sich erweitern, sondern nur in jahrweit getrennten Zeiträumen von guter Muße und Stimmung, die oft schwer wieder zu erlangen war, wurde der geliebte Dichter hervorgesucht. Und nun, bei einem solchen oft wiederholten Anfassen wird zwar wohl der Sinn des Einzelnen, so genau als eben das Verständniß reicht, zum Vorschein kommen, ob aber nicht im Ganzen die Frische und Wärme des Tons darunter gelitten habe, mögen die Beurtheiler entscheiden. Dieselben werden auch ersehen, daß ich es mit Prosodie und Metrik etwas strenger als vorher genommen habe, ingleichen daß ich in der Anordnung der Chorgesänge fast durchweg Hermann gefolgt bin. Von den Vorgängern in der Uebersetzung kann ich dießmal nicht viel sagen, um so mehr, als das dahin gehörige frühere Geständniß der Bescheidenheit allzuhoch angerechnet worden. Dennoch ist dasselbe noch immer der Ausdruck meiner Gesinnung in dieser Sache, und man könnte sich nur, selbst abgesehen davon, wundern, daß frühere und

spätere Uebersetzer nicht mehr, als geschieht, übereinstimmen, wenn
dieses nicht eben bewiese, wie verschieden sich dieselben Worte beim
Uebertragen in eine fremde Sprache in den einzelnen Individuen
reflectiren. Es bleibt mir daher nur noch übrig, um wohlwollende
Aufnahme auch dieses meines weiteren Beitrags zur Uebersetzungs-
literatur zu bitten. Denn wenn der Haß die Fehler sieht, so erkennt nur die Liebe das Gute; stockblind aber ist die Gleichgültigkeit.

Anmerkungen.

Die Ueberschrift der Einleitung vor dem Stücke, sowie das ihr
vorangesetzte Motto aus demselben, zeigen schon, daß sich der
Uebersetzer in der Streitfrage, wenn es eine ist, ob Herakles oder
Deïaneira die Hauptperson sei, für Letztere entscheidet. Denn Beide
zugleich dafür anzunehmen, hat wohl am wenigsten für sich. Be=
trachten wir also die Dichtung im Ganzen.

Eine edle, königlich hochherzige Frau, treue Mutter ihrer
Kinder, gütige Gebieterin, vor Allem die liebevollste Gattin, sieht
sich von ihrem angebeteten Gemahle durch ein auf ihm liegendes
Verhängniß von Neuem, wie schon oft geschehn, seit geraumer Zeit
getrennt, und Sehnsucht und Sorge, eine durch die andere ver=
mehrt, erfüllen ihre bange Seele. Der göttergleiche Mann, so schön
als stark, so bieder als muthig, ein Sohn des höchsten Gottes
selber, nur Einer Schwachheit, gleichsam vom Vater ererbt, unter=
than, der Liebe zu schönen Frauen, sonst ausdauernd und duldend
wie Keiner; so hat er sich einst diese Gemahlin erstritten, sie geret=
tet von einem verabscheuten, unheimlichen Freier, und ihre Neigung
ist auf das dankbare Gedächtniß jener Gefahr und Rettung gegrün=
det. Wie er dann, dem viel schlechteren Manne, nach dem Rath=
schluß der Götter, gehorsam, aus jeder neuen Gefahr mit immer
größerem Ruhme hervorgeht, fehlt Nichts von Allem an Geschick,
Thaten und Denkart, was ein edles Frauenherz fesseln kann. Jetzt
hat ihn eine im Zorn begangene Uebelthat in die Ferne getrieben,
unbekannt wohin, und auch die Seinen mußten ihre Heimath ver=
lassen. Darüber ist genau die Zeit verstrichen, nach deren Verlauf
er, einer Weissagung gemäß, die, wie alle Orakel, zweideutig lau=

tete, das Ende seiner Mühen erreichen soll. Wie der Sinn sei, muß sich nun offenbaren, die erste Nachricht, die von ihm eintrifft, ist darüber zugleich entscheidend.

In dieser Lage und Stimmung tritt Deianeira auf und schüttet in Gegenwart der treuen Dienerin, wie sie schon oft gethan, ihr bekümmertes Herz aus. Sie überblickt ihr Leben und findet es entschieden unglücklich; denn schon als Mädchen brachte die Schönheit ihr Kummer und Angst, und nachmals ist die erwünschteste Ehe eine Quelle beständiger Sorgen geworden, die jetzt im entscheidenden Augenblick ihren Gipfel erreichen. Nun hat zwar der Sohn eine Nachricht über den Vater vernommen, die erste seit seinem Weggang, aber sie zeigt ihn in Krieg mit einem streitbaren Gegner verwickelt, und vermehrt also die Besorgnisse. Der erste Schritt zur Beruhigung ist der, welchen Hyllos thut, um den Vater aufzusuchen.

Jetzt findet sich der Chor ein. Befreundete Jungfrauen aus der Stadt hat der Antheil hergeführt, den sie an den Leiden der Fürstin nehmen. Sie rufen die allsehende Sonne an, den Aufenthalt des Helden zu offenbaren, dann reden sie, mit Hinweisung auf das allgemeine Menschengeschick, tröstend zu Deianeira, als wäre sie zugegen, indem sie aus dem bisherigen Glück des Herakles auf den ferneren Schutz der Götter, vornehmlich seines Vaters Zeus, zu hoffen ermahnen.

Aber kein Mädchen, nur ein Weib kann empfinden, was sie leidet, schon durch das allgemeine Loos der Weiber, und dann sie vor Allen, und vornehmlich jetzt. Das sagt sie eben in rührend sanften Worten dem Chor, da erscheint ein Mann mit guter Botschaft. Ihr Gatte kommt zurück, sein Herold, den er vorausgesendet, wird sogleich eintreffen. Sie dankt dem höchsten Gotte, sie

Gegenwart bewegt, stimmt es an mit bacchischem Jubel, beantwortet von Gesängen aus dem inneren Hause.

Nur die Gebieterin bleibt ernst gestimmt unter dem allgemeinen Entzücken; ein tiefes Gemüth geht nicht schnell zu den entgegengesetzten Gefühlen über. So empfängt sie auch den Herold, und sind ihre Fragen an ihn, und so hört sie seine Erzählung an, die den angeblichen Ursprung von Herakles Feindschaft mit seinem letzten Gegner und den traurigen Untergang desselben berichtet. Und wie sie endlich der Chor, ihren Ernst wahrnehmend, ausdrücklich zur

Freude auffordert, so spricht sie ihre Thuungen deutlich aus, und verweilt nicht bei der Betrachtung des gegenwärtigen Glücks, sondern wendet sich mit edelherzigem Mitleid zu dem Unglück der Gefangenen, indem sie angelegentlich nach dem Geheimniß des Namens der Edelsten unter ihnen fragt, das, nur zu bald entdeckt, sie selbst elender als zuvor machen soll.

Die Fremde ist eine Nebenbuhlerin, eine Geliebte ihres Mannes, die er um den Preis einer Mordthat, einjähriger Knechtschaft und eines Belagerungskrieges erkauft hat, und die er nun seiner treuen Gattin zum Lohne für die Hausbehütung vorausschickt. Welch eine plötzliche Wendung! Betäubend trifft sie dieser Schlag. Aber schnell gefaßt, will sie den Herold selber vernehmen über Das, was er nach des Boten Aussage ihr verschwieg; und da er sich dem Geständnisse zu entwinden sucht, drängt sie ihn weniger mit Strenge, als daß sie bei den Göttern ihn zur Wahrhaftigkeit beschwört; aus der Wandelbarkeit des Menschenherzens, aus der Macht der Leidenschaft der Liebe, der sie, das Mädchen und ihren Gemahl entschuldigend, mit edler Entäußerung sich selbst unterwerfen nennt, aus der Schmählichkeit der Lüge nimmt sie die Gründe her, ihn zur Aufrichtigkeit zu bewegen, und benimmt ihm endlich alles Bedenken durch die großmüthigsten Versprechungen zu Gunsten der Fremden. So kämpft sie schon in dieser Unterredung den bitteren Schmerz nieder, und faßt ihren Entschluß, wie ihre letzten Worte, die Ankündigung der Geschenke an Herakles, deutlich verrathen.

An ihre Reden knüpft der Chor seine Gedanken an. Die Gewalt Aphrodite's ist unwiderstehlich; sie zeigte sich auch damals, als zwei mächtige Freier um diese Braut in furchtbarlichem Kampfe zusammentrafen. Unterdessen kehrt Deianeira zurück und sagt ihm von dem Rettungsmittel, das sie dem hereinbrechenden Unheil entgegenzusetzen gesonnen sei, einem Mittel, dessen sie hier zuerst gegen Jemand gedenkt. Sie hat kein Arg dabei, will nur den Rath des Chors, ob man es wohl für wirksam halten dürfe, und fordert sein Verschweigen, um sich nicht etwa einer Thorheit schämen zu müssen. Viel lieber jedoch, als durch Magie, würde sie durch sanftmüthige Geduld das Herz des Mannes wiedergewinnen, darum ist es ihr ein solches Anliegen, daß Herakles von ihrem freundlichen Benehmen gegen Jole unterrichtet werde, und sie trägt nur Scheu, ihre sehnsuchtsvolle Liebe ihn wissen zu lassen, weil sie sich nicht mehr des Gleichen von ihm versehen kann.

Ist es Leichtsinn, Unbesonnenheit, Uebereilung zu nennen, daß sie auf dieses Mittel ihr Vertrauen setzt? Keineswegs. Wenn hier eine Schuld ist, so trägt sie Der, welcher sie so aufs Aeußerste gebracht hat. So viele Liebesabentheuer schon hat sie ihm und den Frauen verziehen, aber mit dieser, der Jüngeren, unter einem Dache zu wohnen, ist unerträglich. Verhängniß waltet hier, in scheinbarer Naturgewalt der mächtige Götterwille, dessen Anblick, als etwas unsäglich Erhabenes, die Seele mit grauender Bewunderung erfüllt. Daß Dejaneira vor Zeiten dem Kentauren geglaubt und das Blut aufbewahrt hat, könnte man, als außer dem Stücke liegend, unerörtert lassen. Man könnte sich auch, überall wo solch ein scheinbarer Anstoß ist, auf die Sage und ihre Heiligkeit berufen, die einen Dichter überhebe, solche Ereignisse menschlich sittlich zu begründen; indessen, den allgemeinen Glauben an solche Magie mitgerechnet, erklärt sich Alles genügend. Ein Mädchen, das heißt eine ganz junge Frau, erschüttert von der unmittelbarsten Nähe, ja Berührung, eines zum Tode Verwundeten, nicht unbekannt mit der Schwachheit ihres neuen Gatten, dem Sterbenden darum, und weil er durch eine Anwandlung von Liebe zu ihr umkommt, leichter Glauben beimessend, nimmt sie den Zauber, und hat keine Aufforderung, davon zu reden, oder ihm weiter nachzudenken.

Aber kaum hat sie ihn jetzt angewendet, der Bote ist mit dem Gewande fort, und der Chor erwartet von demselben eine beschleunigte Rückkehr des Helden und schildert die lange Sorge und ihre endliche Lösung in seinem Gesange, so hat sie Ursache, von ihrem Unternehmen einen schlimmen Ausgang zu fürchten, und jetzt erst sieht sie Das, was ihr noch kurz vorher die Aufregung ihres Herzens aus den Augen gerückt hatte. Sogleich ist sie aber auch wieder auf das Härteste gefaßt, und entschlossen, die Schande einer wenn auch unfreiwilligen Uebelthat und den Verlust ihres Gemahles nicht zu überleben. Und nur zu wahr hat sie geahndet, schrecklicher, als es zu denken war, ist ihre That ausgeschlagen. Der Sohn selbst, der die entsetzlichen Wirkungen jenes Kleides gesehen hat, dem sterbenden Vater nur vorausgeeilt ist, um seinen Empfang im Hause vorzubereiten, erzählt ihr, wie Alles geschehen sei, so daß ihr kein Zweifel bleibt über die fürchterliche Wahrheit. Sie entfernt sich stumm, mit einer neuen Qual, den unverdienten Verwünschungen ihres Sohnes, belastet.

Das also war der Sinn jener Verheißung, daß nach zwölf Jahren die Arbeiten des Göttersohnes endigen sollten. Der Todte ist frei von Mühseligkeit. Er aber ist schon gestorben, unrettbar beschädigt durch die Rache eines längst gestorbenen Feindes. Zu spät erkannte seine Arglist die Unglückliche, und nun weint sie wohl reichliche Thränen über ihr und des Mannes Geschick, das Aphrodite gewirkt hat. So trauert der Thor; aber schon weint sie nicht mehr. Nach lauten Jammerklagen, erst in ihren Gemächern von den stummen Zeugen ihres ehelichen Glückes Abschied nehmend, dann verzweiflungsvoll das Haus durchirrend, hat sie zuletzt muthig ihrem Leben ein Ende gemacht, und ihr unglücklicher Sohn, unterdessen eines Besseren belehrt, ist zu spät gekommen, um sie zu retten, oder nur ihr sein Unrecht abzubitten.

Mit diesem Ausgang wäre die Darstellung eines schönen und großen Frauencharakters in Leben und Sterben auf das Glücklichste zu Wege gebracht; Furcht und Mitleid walten mächtig genug, um das Herz zu erschüttern; Glückswendungen sind hinlänglich vorhanden, um Antheil und Aufmerksamkeit fortwährend festzuhalten. Aber auch Herakles, wie Hyllos, soll vor seinem Ende noch ihre Unschuld erfahren, und so versöhnt und beruhigt aus dem Leben scheiden; jene Gefühle der Furcht und des Mitleids haben die tragische Handlung noch nicht bis zu der Läuterung oder Ausgleichung begleitet, wo sie sich zu einer ernsten Betrachtung mildern; und die Verwicklung der Ereignisse, die jetzt durch den unverschuldeten Tod des herrlichsten Paares, unter den höchsten körperlichen und Seelenschmerzen, aus Betrug eines Ungeheuers, wie das muthwillige Spiel eines bösen Dämons, oder eines wüsten, grauenhaften Zufalls empört, soll als die weise Verkettung göttlicher, durch die endliche Verklärung des Helden selbst wohlthätiger Rathschlüsse sich offenbaren.

Also wird Herakles mit der ganzen Entsetzlichkeit seines Leidens, der nur die Kraft seiner Natur gleichkommt, vorgeführt. Wie könnte Deianeira noch leben und dieß Elend sehen! Wir sind froh, daß sie durch den Tod diesem Anblick und allen Schmerzen eines Lebens voll unfruchtbarer Reue entzogen ist. Auch verhält sich von ihrem Tode an Alles wie Folge und Ausgang der Handlung, und der Charakter des Herakles kommt nicht vollständig, sondern nur nach seinen hierbei in Thätigkeit gesetzten Seiten zur Entfaltung.

Schlafend wird er hereingetragen, es ist die erste Ruhe aus Erschöpfung der gequälten Natur, und so wird eine mäßige, männlich gefaßte Ertragung der Gewalt des Uebels eingeleitet, während die Raserei des ersten Schmerzes sich für die Erzählung eignete. Schon der lyrische Ausdruck trägt zur Milderung des Mitleids bei. Er erwacht und fühlt neue Schmerzen, fragt den Zeus, warum er ihm Das gethan. Da sie ihm helfen, ihn heben und erleichtern wollen, machen sie ihm nur größere Schmerzen, daß er sich den Tod wünscht, als Lohn von irgend Einem der Unzähligen, die er vormals gerettet hat. Heftiger durchzuckt ihn die Qual, da gedenkt er der Thäterin und begehrt sich an ihr zu rächen. Aber diese Aeußerungen seines Zornes sind selten, gemäßigt und nicht unedel.

Nun ruhiger, beklagt er und betrachtet sein Mißgeschick, dann erhebt er sich an der Erinnerung seiner früheren Großthaten, wiewohl an seinem jetzigen Verzagen, der sonst nie den Muth verlor, die Größe des Leidens zu ermessen ist. Dennoch möchte er als letzte That der Gerechtigkeit die Verbrecherin bestrafen. Da ihm hierauf durch den Sohn endlich der ganze Zusammenhang seines Geschicks offenbar wird, faßt er sogleich seinen Entschluß, empfiehlt mit löblicher Fürsorge die Gefangene seinem Sohne zur Gemahlin (was freilich unseren Sitten widerstrebt), und mit den Vorbereitungen zu einem heldenmüthig selbstgewählten Tode schließt die Handlung, in welcher wir nicht sowohl einen sterbenden Heros dargestellt finden werden, als ein untergehendes Heroenweib, untergehend nach dem Willen der Götter durch ihre treue Liebe, oder, wenn man will, durch der Weiber uralte Noth, die Untreue der Männer.

Die Trachinierinnen sind ein so vollkommenes Stück des Sophokles, als irgend eins der übrigen; alle seine Kunstmaximen, seine ganze Denk- und Empfindungsweise, die Milde und Großheit seiner Poesie ist auch hier vollständig zu sehen. Eine neue Seite des menschlichen Lebens hat er geschildert, zu zwei großen Frauencharakteren, der Schwester Antigone, der Tochter Elektra, hier die Gattin Deianeira hinzugefügt, und auch darin den Preis der Kunst davongetragen.

V. 1. Das Sprichwort, daß Niemand vor seinem Tode glücklich zu preisen sei, ist am berühmtesten in Solons Munde geworden, der es bekanntlich bei dem reichen Krösus anwendete.

V. 6. 7. Oineus (Weinrich), welcher den Weinstock von Dionysos empfing, also den Cultus desselben bei sich einführte, hatte von seiner ersten Gemahlin u. a. den Sohn Meleagros und die Tochter Deianeira, von einer zweiten den Tydeus, dessen Th. 1. S. 316 gedacht ist. Deianeira (Mannfeindin) trägt den Namen ihrem Geschick gemäß, wie dieß in der Sage oft geschieht. Irgend ein alter Dichter hat noch von ihr gemeldet, daß sie kriegerisch gewesen, wovon aber bei Sophokles Nichts zu finden. Pleuron und Kalydon, die zwei Hauptstädte Aitoliens; jenes lag am Fluß Euenos (V. 552), jetzt Phidari, der in zwei Mündungen in's Meer fließt; sonst ist Kalydon des Oineus Wohnsitz. Zwischen dem Euenos und Acheloos liegt Missolunghi.

V. 9. f. Acheloos (Fluß, Wasser), heutzutage Aspropotamos, der weiße Fluß, von seinem weißlich-trüben Gewässer, was die Dichter in silberwirbelnd verschönerten, ist der größte Strom Griechenlands, der, auf dem Gebirge Pindos entspringend, südwärts in das Jonische Meer fließt. Nächst seiner Mündung Oiniadai (V. 507). Dieser Strom war so berühmt, daß er von Homer neben seinem Vater Okeanos genannt wird, und man seinen Namen, der ursprünglichen Bedeutung gemäß, für Flußwasser überhaupt brauchte. — Stierbrüllen und daher Stiergestalt wird den Flüssen im Allgemeinen zugeschrieben. Ein Horn brach Herakles dem Acheloos im Kampfe ab. Auf einem alten Gefäß hat Letzterer einen Fischleib an menschlichem Oberkörper, und ein Horn auf der Stirne, das Herakles eben abzubrechen im Begriff ist. — Der Drache (Schlange) entspricht den Windungen des Flusses.

V. 19. Alkmene (die Starke, als Mutter des Starken), Tochter des Elektryon, gebar von Zeus, der sie in der Gestalt ihres Gemahles Amphitryon besuchte, den Herakles (Heraberühmt,

V. 2. ἐκμάθοις ist als der bestimmtere Ausdruck vorgezogen, da ἐκμάθοι zweideutig ist. V. 7. ὄκνον beibehalten, denn die Furcht vor diesem widerwärtigen Freier war ihr Leiden (V. 15. 24). V. 12. κύτει als der gewähltere Ausdruck dem τύπῳ vorzuziehen. Ob Dieß und Anderes aus einer doppelten Recension der Trachinierinnen zu erklären sei, lasse ich dahin gestellt sein.

durch Hera's Haß zu seinem Ruhme gelangt), wie ihn die Argeier nannten, als er, noch ein acht = oder zehnmonatliches Kind, zwei große von Hera geschickte Schlangen erwürgte, da er vorher Alkaios geheißen.

V. 35. f. Elektryon, Sohn des Perseus (Th. 1. S. 347), überließ die Herrschaft von Mykene und Tiryns dem Gemahl seiner Tochter, seinem Brudersohne Amphitryon. Da aber dieser seinen Schwiegervater aus Versehen tödtete, so benutzte Sthenelos, ein dritter Sohn des Perseus, diesen Vorwand, um Amphitryon aus dem Reiche zu vertreiben und es sich zuzueignen. Derselbe zog mit Alkmene zu Kreon nach Theben, wo Herakles erzeugt und geboren wurde. Diesem hatte Zeus die Herrschaft seines Großvaters zugedacht. Als daher die Stunde seiner Geburt kam, schwur er, von Hera überlistet, der Knabe aus diesem Stamme, der in der nächsten Nacht geboren werde, solle über sein ganzes Geschlecht herrschen, worauf Hera, als Entbindungsgöttin, die Geburt des Herakles zurückhielt, die des Eurystheus aber (1034), des Sohnes von Sthenelos, beschleunigte. So mußte Jener Diesem gehorchen.

Herakles, der in Theben aufwuchs, lernte das Bogenschießen von Eurytos (74), dem größten Schützen nebst Herakles selber. Daher die Gastfreundschaft (261) mit Eurytos, dessen Ende übrigens Homer anders berichtet. Herakles fehlte nie, weder mit der Lanze, noch mit dem Bogen, den er von Apollon erhalten hatte, wie die übrigen Waffen von anderen Göttern. Seine Pfeile waren mit den Federn des dunkeln, feuerbraunen Adlers besetzt (560). Uebrigens ist er bei Sophokles, nach der Schilderung der früheren Dichter, mit Panzer, Schild, Schwerd und Lanze nebst dem Bogen bewaffnet zu denken, nicht blos mit Löwenhaut und Keule, welche letztere jedoch V. 509 neben anderen Waffen genannt wird.

Zuerst war er mit Kreons Tochter Megara vermählt, ermordete aber, von Hera wahnsinnig gemacht, seine Kinder, und wurde von Pythia zur Buße nach Tirynth gewiesen, um dort dem Eu=

V. 31. 2. 3. Bild und Sache sind nach Sophokles Weise verwebt, wie es die Uebersetzung ausdrückt. V. 34. Im Gleichniß fortgehend ist die Gedankenfolge: in das Haus kommt er zur Zeugung, dann geht er wieder hinaus, bei der nächsten Rückkehr das Kind schon geboren findend.

rystheus zu dienen, worauf ihm zuletzt die Unsterblichkeit verheißen war.

In dieser Zeit, wo er auch Deianeira ehlichte, nachdem er Megara dem Jolaos vermählt hatte, vollbrachte er, nebst vielen anderen, die von Eurystheus ihm auferlegten zwölf (oder zehn) Arbeiten, deren einige W. 1078 ff. erwähnt sind. Das Ende seiner Dienstbarkeit und seiner Mühen war unterdessen von dem Orakel zu Dodona (170. 1155) noch auf 12 Jahre (818) bestimmt worden. Diese Zeit war bis auf 15 Monate (44. 162) verstrichen, als er den Jphitos, Eurytos Sohn, umbrachte. Als er jetzt noch eine erniedrigendere Knechtschaft antreten mußte, war er veranlaßt, das Orakel, das sich über die Art seiner Erlösung unbestimmt ausgedrückt, und das er beim Empfange günstig für sich ausgelegt hatte (1157), jetzt in schlimmem Sinne zu nehmen (159); wiewohl nur augenblicklich, in der traurigen Stimmung; denn da ihm noch früher geweissagt worden war (ungesagt, von wem, denn von Zeus (1145) ist alle Weissagung), kein Lebender werde ihn tödten, sondern ein Bewohner des Hades, so hatte er, dem Anscheine nach, keinen Kampf und keinen Gegner zu fürchten. — W. 155 wird zwar die Tafel mit seinem letzten Willen alt genannt, dieß geht aber nur auf das schon vormals darauf geschriebene Orakel (1153), denn die Verfügungen in Bezug darauf waren neu. — Daß es W. 76 heißt, über Euboia sei die Weissagung geschehen, also auch der Ort bestimmt, ist wohl nur als Schluß Deianeira's anzusehen, weil jetzt die Zeit um ist.

Die Veranlassung zu jenem Meuchelmord (38) ist im Stücke selbst (260. 350.) angegeben. Jphitos (Mächtig) war, wie sein Vater und seine Brüder (264), ein großer Bogenschütze, und sein Bogen kam an Odysseus. Die Brüder hießen Deïon (Wigand), Klytios (Erich), Toxeus (Schütze).

W. 39. Trachis, am nördlichen Fuße des Oitagebirges, das die Südgränze von Thessalien bildet, ist von seiner rauhen, d. h. felsigen Lage benannt. Später trat an seine Stelle das etwas östlich davon gelegene Herakleia. Sein damaliger König Keyx erwies sich auch noch nach Herakles Apotheose gegen seine Kinder, ehe sie ihr väterliches Reich wieder erobern konnten, gastfreundlich, wiewohl er sie gegen Eurystheus Verfolgungen nicht zu schützen vermochte.

W. 54. Außer Hyllos, dem ältesten, waren es noch drei

5*

Söhne des Herakles von Deianeira, nämlich Ktesippos, Gleneos, Oneites.

B. 74. Daß Deianeira von dem ganz in der Nähe krieg-führenden Herakles Nichts weiß, ist für die Dichtung, welche diese Ortsentfernung gar nicht kennt, keine Unwahrscheinlichkeit.

B. 93. 94. Die Nacht ist des Tages Mutter. So Aischylos:

Zu froher Kund' entsteige, sagt ein alter Spruch,
Dem mächt'gen Mutterschoße hell das Morgenlicht.

Und:

In dieser Nacht, die dieses Tages Licht gebar.

B. 95. Ueber den Sonnengott Helios s. Th. 1. S. 253.

B. 111. f. Von den Winden ebendas. S. 334. In wind-getriebenem Wasser kommt und geht vorbei eine Welle nach der andern, und immer eine größere bei zunehmendem Winde. So die Mühseligkeiten des Herakles.

B. 130. Die Bärin, das Bärengestirn (der Wagen), wel-ches nicht untergeht. Weiblich aus der Fabel, wornach Kallisto, Tochter des Arkadischen Königs Lykaon, von Hera aus Eifersucht in eine Bärin verwandelt, von Zeus aber, der sie liebte, unter die Sterne versetzt wurde.

B. 132. Ueber die Keren vgl. Th. 1. S. 253.

B. 142. 3. Das Gleichniß ist von einem im Schutz aufgezoge-nen Gewächse genommen, ehe es versetzt wird.

B. 147. In der Nacht, wo die Sorge einkehrt. Vgl. B. 29. 30.

B. 57. δοκεῖν, hier glauben, nicht scheinen: daß er ihn glücklich glauben dürfe. B. 84. Den Vers vor diesem hat die Uebersetzung aus-gestoßen, da er mit dem folgenden nicht zusammen bestehen kann und ihm an Werthe nachsteht. B. 87. 88. Dagegen möchte ich diese beiden Verse zur Vollständigkeit nicht missen. Da sie ferner für sich keinen passenden Schluß bilden, so können sie auch nicht wohl in einer etwaigen ersten Recension die zwei folgenden Verse vertreten, sondern möchten von jeher zum Text gehört haben. Einiger Verbesserung bedürfen sie freilich, die mit ἀλλὰ für νῦν δὲ und εἶα für ἐᾷ nach einigen Kritikern angenommen ist. B. 116. πολύπονον ist substantivisch als Subject genommen, αὐτὰ daher neutral, τὸ δὲ dient zum Fortschritt und zur Steigerung. B. 143. χώροισιν αὐτοῦ ist unverdächtig und bedeutet wohl dasselbe, was Her-manns χώροις, ἐν' αὐτοῦ, während es besser lautet. B. 159. 60. 1. Der letzte Vers rechtfertigt Musgraves ὅ τι; denn wenn nur ein Theil

V. 160. Unter dem väterlichen Lande sind wohl die Besitzungen (Hausgüter) zu verstehen, welche Herakles von seinen Aeltern ererbt oder sonst, z. B. in Tirynth, erworben hatte, und von welchen auch Deïaneira einen Theil als Witthum empfangen sollte; nicht das väterliche Reich, das erst wieder zu erobern war.

V. 169. 70. Vgl. 1152 f. Dodona, das winterliche, in Epeiros, in herbdürrer Gegend, hatte ein berühmtes Orakel des Zeus, das für das älteste in Griechenland galt (816). Es befand sich in einem Haine von Eichen, deren eine redete, durch Tauben, worunter Priesterinnen verstanden sein sollen. Doch war auch das Holz redend, daher der Baum zungenreich. Es war in uralten Zeiten von zwei Tauben, welche Zeus gesendet, die eine dorthin geflogen und hatte zu weissagen angefangen, die andere hatte das Ammonische Orakel gestiftet. Zeus Priester oder Hypopheten, d. h. Dolmetscher oder Redactoren, welche die Orakel in Verse brachten, waren die Seller, ein rauhes Gebirgsleben führend, wie noch jetzt dort die Arnauten, auf der Erde schlafend mit ungewaschenen Füßen; oder es deutet Dieses auf Erdorakel und magnetische Träume.

V. 194. Melis, oder gewöhnlich nach Dorischem Dialekt, Malis hieß sowohl der Meerbusen gegenüber dem Nordende von Euboia (jetzt Busen von Zeitun), als auch die Bevölkerung an demselben.

V. 198. Oïta (Gang, Paß), der Gebirgszug zwischen Thessalien und Phokis, besonders seine höchste Höhe unfern Trachis und Thermopylai, welche dem Zeus geweiht war. Darauf eine Waldwiese, die nicht gemäht, oder ein Waldbezirk, der nicht gehauen werden durfte.

V. 205. Bräutliche Jugend, mannbare Jünglinge und Jungfrauen.

---

von den väterlichen Besitzungen den Kindern gehören soll, so muß Deïaneira das Uebrige erhalten, und dieses also unter dem Erwerb des Ehebetts gemeint sein. Zu μένειν in Gedanken χρείη zu wiederholen, ist ohne Anstoß. V. 186. πρόσπολος, von Hermann in πρὸς πολλοὺς verwandelt, was Ellendt billigt, ist weder unpassend noch überflüssig. Der Bote hat seine Nachricht aus der besten Quelle, von Herakles Diener selbst. Es muß daher sogar betont werden. V. 194. 5. ποθῶν substantivisch passiv genommen, μεθεῖτο auf Lichas als Object bezogen.

B. 206 f. Ueber Apollon, Artemis und ihren Beinamen
Ortygia, den Paian s. Th. 1. S. 232. 3. 4. Ortygia, eine
Insel bei Delos, oder Delos selbst, auch eine solche bei Sicilien,
die einen Stadttheil von Syrakus ausmachte und der Artemis
heilig war und so werth als Delos, daher bei Pindar Delos Schwester. Der Ortsname ging auf Artemis selbst über. Diese Göttin
wird hier insbesondere noch als Patronin der Umgegend des Ma-
lischen Meerbusens überhaupt (630) angerufen. Feuerumringt
(212) muß sie wohl als Mondgöttin heißen, oder weil sie mit
Fackeln nächtlich die Gebirge durcheilt.

B. 215. Der Beherrscher des Sinnes ist Bacchos; und
ihm gehört vorzugsweise die Flöte an, so daß sie z. B. bei Plu-
tarch für den bacchischen Enthusiasmus selber steht. Der Chor führt
dabei einen lebhafter bewegten Tanz auf, dem bacchischen ähnlich,
daher er ihn einen bacchischen Wetteifer, einen Wettstreit mit den
Bacchantinnen nennt. Ueber die Flöte s. Th. 1. S. 349. Ueber
Dionysos, Euoiruf, Epheu u. s. w. ebendas. S. 247 f.

B. 235. 6. Herakles scheidet aus dem eroberten Lande einen Bezirk aus, der geheiligt und dessen Ertrag zum Dienste der gestifteten
Altäre bestimmt sein soll. Ebendasselbe ist B. 747 der belaubte
Weihbezirk. Und diesen von ihm geweihten Boden ruft er B. 905
an, welch einen schlimmen Lohn eine so fromme Stiftung gefunden

---

B. 214. Auf Seidlers Vermuthung, daß von hieran ein Chor im
Hause singe, war ich auch gefallen, und nahm Anfangs daraus eine Bestätigung dieser Ansicht. Nach näherer Erwägung bin ich davon zurück-
gekommen, und zwar aus folgenden Gründen. Sollten erstens die
Singenden nicht gesehen werden, so konnte man sie auch nicht wohl verstehen; sollten sie aber hervortreten, so hätten wir einen doppelten Chor,
was wohl der alten Theatereinrichtung widerstreitet; und drittens ist
dieser zweite Theil des Chorgesangs nicht von solchem Anfang und Inhalt, daß man ihn als Antwort ansehen könnte, denn er enthält keine
Beziehung auf das Vorhergehende, und spricht bacchische Freude, nicht
Lob des Apollon und der Artemis, aus. Hat man aber drinnen Gesang
gehört, so kann dieß den Chor ergreifen und zu neuem Lied befeuern.
Der Paiansruf gehört für Apollon und war auch von denen im Hause
gefordert. Diesen hört und versteht man dann auch von drinnen heraus.
Man denke sich ihn nur langsam, langaushaltend gesungen. Nun endlich
nimt der Chor wieder das Wort mit einigen den Uebergang zum Dialog
bildenden, in Form und Inhalt ruhigeren Versen.

habe. — Lenaion, Vorgebirg auf Euboia, dem Meerbusen
gegenüber, dem Zeus geweiht. Von ihm die Lichasinseln.

V. 243. Gefangene wurden als Sclaven entweder zu Privat-
oder zu Staats- oder Tempeldiensten verwendet.

V. 250. Omphale, Jardanos Tochter, Königin von Lydien
in Kleinasien, worüber nachmals der reiche Kroisos herrschte, er-
kaufte den Herakles auf ein Jahr um drei Talente, 4000 Thaler.
Nach einer anderen Sage legte er sich selbst die Sclaverei als
Buße für den Mord auf, und während seiner Dienstbarkeit hatte
Lydien Ruhe, denn auch dort blieb er seinem Heldenberufe getreu.
Auch zeugte er mit Omphale den Agelaos, Kroisos Stammvater.

V. 258. Erst durch den überstandenen Dienst war er entsühnt,
schuldrein geworden.

V. 325. Die winddurchwehte, die windige, hochgelegne,
oder die verwehte, den Winden preisgegebene.

V. 375. Unselige sagt Deianeira zu sich selbst.

V. 379. Jole, Veilchen, Viole, gleichsam Veilchenschön.

V. 325. Ich zweifle, daß ἀήσυρον vom Winde verweht, also
gleichsam zerstoben, heißen kann. V. 356. In der Uebersetzung ist nur
um die im Deutschen noch größere Undeutlichkeit zu vermeiden ὅ statt ὅν
ausgedrückt, welches letztere sonst nicht bestritten werden soll. V. 361.
Da die vorgebrachten Conjecturen die Sache nicht bessern, so habe ich
τὸν Εὔρυτον τόνδ' beibehalten, und denke, der Bote soll zeigen wollen,
daß dem Lichas sonst die Umstände wohl bekannt seien, er also auch wohl
wissen müsse, daß Eurytos eine Tochter gehabt und daß es diese sei.
Dieses letztere wiederholt er daher noch zum Ueberfluß in dem folgenden
Verse, überhaupt etwas breit, nach seinem Charakter. V. 377. ἢ καὶ
bildet einen eben so guten oder noch besseren Uebergang als ἢ κάρτα.
Auch Dieses hat Lichas erzählt, der nun thut als wisse er Nichts.
V. 388. Daß Hermann diesen Vers dem Boten zugetheilt, scheint mir
unwidersprechlich richtig. Wie sollte der Chor mit hineingehen wollen?
Er könnte dieses eben so gut jedesmal, wenn ihn die Hauptperson ver-
ließe. In seinem Munde ist also die Frage ganz verkehrt. Der Bote
dagegen, wenn er mitgeht, kann der Königin dienen, um den Lichas zu
überführen, wie er nachher auch wirklich thut. V. 417. ὧν ἣν' ἄγνωας
ὁρᾷς kann nicht wohl heißen: die du siehst als wäre sie dir unbekannt,
welches dann bedeuten soll, die du vorgibst nicht zu kennen. Denn die
Begriffe: als wäre sie, oder: du gibst vor, sind nicht im Griechischen,
man mag nun ὢν oder οὖσαν suppliren. In der Uebersetzung ist letzteres

B. 440. Ueber Eros, den Gott der Liebe, vgl. Th. 1. S. 345. Als eines später verehrten Gottes war seine Genealogie verschieden, gewissermaßen willkührlich. Bei Hesiod und Ibykus ist er aus dem Chaos entstanden, bei Sappho ein Sohn der Erde und des Himmels, bei Simonides und später des Ares und der Aphrodite, bei den Orphikern des Kronos.

B. 443. Andre, nämlich Frauen, was im Deutschen nicht zu unterscheiden ist. Sie nimmt an, daß Herakles Liebe von Iole erwidert werde.

B. 475. Einst, zu irgend einer früheren Zeit, denn seine Werbung um Iole ging dem Tode des Iphitos voraus und war die Ursache desselben. Dieß scheint zwar B. 355 zu widersprechen, da denn, nach Homer, anzunehmen, Herakles habe den Iphitus wegen der Pferde ermordet, die er entwendet hatte und nicht zurückgeben wollte. Indessen scheint die erstgenannte Veranlassung der Tragödie angemessener und läßt sich so mit B. 355 vereinigen, daß Herakles zum Kriege gegen Eurytos nicht seine durch Iphitos Tod herbeigeführte Sclaverei als Ursache angegeben (und Rache deßhalb kam ihm auch weder zu, wenn ihn doch die Götter selbst als schuldig verkauft hatten, noch war sie der wahre Antrieb), sondern daß er irgend einen andern geringfügigen Vorwand gebraucht habe.

B. 498. Den Zeus berückte z. B. Aphrodite, als sie ihr ihren Gürtel lieh, und sonst vielfältig; den Hades (s. Th. 1. S. 223) bewog sie, die Persephone zu rauben; auch den Meergott Poseidon verführte sie zu manchen Liebesabentheuern.

B. 514. Bei dem Kampfe mit Herakles nahm Acheloos seine verschiedenen Gestalten an. Ovidius beschreibt den Kampf, wie

---

hinzugedacht. Iole befindet sich unter dem Nichtkennen der Deianeira und ihrer Umgebung, gerade wie ἄγνοια im Philoktetes B. 129 gebraucht wird. Hast du nicht von ihr, die du hier durch dein Lügen noch ungekannt siehst, uns längst die Wahrheit gesagt? Denn Deianeira weiß es nicht, d. h. nicht gewiß, so lange es Lichas nicht eingesteht. B. 400 f. Schneiders Vertheidigung der alten Folge der Personen zeigt nur, wie unpassend sie ist, und spricht ganz für die neue, von der man nicht glauben sollte, daß sie Jemand verwerfen könne. B. 440. μέν οὖν ohne Anstoß. Wer nun dem Eros, bei dem sich am meisten die Veränderlichkeit der menschlichen Neigungen zeigt, entgegenkämpfen will.

man sich ihn hier unselige denken kann. Die Schläge der Stirne
sind wohl die von Herakles auf den Gegner geführten; oder es sind
die Stöße, die Achlous als Stier that.

V. 534. Edelherzig geheißen, denn er war es hießen.

V. 551. Nach der Besiegung der Kentauren, wovon unten,
war Nessos, einer von den Entronnenen, nach Ätolien gekommen,
wo er durch Fährmannsdienste seinen Unterhalt gewann. Er war
also schon von jenem Kampfe her ein Feind des Herakles.

V. 565. Das geschwärzte Blut um das Eisen des Pfeils, wo
es in die schwarze Galle der Hydra getaucht war.

V. 600. schattiger Einschluß, Tempelanfang. Das Kleid
soll vor ihm von Niemand anderem angelegt, noch auch der Sonne
oder dem Feuer ausgesetzt werden, da es im ersteren Falle seine
Zauberkraft an einem Dritten üben, im anderen sie verlieren würde,
wie ihr der Kentaur (670) gesagt hat.

V. 613. Von Hermes, dem Götterboten und also Patron
der Herolde, s. Th. 1. S. 262.

V. 623 f. Deianeira wünscht, daß Lichas auch von ihrer
Sehnsucht nach Herakles, von ihrer Freude über seine Zurück-
kunft ihm erzähle. Das würde es sein, was er noch sagen könnte.
Sie hält aber inne und wagt kaum es zu begehren, da sie fürch-

---

V. 521. Die nun folgenden drei Verse, welche Hermann der ersten
Recension zutheilt, habe ich ohne Bedenken weggelassen. Sie enthalten
eine bloße Wiederholung. Auch hat die Epode ohne sie ungefähr gleiche
Länge mit den Strophen. Dann sind auch noch die Worte: Ich sage
es wie die Mutter (wie ich's von meiner Mutter gehört habe), hier
unpassend, zumal gleich darauf Deianeira's Mutter genannt wird. Die
Zeilen stammen also wohl, wie die ähnlichen früheren in diesem Stücke,
anderswoher, wiewohl sie füglich von Sophokles selbst herrühren können.
V. 547. λωτήριον λύπημα, τῇδ' ὑμῖν φράσω. Ich nehme mit Schäfer
λωτήριον als λύπημα regierend; τῇδε hier, d. h. im Folgenden, oder,
wo nun der Ort ist Das zu sagen, was bisher verschwiegen geblieben.
Hermanns Interpunction und Erklärung ist, wie auch schon von Schwenck
bemerkt worden, dem Charakter der Deianeira widersprechend, welche
wohl V. 577 über die Nebenbuhlerin den Sieg davon zu tragen wünscht,
aber nirgends die Absicht zeigt, sie zu kränken. Außerdem ist der Ausdruck dunkel, Wie ich habe eine lösende Kränkung für Diese, indem der
Hauptbegriff zum Nebenbegriffe wird. Auch ist die Cäsur des Verses
bei dieser Interpunction nicht gut.

tet, es werde mit Gleichgültigkeit oder Widerwillen aufgenommen werden.

V. 627. Der berühmte Paß Thermopylai (Warmpforten) hat seinen Namen von den dortigen heißen Quellen und einer alten Befestigung mit einem Thore. Der steile Auslauf des Oeta bildet mit dem Meere den Engpaß. Die Enge ist an beiden Enden nur einen Fahrweg breit. Innerhalb derselben, nördlich von Thermopylai, bei Anthele, waren die Sitze der Amphiktyonen, sowie die Tempel des Amphiktyon und der Demeter Amphiktyonis. Jene sind der V. 632 genannte Pylische Rath. S. Th. 1. S. 231.

V. 633. Die Flöte, ein kriegerisches Instrument, wird jetzt, nachdem Friede geworden, den Ton ändern, und der milden, mit Lobgesängen der Götter verbundenen Lyra gleich sich vernehmen lassen.

V. 641. Zwölfmonatliche Zeit, eine runde Zahl, ein Jahr und mehr; nicht im Widerspruch mit der früheren Rechnung von fünfzehn Monaten.

V. 646. Ares, der Kriegsgott (Th. 1. S. 237); endet das Ungemach, indem er den letzten entscheidenden Krieg erregt und zu einem glücklichen Ziele gebracht hat.

V. 654. Peitho, die Ueberredung, nach Sappho eine Tochter der Aphrodite.

V. 671. Krümelt von dem Steine, stiebt vom steinernen Fußboden weg, auf welchen sie das Büschelchen Wolle an eine von der Sonne beschienene Stelle geworfen hat.

V. 696. 7. Wie wenn man gährenden Most von blauen Trauben verschüttet.

V. 623. Dieser zarte Zug von entsagender, unterwürfiger Liebe, den Hermann vollkommen verstanden hat, würde, wie mir scheint, durch die dann von ihm zur Wahl vorgeschlagene Veränderung dieser und der vorhergehenden Verse sehr geschwächt, ja fast vernichtet werden. V. 655. ἀπὸ προφάσει θηρός. Nach des Thieres Vorgeben. Es ist keine Ursache, dem Worte πρόφασις eine neue Bedeutung zu geben. Weder Deïaneira noch der Chor weiß, ob es mehr als ein Vorgeben ist, und dann bildet dieses halb zweifelnde Wort eine Vorbereitung zum Folgenden. V. 696. 697. ὀπώρα, der Herbst, ist der Traubenertrag, wie im Deutschen, so bei Anakreon und andrer Orten, und bei Sophokles selbst; fett heißt auch bei uns der Most; Bläue nimt er während des Gährens an; blauröthlich aber mußte der Schaum des vergifteten Blutes seyn. So ist Alles klar,

V. 708. Cheiron, Sohn des Kronos, zwieförmig, wie die Kentauren, aber unsterblich, mild und weise, Erzieher vieler Helden, u. a. auch des Achilleus, war von Herakles bei der Verfolgung der Kentauren, die sich zu ihm geflüchtet hatten, unvorsätzlich mit einem Pfeil in's Knie verwundet worden, und konnte nun weder geheilt werden, wiewohl selbst ein großer Arzt, noch auch sterben, bis ihm verstattet wurde, für Prometheus, welchen Herakles erlöste, in die Unterwelt hinabzugehn.

V. 709. 10. Das schwarze Gift, welches von dem Pfeil in das Blut und mit diesem aus der Wunde gedrungen ist.

V. 754. 5. Dieß nannte man eine Hekatombe, eigentlich von hundert Rindern, dann auch von andern Thieren, auch wohl unter der Zahl hundert. Es war demnach ein großes solennes Opfer.

V. 761. Das Kleid legte sich so allseitig und fest an, als wenn es von einem Handwerker mit Sorgfalt angeleimt wäre.

V. 781. Lokris, die erste Landschaft des eigentlichen Hellas, welche bei Thermopylai an Thessalien gränzt.

V. 711. δόξα γοῦν ἐμοί. Mir wenigstens wird es so scheinen, wenn auch Andre es nicht so betrachten. Hierin liegt schon ein steigender Affect. — Zum Folgenden können die Worte nicht gehören, da der darin ausgesprochene Entschluß, als das Ergebniß der ganzen Rede, mit einem neuen Verse anfangen muß. V. 713. ὁρμῇ. In dem Angriff, den ich unvorsätzlich auf sein Leben gemacht, will auch ich zugleich untergehen, er soll mich mit wegraffen. V. 774. 5. κόμης δὲ λευκὸν μυελὸν ἐκραίνει, μέσου κρατὸς διασπαρέντος αἵματός θ' ὁμοῦ. Die letzten Worte machen Anstoß. Schneider und nun Ellendt ziehen sie zum Anfang herauf, κόμης αἵματός θ' ὁμοῦ, welches Letzterer κόμης τῆς αἱματηρᾶς erklärt. Allein dieser Erklärung steht wohl das ὁμοῦ, und der Verbindung der weite Abstand beider Worte entgegen, wie eine Uebersetzung zeigt: Aus dem Haare machte er weißes Hirn spritzen, da das Haupt mitten auseinander gesprengt war, und aus dem Blute zugleich. Man wird also wohl, wie auch Solger gethan, die Worte zusammenfassen müssen, wie sie stehen: indem die Mitte des Hauptes und Blut zugleich auseinandergestreut ist; das Innre des Hauptes und Blut vom ganzen zerschmetterten Körper. Sollte Dieß nicht genügen, so muß ein Fehler im Texte sein. V. 776. ἀνευφήμησεν, mit Hermann's Erklärung, ist dem an sich schon weniger ausdrückenden, und dann in diesem Zusammenhange kaum für passend zu haltenden ἀνευφώνησεν vorgezogen.

V. 787. Rauch und Hitze von den vielen brennenden Opfern umgaben ihn.

V. 792. Er will aus den Augen der Menschen gebracht sein, um nicht ihrer Neugierde oder Schadenfreude zum Schauspiel zu dienen. Vgl. Kön. Oed. V. 1396 f. u. dazu S. 267.

V. 801. 2. Von der Strafgöttin Erinnys s. Th. 1. S. 279. Von Dike, der Gerechtigkeit, S. 255.

V. 817. Mondenfülle, Vollendung der Monate, wenn das zwölfte Jahr ganz abgelaufen.

V. 824 f. Die beiden Theile der Antistrophe stehen in Parallelismus. Vom tückischen Kentauren ausgehend, faßt ihn des Drachen (der Hydra) folterndes Gift; er muß sterben; denn die Hydra sog sich an ihn fest, und mit siedendem Schmerze quält ihn der zweite Feind, der Schwarzgemähnte (der Kentaur), der durch die von ihm arglistig angerathene Anwendung des Giftes seinen Tod rächt.

V. 824. φονίᾳ νεφέλᾳ scheint auch mir dem Nominativ vorzuziehen. Ich bin mit Wakefield bei der Bedeutung Netz geblieben, da ich die gewöhnliche, Wolke, hier nicht recht zu reimen weiß. Schneider übersetzt: „Des Kentauren blutiges Dunkel (unter dem Schein, als wäre es des Kentauren Blut)“; Solger: „kentaurisches Bluts Dohnebel.“ Von beiden Uebersetzungen ist Nichts zu sagen. Erfurdt, Hermann, Ellendt verstehn die „mörderische oder blutige Wolke“ von Homers Wolke des Todes; ob mit Recht, zweifle ich. Denn diese ist die Wirkung, jene wäre die Ursache des Todes. So gibt auch Hermanns Uebersetzung, nam ai ejus latera tingit mortifera (todbringende) Centauri nube dolosa inevitabilis machinatio, keine deutliche Vorstellung, wobei tingit schon etwas von χρίει abweicht. Soll dennoch die Todeswolke gelten, so ginge χρίει vom Bilde ab zum eigentlichen Sinn, und es wäre die Wolke, die ihn V. 821 und 828 Tag und Sonne nicht mehr sehen läßt. Ich möchte dann eher an den Opferrauch (787) denken, dessen Flamme V. 759 blutig heißt: Wenn durch die blutige Wolke ihn salbt (salbte) des Kentauren tückische Folter (ἀνάγκη) des Giftes. Denn das Feuer erst machte das Gift wirksam. V. 832. Hermanns treffliche Verbesserung ὑποφόνια angenommen. V. 856 f. Desselben Anordnung dieser Scene ist so schön und lebenvoll, daß ich ihm auch hier ohne Abweichung gefolgt bin, mit Ausnahme von V. 890, der mir zum Dialog zu gehören, und nebst dem folgenden unentbehrlich zu sein scheint.

B. 897 bejammert Deianeira, daß sie nun Wittwe sei, B. 903 ihr in Zukunft kinderloses Sein. Denn wie Hyllos sein Herz von ihr abgewendet hat, so werden es auch ihre anderen, eben abwesenden Söhne, und Nichts mehr fesselt sie an's Leben.

B. 912. Brautgemach, Ehegemach, zumal Deianeira als junge, noch kinderlose Gattin hierher gekommen, wie sie sich B. 550 in jener Zeit ein Mädchen nennt.

B. 950. Einsam, da Deianeira gestorben.

B. 953. Ein unsägliches Wunder ist es, den sonst immer siegreichen und glücklichen Herakles ohne Rettung darnieder liegen zu sehen.

B. 1011. Du mit jüngerem Auge siehst besser, wo und wie zu helfen ist. So im Hohenlied von jugendlich vollen Augen: sie stehn in der Fülle.

B. 1044. Die Giganten (Erdgeborne) waren Söhne der Erde und des Himmels, von ungeheurer Größe und Stärke, nach unten, als Erdgeburten, in Schlangenleiber ausgehend. Sie versuchten es, mit Felsen und Bäumen den Himmel zu stürmen, wurden aber von den Göttern, unter Herakles Beistand, der ihre Einige tödtete, besiegt. Der Kampf weist besonders nach Thessalien, in ältesten Zeiten dem Sitze vieler Erdbeben, die dann, dem Fluß Peneios einen Ausgang brechend, das Land entwässerten und bewohnbar machten.

B. 1078. Die Stadt Nemea in Argolis lag in einer feuchten Ebene. Daselbst hauste ein Löwe, welche Thiere zu Aristoteles Zeit nur noch bis Makedonien und Epeiros herunterreichten. Der Nemeische war unverwundbar. Als daher Herakles von Eurystheus

---

B. 903. τὰς ἄπαιδας ἐς τὸ λοιπὸν οὐσίας. Ellendt: Das Vermögen, welches künftig nicht die legitimen Kinder erben werden. Aber kann dieß ἄπαις heißen? Und wenn, so weiß Deianeira nicht, sondern vermuthet nur oben, daß Herakles mit Jole schon der Liebe gepflogen. Dasselbe gilt von Hermanns Vorschlag, ἀπαιδὰς zu lesen. Und außerdem ist dieß eine bei Deianeira's Stimmung nicht erhebliche Sache, da ohnehin Herakles noch viele Kinder von verschiedenen Weibern hat (1133).

B. 1039. Das Asyndeton scheint mir hier ganz am unrechten Orte, da weder eine Steigerung, noch ein eilig emphatisches Aufzählen Statt findet; ich habe daher πνευμόνων angenommen. Auch der Sinn ist besser; die Lungenadern sind die innersten.

gegen ihn ausgeschickt wurden, sperrte er ihn in seiner Höhle mit zwei Mündungen, wie sie noch vorhanden ist, ein und erwürgte ihn. Die Haut trug er nachher als Wildschur. Bei dem Anblick des Löwen, sowie nachmals des Ebers und des Höllenhundes, verkroch sich Eurystheus vor Angst.

V. 1080. Gleichfalls in Argolis ist der See oder Sumpf Lerna, die Wohnung einer ungeheuren Hydra oder Wasser=schlange, die das Land verheerte. Sie hatte neun (oder gar hun=dert) Köpfe, wenn aber Herakles einen abgeschlagen hatte, wuchsen zwei neue dafür, bis sein Begleiter Jolaos die Wunden brannte. Den neunten, unsterblichen Kopf hieb er ab und vergrub ihn in der Erde. Mit der Galle des Ungethüms vergiftete er seine Pfeile.

V. 1081. 2. Die Thiere sind die Kentauren, Pferde mit menschlichem Oberleib, und es ist dieß ihr ältester Name. Diese wilden Leute und Reiter waren zuerst in Thessalien, dem Lande der guten Pferde, daheim, von wo sie vertrieben wurden und im Streit mit Herakles in Arkadien erscheinen. Einer von ihnen, Pholos, wohnte im Gebirg Pholoe, ein Gastfreund des Herakles. Als er nun diesem ein von Dionysos vormals empfangenes Faß Wein, das bisher verschlossen geblieben, öffnen ließ, kamen die Uebrigen, vom Geruche angezogen, vor die Höhle und suchten sie zu erstürmen, wurden aber von Herakles getödtet und versprengt. Vgl. zu V. 551 u. 708.

V. 1083. In diesen Streit war Herakles auf seinem Zuge nach dem Erymanthischen Eber gerathen, den ihm Eurystheus lebendig zu fangen befohlen hatte. Das Thier hielt sich in dem Arkadischen Gebirg Erymanthos auf. Dort jagte er ihn aus seinem Lager in einen tiefen Schnee und fing ihn da mit einer Schlinge.

V. 1083. 4. 5. Von dem Höllenhunde s. Th. 1. S. 321.

V. 1085. 6. Auf seinen Wanderungen über die ganze Erde holte Herakles in Afrika, in der Gegend des Atlas, aus dem Gar=ten der Hesperiden (Westländerinnen) die Goldäpfel, nachdem er den sie bewachenden hundertköpfigen Drachen getödtet hatte. Diese Goldfrucht (die Pomeranze, die also von jener Gegend her den Griechen bekannt wurde) hatte die Erde der Hera bei Gelegenheit ihrer Vermählung mit Zeus geschenkt, und diese sie dorthin verpflanzt.

V. 1133. Man verstehe nicht blos Deianeira's Söhne, son=dern auch andere von den Kindern des Herakles, die er im Tiryns bei sich gehabt, und von denen er voraussetzt, sie seien in seiner Abwesenheit mit seiner Gemahlin und Mutter nach Trachis gegangen. Alkmene ist aber, durch ein Uebereinkommen mit der Stadt, mit einem Theil der Kinder wieder nach Tiryns zurückgekehrt, die übrigen sind zu Kreon nach Theben gebracht worden. Nach Herakles Ende erscheinen sie vereinigt und versuchen, ihre dynastischen Ansprüche in dem Peloponnesos durchzusetzen, was ihnen erst später gelingt. Doch wurde Eurystheus mit Hülfe der Athener besiegt und auf der Flucht von Hyllos erschlagen. Es waren zusammen zweiundsiebzig Geschwister, worunter nur Eine Tochter.

B. 1182. Von dem wilden Oelbaume, aus dessen Zweigen der Kranz bei den von Herakles gestifteten Olympischen Spielen geflochten wurde, einem guten Brennholz, sollen kräftige Stämme ausgesucht werden. Männlich heißt stark und unfruchtbar. »Vorzüglich nannte man die stärkeren oder keinen Samen tragenden Pflanzen männlich, die anderen weiblich, ohne Rücksicht auf das Pflanzengeschlecht«.

B. 1216. Wenn er so spräche im Irrsinn der Krankheit, so zürnte man ihm nicht gerne; aber er spricht ruhig und bei Sinnen, und wer könnte dieses mit Geduld anhören!

B. 1227. Nur zu bald wird dich ein neuer Wuthanfall ergreifen. Hyllos bemerkt die heftige Aufwallung seines Vaters.

B. 1246. Die harte Seele soll sich selbst, wie einem wilden Rosse, ein mit Wolfszähnen besetztes Gebiß anlegen, daß sie schweigend, mit würdiger Ruhe, ihre angeborne Heftigkeit bändigend, den letzten Schmerz ertrage.

B. 1261 f. Das ganze Haus ist verödet, und schauerlich dünkt es dem Chore, noch ferner an demselben zu ver-

---

B. 1247. λισθοκόλλητον, mit Steinen besetzt oder eingelegt. Alle Erklärungen sind ungenügend. Zuletzt noch sagt Ellendt, der Dichter, zur Bezeichnung der Härte Stahl und Steine verbindend, kümmere sich durchaus nicht darum, ob jenes in der Wirklichkeit an den Gebissen zu geschehen pflege. Doch vergleicht er vorher die frena lupata. Und diese eben hat Welcker im Griechischen höchst glücklich hergestellt durch λυκοκόλλητον, ein mit Wolfszähnen besetztes, also scharfes Gebiß für wilde Pferde.

weilen. Wie daher Herakles weggetragen wird, setzt auch er sich in Bewegung, um nach Hause zu gehen.

B. 1261. f. Der Schluß des Stückes scheint mir sehr zu verlieren, wenn man diese letzten Worte, die dem Chor so ganz angemessen sind, des Hyllos völlig geschlossener Rede noch anhängen wollte. Und wenn dieser vollends den Chor mit zur Verbrennung zu gehen einladen soll, so ist dieß wohl eine allzuharte Zumuthung für Jungfrauen, nachdem man ihnen eben die erlebten Schrecknisse vorgerechnet hätte. Wie ich die Worte mit Anderen nehme und oben erklärt habe, muß auch ἐπ' οἶκον gelesen werden. An dem Singular καρθέίς finde ich den Arg; die Chorführerin sagt es zu sich selbst und damit zu Allen.

Aias.

„Kein rühmlich leben, oder rühmlich untergehn,
Geziemt dem Edlen."

Der Heros.

Nachdem Achilleus durch einen Pfeil des Paris, welchen Apollon lenkte, vor Troia gefallen war, setzte Agamemnon, als Oberfeldherr, ein Gericht nieder, um dem Würdigsten unter den Lebenden die Waffenrüstung des Todten zuzusprechen. Nur zwei unter den Helden des Heeres, Aias und Odysseus, schienen einen solchen Anspruch erheben zu können. Dieser, an Umsicht, List, Unternehmungsgeist und Beredtsamkeit der Erste unter Allen, hatte vielfache Verdienste in Rath und Unterhandlungen, und auch kriegerische Thaten aufzuweisen; Jener dagegen, nicht von vielen Worten noch schnellbeweglichem Geiste, aber, bei dem stolzen Gefühle seiner Kraft, gerad und biederherzig, galt ohne Frage für den Größten in der Schlacht nach Achilleus, einst, als Dieser zürnend den Kampf mied, der Retter des Heeres, und der die Leiche des Peleiden mit Odysseus gegen die Feinde vertheidigt und endlich allein in's Lager getragen hatte.

Aber der Kluge siegte über den Starken, Odysseus erhielt die Waffen. Eine große Anzahl Stimmen war für ihn, und Menelaos mußte bei der Zählung einen Betrug zu spielen, sodaß Aias, dem alle gebührt hätten, nicht einmal die Mehrheit erhielt.

Diesen Schimpf kann er nicht ertragen. Schmerz und Zorn in der Versammlung an sich haltend, verschließt er sich in seinem Zelte, und hier wächst seine Leidenschaft, deren

6*

halbunterdrückte Ausbrüche nur die Seinigen vernehmen, endlich bis zur Wuth und dem Entschluß, eine ungeheure Rache zu nehmen, in nächtlichem Ueberfall die Atreiden und alle Fürsten, die ihn beleidigt haben, zu ermorden.

Seinen blutigen Anschlag schickt er sich wirklich an zu vollführen, und würde ihn vollendet haben, wenn nicht Athene, die Freundin der Achaier, und insbesondere des Odysseus, ihn im Augenblicke der Ausführung mit Wahnsinn geschlagen hätte, daß er das Beutevieh, das hinter dem Lager gehütet wurde, anfiel und sammt den Hirten niedermachte.

Wenn nun der Unglückliche aus diesem Traum erwacht, so wird er sich viel elender sehen als vorher, mit dem Zorne der Göttin, dem Hasse der Achaier, und mit unauslöschlicher Schmach beladen; aber er wird einen Ausweg finden, wie er seiner Heldenseele würdig ist.

Personen.

Athene. (Unsichtbar.)
Odysseus.
Aias.
Chor, Krieger des Aias.
Tekmessa, sein Weib.
Eurysakes, sein Kind.
Bote.
Teukros, Aias Bruder.
Menelaos.
Agamemnon.

Scene: erst vor dem Zelte des Aias, dann in einer einsamen Gegend am
Meere.

Athene.

Schon immer, Sohn des Lartios, erblick' ich dich
Nach Feindesangriff jagend, rasch zu fassen ihn,
Und jetzo seh' ich bei den Schiffsgezelten dich
Des Aias, wo er hier zuletzt geordnet ist,
Schon lang die Beute suchend auf, und messend aus
Des Mannes frischgeprägte Spur, an ihr zu sehn,
Ob drin er, ob nicht drinnen. Und es führt dich recht,
Wie, leise witternd, einer Sparterhündin Schritt.
Denn drinnen eben jetzo ist der Mann, das Haupt
Von Schweiße triefend und die morderfüllte Hand.
Und nicht in's Innre dieses Thors hineinzuspähn
Ist weiter noth dir, sondern sprich, warum du hier
Den Eifer hegest, daß die Kund'ge dann du hörst.

Odysseus.

O Stimm' Athene's, vielgeliebter Göttin mir,
Wie leicht erkennbar, seist du ungesehn mir auch,
Dein Rufen hör' ich, und der Sinn ergreifet es,
Wie aus Tyrrhen'schem Kriegeshorn den eh'rnen Ton.
Und jetzo siehst du recht mich einem Feinde nach
Die Schritte kreisen, Aias, mit dem Schild bewehrt;
Ihm, keinem Andern, spüre lange schon ich nach.
Denn unerklärbar eine That in dieser Nacht
An uns beging er, wenn er anders Dieß gethan.
Denn Nichts mit Grunde wissen, nein noch schwanken wir,
Und ich mit Willen unterzog der Mühe mich.
Denn aufgerieben eben jetzt entdecken wir

1 — 25.

Die Beute sämmtlich, und hehingemordet ganz
Durch Armesangriff, mit den Heerdaufsehern selbst.
Und diese Schuld nun theilet ihm ein Jeder zu.
Auch hat es mir ein Wächter, der ihn sah allein
Im Felde rennen mit dem frischbenetzten Schwerd,
Gesagt und offenbaret. Gleich enteilet' ich,
Die Spur verfolgend, und ein Zeichen find' ich hier,
Steh' hier betroffen, und es fehlt, was mich belehrt.
Rechtzeitig kamst du. Denn in Allem ja zuvor,
Und auch hinfüro, lenkest du das Steuer mir.

Athene.

Ich wußt's, Odysseus, und betrat als Hüterin
Schon lange, günstig deiner Jagd, den Weg hieher.

Odysseus.

Und ist, geliebte Herrin, zeitig mein Bemühn?

Athene.

Wie dieß in Wahrheit dieses Mannes Thaten sind.

Odysseus.

Warum so unbegreiflich schwang er doch die Faust?

Athene.

Von Zorn beladen um Achilleus Waffenkleid.

Odysseus.

Wie denn in Heerden fällt er ein mit diesem Gang?

Athene.

Im Wahn, an Euch zu färben seine Hand mit Mord.

Odysseus.

Und dieser Anschlag war dem Argosheer gedacht?

Athene.

Und auch erfüllt wohl, waltet' Ich der Sorge nicht.

Odysseus.

Mit welchen Wagethaten und welch kühnem Muth?

Athene.

Bei Nacht mit Arglist dringt allein er auf euch ein.

Odysseus.

Und stand er nah schon, und gelangte bis an's Ziel?

Athene.

Den beiden Feldherrnthoren war er schon genaht.

Odysseus.

Und wie enthielt er seine mordbegier'ge Faust?

Athene.

Ich selber hindr' ihn, auf die Augen lastenden
Irrwahn ihm legend, an der unheilvollen Lust,
Und wend' ihn auf die Heerden ab, und was vermischt
An Raub von Hirten ungetheilt behütet ward.
Dort eingefallen, mäht' er vielgehörnten Mord,
Rund um sich hauend; und ihm dünkt', er halte jetzt
Die zween Atreiden mordend mit der Hand gefaßt,
Jetzt den und jenen Führer dann im Ueberfall.
Ich aber reizte den umher von kranker Wuth
Getriebnen Mann noch, warf ihn in ein böses Garn.
Und drauf, nachdem er dieser Müh' entledigt war,
Was lebend noch von Rindern blieb, gebunden die
Und alle Schaafe nimt er mit sich fort nach Haus,
Als ob er Männer hielte, nicht gehörnten Raub.
Und nun zu Hause geißelt er die Gebundenen.
Ich zeige dir auch diese Krankheit sichtbarlich,
Daß allem Volk du, was du sahst, verkündigest:
Verharre furchtlos, und erwart' ein Uebel nicht
Vom Manne; denn der Augen abgewandten Strahl
Will ich verhindern, deinen Anblick hier zu sehn. —
Du, höre, der die kriegsgefangnen Hände du
In Banden streng regierest, kommen heiß' ich dich;
Den Aias ruf' ich; tritt hervor aus deinem Haus.

Odysseus.

Was thust du, Göttin? Nimmermehr ruf' ihn hervor!

Athene.

Bleibst nicht du schweigend? Feigheit doch ergreift dich nicht?
43 — 75.

Odysseus.

Nicht, bei den Göttern!   Genügend sei's, daß drin er bleibt.

Athene.

Was soll geschehn nicht?   Wär zuvor nicht dieser Mann

Odysseus.

Feindselig diesem Manne, wie auch jetzo noch.

Athene.

Und ist der Hohn nicht süße, der des Feindes höhnt?

Odysseus.

Mir ist's genügend, wenn im Hause Dieser bleibt.

Athene.

Den Mann im Wahnsinn zagest sichtbar du zu sehn?

Odysseus.

Bei Sinnen trät' ich zagend nicht vor ihm zurück.

Athene.

Doch mag er jetzt nicht schauen, daß du nahe bist.

Odysseus.

Wie, wenn er anders aus denselben Augen blickt?

Athene.

Ich werd' umnachten Wimpern auch, die sehend sind.

Odysseus.

Wohl Alles mag geschehn von eines Gottes Kunst.

Athene.

Nun stehe schweigend, und verbleibe, wie du bist.

Odysseus.

Ich bleibe; doch viel lieber würd' ich draußen sein.

Athene.

Du, höre, Aias, abermals schon ruf' ich dir!
Warum so wenig achtest du der Verbündeten?

(Das Zelt öffnet sich, Aias tritt hervor, mit einem Riemen in der
Hand.)

Aias.   Vorige.

Aias.

O Heil, Athene, Heil dir, zeusgebornes Kind,
Denn trefflich halfst du! Und bekränzen will ich dich
Mit goldgediegner Beute, dieses Fanges halb.

Athene.

Du sprichst geziemend. Aber Dieses sag' mir an,
Hast recht den Stahl du eingetaucht am Argosheer?

Aias.

Man darf sich rühmen, und ich läugne nicht die That.

Athene.

Erhobst du bei den Atreiden auch den Lanzenarm?

Aias.

So daß den Aias Diese nie entehren mehr.

Athene.

Die Männer starben, wie ich dieß dein Wort verstand.

Aias.

Todt sollen nun sie meine Waffen mir entziehn.

Athene.

Nun wohl; und was ist mit Laertes Sohn geschehn?
Welch Loos von dir betraf ihn? Oder entrann er dir?

Aias.

Wie, nach dem abgefeimten Fuchse fragst du mich?

Athene.

Ja, von Odysseus red' ich, deinem Gegner.

Aias.

Der beste Fang, o Herrin, sitzt gefesselt er
Im Haus; den Tod noch hab' ich nicht ihm zugedacht.

Athene.

Eh was du thatest, oder was gewannest noch?

Aias.

Eh an des Daches Pfeiler in dem Haus geschnürt —

Athene.

Was wirst dem Unglücksel'gen noch du Uebels thun?

91 — 109.

Aias.

Den Rücken roth erst von dem Geißelhieb, er stirbt.

Athene.

Nicht wirst den Unglückfel'gen so mißhandeln du!

Aias.

Nach Luft, Athene, geb' ich Alles sonst dir heim;
Doch Dieser büßet also, und nicht anders mir.

Wohl denn, dieweil dir so zu thun Ergötzen ist,

Aias.

Ich geb' zum Werke; Dieß jedoch dir geb' ich heim,
Solch eine Helfrin allezeit mir beizustehn.

(Ab in das Zelt.)

Athene.   Odysseus.

Athene.

Siehst du, Odysseus, wie der Götter Macht ist groß?
Wer wurde mehr als dieser Mann vorsichtig wohl,
Wer besser einst erfunden zur rechtzeit'gen That?

Odysseus.

Nicht weiß ich einen Andern; und er jammert mich,
Unglücklich immer, ob ein Feind er auch mir ist,
Daß böses Schuldgeschick ihn so umschlungen hat.
Und mehr auf ihn nicht schau' ich, als mich selbst zurück;
Denn Dieß erseh' ich, Alle wir, die Lebenden,
Sind mehr als hohle Schatten nicht und Traumgestalt.

Athene.

Und wenn du Dieses nun ersehn, so rede denn
Auch selbst den Göttern nie ein überschwänglich Wort,
Noch einen Stolz erhebe, ragst vor Andern du
An tiefem Reichthum oder Armeskraft hervor:
Denn ja der Tag senkt nieder und hebt wiederum

Jedwedes Menschenwesen. Doch den Mäßigen
Sind hold die Götter, und die Bösen hassen sie.
(Odysseus ab. Von der andern Seite tritt der Chor auf und ordnet
sich.)

Chor. (Allein.)

Telamonischer Sohn, der Salamis Sitz,
Des umströmeten meernachbarlichen, hat,
    Daß wohl dir's gehe, beglückt mich;
Doch wenn Zeus Schlag, wenn heftiger Ruf
Von den Danaern dich mißlautend befällt;
Dann fasset mich Angst und ich fürchte mich sehr,
    Wie das Auge der flüchtigen Taube.
Wie auch aus jüngst nun geschwundener Nacht
Mächtiger Aufruhr an das Herz uns faßt,
Bei dem schmählichen Ruf, du fielst in der Au
Roßüppige Trift, und verdarbest dem Heer
    Viehheerden und Raub,
Der übrig vom Lanzengewinn noch war,
    Mit dem flammenden Eisen ermordend.
Solch flüsterndes Wort trägt, der es ersann,
Der Laertier nun Jedwedem zu Ohr,
Und sie glauben zu sehr, da jetzo von dir
Glaubhaftes er spricht, und ein Jeglicher, der
Den Erzähler vernimt, froh ist er, noch mehr
    In dem Schmerze dich nun zu verhöhnen.
Denn wer auf erhabne Seelen gezielt,
Wirst wohl nicht fehl. Wer aber von mir
Dieß spräche, dem Wort nicht glaubeten sie.
An den Habenden nur kreucht her ja der Neid.
Und die Kleinen doch sind, von den Großen allein,
Hinfälliger Schutz, zu bewahren die Burg.
Mit den Großen ja hält sich am besten der Klein',
Und ein Großer sich durch die Geringern empor.

Doch suchst du umsonst das verblendete Volk
　　Die Erkenntniß Dessen zu lehren.
Durch Solche nun wird dir Getümmel erregt,
Und uns ward nicht hiegegen die Kraft
Abwehrend zu stehn, Herr, ferne von dir.
Doch ob sie, entflohn aus deinem Gesicht,
Auch rauschen sowie ein geflügelter Schwarm;
Vor dem Geier in Furcht, dem gewaltigen doch,
Leicht würden sie, wenn du nun plötzlich erschienst,
　　Lautlos sich in Stille verstecken.

Strophe.

Aber es trieb dich Tauropola Artemis —
　　O des gewalt'gen Gerüchts,
　　Wehe, das mir Scham gebar! —
Zum Volksgesammtgut hin, zu den Kühen der Heerde,
Wohl wegen eines ohne Frucht gebliebnen Siegs,
　　Sei es bei Gaben getäuscht
Aus edlem Kriegsraub, oder beim Werke der Jagd?
Auch Er im Erzkleid wohl, Enyalios trug
Von mitverbundner Lanze dir Groll, und vergalt
　　Nun mit nächt'gem Truge die Kränkung?

Antistrophe.

Nimmer ja wichest vom Sinn zum Verkehrten du,
　　Telamons Sprosse, so weit,
　　Fallend ein bei'm Heerdenvolk;
Wohl göttlich kam solch Uebel; jedoch es halte
Zeus ab und Phoibos schnöden Ruf im Argosheer.
　　Aber erdichteten sie
Geheim den Leumund, ob die gewaltigen Herrn,
Ob aus dem Unheilsstamme der Sisyphossohn:
Nicht mehr, o Fürst, den Blick auf das Meeresgezelt
　　Heftend, weck' dann schmählichen Ruf mir.

Epode.

Sondern empor von dem Sitz, alwo du langwierig

Starr hinbrütend in dieser kampfevollen Rast,
Bis zum Himmel aufflammet die Noth; und frevelnd
kühn.

Der Feind' Uebermuth furchtlos
   In windreicher Thalschlacht her,
   Derweil ringsum schmerzvoll
   Uns jegliche Zung' hohnlacht;
   Doch wurzelnder Gram bleibt mir.

Tekmessa.   **Chor.**

Tekmessa.

Fahrthelfer des Schiffs, des Aiantischen ihr,
Von dem Erdengeschlecht, von Erechtheus Stamm,
Nun weinen wir laut, die liebend besorgt
Um Telamons Haus in der Ferne wir sind;
Denn der Entsetzliche, groß, wilder Gewalt,
   Aias, er liegt hin
   In verworrenem Sturme der Krankheit.

Chor.

Was tauschete denn sich nach jener des Tags
   Für ein Leiden die Nacht?
O Phrygierin, des Teleutas Kind,
Sprich, da zum Gemahl, von der Lanz' ihm erkämpft,
Aias, der stürmische, dich liebend erhub;
   Daß nicht unwissend du sprächest.

Tekmessa.

Wie sag' ich es aus, das unsägliche Wort?
Gleich wahrlich dem Tod so vernimst du ein Weh.
Denn fallend in Wuth ist der rühmliche Held
Aias zur Nachtzeit uns zu Schanden gemacht.
So kannst du es selbst in dem innern Gezelt,
Schlachtthiere, zerstückt mit den Händen, des Manns
   Bluttriefendes Opfer erblicken.

Chor.
Strophe.

Welch eine Botschaft enthülltest du
Von dem feurigen Mann,
Unträglich, unentfliehbar!
Von den gewaltigen Danaern ruchbar gemacht,
Die mit Gewalt mehret die Sage.
O weh, mir bangt über der Zukunft! Es ist klar, er
stirbt mir,
Der Mann, der mit der wahnsinnigen Hand geschlachtet
Am schwarzdunkelen Schwerde die Hut,
Und Hüter, Rosselenker.

Tekmessa.

Weh, weh! Dorther, dorther denn bracht'
Er gefangen herein uns die Heerde geführt!
Und die Einen erwürgt' er am Boden im Haus,
Und die Andern, zerhau'n, riß ganz er entzwei.
Nahm Widder sodann, weißschenklige zween,
Und dem Einen die Spitze der Zung' und das Haupt
Warf mähend er hin, und den Andern empor
An die Säule geschnürt,
Anfassend des Zaums roßbindende Kraft,
Peitsch' er mit zwiefachem lautsausendem Riem,
Schwer dräuend dazu, wie Das ihn ein Gott,
Und keiner der Menschen gelehret.

Chor.
Antistrophe.

Nun ist es Zeit, eingehüllt das Haupt
Unter deckendes Kleid,
Den Fuß hinwegzustehlen,
Oder zu sitzen, das hurtige Rudergeräß
Lösend dem meergehenden Fahrzeug.
So gegen uns richtet den Schlag jetzt der Atreiden
Drohung,

210 — 215.

Der Zwieherrn; mir ist bang, selber den Tod zu leiden
Des Steinwurfes, getroffen mit Ihm,
Den grimme Schickung festhält.

Tekmessa.

Nicht mehr. Denn ohn' aufleuchtenden Blitz
Jach stürmendem Süd gleich, ruhet er nun.
Und seiner bewußt, ist erneut sein Gram.
Denn hin auf die Noth in dem Hause zu sehn,
Da Niemand sonst mitwirkend sie schuf,
Das schärfet gewaltige Schmerzen.

Chor.

Doch wenn er abließ, hoff' ich traun noch Glück zu sehn.
Denn schön verschwunden, zählet minder man die Noth.

Tekmessa.

Was wohl erkörst du, bei gegebner Wahl, dir aus:
Ob, Freunde quälend, selber frohgemuth zu sein,
Ob im Verein zu trauern mit den Vereinigten?

Chor.

Gewiß die zwiefach' ist, o Weib, die größre Noth.

Tekmessa.

Wir also, nicht mehr krankend, sind erst tief verletzt.

Chor.

Wie sprachst du Dieses? Nicht erkenn' ich, wie du sprichst.

Tekmessa.

Es war der Mann dort, als er in der Krankheit lag,
Selbst frohes Muthes in der Noth, die ihn umfing,
Doch uns, bei Sinnen, quälte seine Gegenwart.
Nun, da er ruht, aufathmend von dem Ungemach,
Wird Er von böser Trauer ganz umhergescheucht,
Und wir desgleichen, nicht geringer denn zuvor.
Ist dieses zweimal nicht soviel aus Einer Noth?

Chor.

Nun dir bejah' ich's, und mir banget, daß von Gott
Ein Schlag hereintraf. Wie auch nicht, wenn frei er doch
247 — 278.

Nicht mehr, als da er krankte, nun erheitert ist.

Tekmessa.

Daß Dieses so geschehen sei, bezweifle nicht.

Chor.

Mit welchem Anfang flog das Uebel doch heran?
Uns offenbar' es, die die Schickung mit betrübt.

Tekmessa.

Du sollst es Alles hören, als ein Mitgenoß.
Er also, in der frühen Nacht, da abendlich
Die Leuchter nicht mehr brannten, sein zweischneidig Schwerd
Ergreifend, schickt' unnützen Gang zu gehn sich an.
Und ich, ihn scheltend, sage: Was beginnest du,
Aias? So ungerufen, da kein Botenruf
Dich lud, auf Angriff stürmst du, noch Trompetenklang
Vernehmend? sondern jetzo schläft das ganze Heer.
Da sprach er Wen'ges, doch das stets gesungne Lied:
O Weib, den Weibern stehet wohl das Schweigen an!
Und ich, es hörend, schwieg; da braust' er hin allein.
Und dort zu sagen weiß ich nicht was ihm geschehn.
Heim aber kehrend, führt' er mit gebundene
Heerbrinder, Hirtenhund' und wohlgehörnten Raub.
Und die enthauptet, die am aufgebeugten Hals
Abschlachtet und zerhaut er, die mißhandelt er
Gebunden, gleich wie Männer fallend Heerden an.
Zuletzt entstürmt' er durch die Thür', und ließ sich aus
Vor einem Schatten, wider Atreus Söhne bald,
Dann von Odysseus; mischend viel Frohlocken ein,
Mit welcher Schmach er gegen sie sich räche nun.
Und wiederum dann in das Haus zurückgestürmt,
Wird zum Bewußtsein endlich kaum er hergestellt.
Und voll des Unheils wie er sieht umher das Dach,
Schrie an das Haupt er schlagend; auf des Lämmermords
Gestürzte Todte niederstürzend saß er da,
Das Haar mit Nägeln fest in seine Hand gefaßt.

273 — 503.

Und lange Zeit so saß er ohne Laut dahin;
Dann mich, mit schreckenvollem Wort bedrohet' er,
Enthüllte nicht ich ganz das widerfahrne Leid,
Und frug, in welcher Schickung er befangen sei.
Und ich, in Furcht, o Freunde, sagte, was geschehn,
Ihm alles an, soviel ich dessen kundig war.
Er aber jammert' alsobald so kläglich auf,
Wie ich aus seinem Munde nie es sonst gehört.
Denn eines niedern Mannes und kleinmüthigen
Erschien ihm würdig immer solch ein Klageschrei;
Nein, ohne lauten Ungestüm des Weherufs,
Im Stillen ächzt' er, wie ein Stier, dumpfmurrend auf.
Doch nun, gefallen in ein solch feindselig Loos,
Sitzt ohne Speiß' er, ohne Trank, im Heerdenvolk,
Dem schwerdgewürgten, ruhig hingesunken da.
Und offenbar ist, wie auf schlimme That er sinnt,
Denn solche Dinge redet und wehklaget er.
Doch ihr, o Freunde, denn es führt mich Dieß hieher,
Geht ein, uns Hülfe bringend, wenn ihr sie vermögt;
Denn Freundesworten fügen solche Seelen sich.

Chor.

Tekmessa, Grauses, o Teleutas Kind, erzählst
Du uns vom Unheil, das in Wuth den Mann gesetzt.

Aias. (Hinter der Scene.)

O weh, weh mir!

Tekmessa.

Bald darfst du mehr erwarten. Habt ihr Aias nicht
Vernommen, welchen Klagelaut er stieß hervor?

Aias.

O weh, weh mir!

Chor.

Es scheint der Mann zu kranken, oder ist's die sonst
Gesellte Krankheit, die er trauernd jetzt beklagt.

304 — 331.

Aias.

O Sohn, komm, Sohn!

Tekmessa.

O weh mir! Ach er ruft nach dir, Eurysakes!
Worüber sinnt er? Wo doch bist du? Wehe mir!

Aias.

Den Teukros ruf' ich. Wo ist Teukros? Wird er stets
Hinaus auf Beute sein? Und ich verderb' indeß.

Chor.

Es scheint der Mann bei Sinnen. Aber machet auf.
Er fasset Scheu wohl auch vor mir, erblickt er mich.

Tekmessa (den Hintergrund öffnend).

Sieh hier, ich öffne. Anzuschau'n ist dir vergönnt
Des Mannes Thaten, und ihn selber, wie er ist.

Aias (sitzend im Zelte).   Vorige.

Aias.

Strophe 1.

O du,
Geliebt Schiffgeleit, allein Freunde mir,
Allein harrend aus in aufricht'gem Brauch,
O sehet, welche Woge jetzt
In blut'gem Wettersturme mich
Rinnend umher umkreiset!

Chor.

Weh mir, wie seh' ich, daß du nur zu wahr bezeugt!
Es lehrt die That uns, wie besinnungslos er ist.

Aias.

Antistrophe 1.

O du,
Geschlecht, hülfbereit mit Schiffseglerkunst,
Der du, getreten ein, die Meerschaufel schwangst,
Ja dich, o dich allein erblick'
Ich deinen Hirten stehend bei.
Aber erwürge mich auch!

Chor.

Sprich beſſre Ahnung. Ueble Heilung gebend nicht
Dem Uebel, mache größer noch die Noth der Schuld.

Aias.

Strophe 2.

Den Muthvollen, ſiehſt den Kühnherzigen,
Den Unerſchrocknen du in feindſel'ger Schlacht,
An harmloſen Thieren furchtbar ſein Arm?
Weh mir des Hohnes! O wie bin ich nun entehrt!

Tekmeſſa.

Nicht, Herrſcher Aias, ſage Dieß, ich flehe dich!

Aias.

Nicht fort du? Nicht von hinnen kehrſt du deinen Schritt?
Ah, ah! Ah, ah!

Chor.

O bei den Göttern, gib uns nach und faſſe dich!

Aias.

Strophe 3.

Unglücklicher, der ich der Hand
Die Plagegeiſter ließ entgehn,
Aber gewundne Kinder und
Die edlen Heerdziegen befiel,
        Das finſtre Blut vergießend.

Chor.

Was wollteſt du dich härmen um Begangenes?
Es würde nimmer darum ungeſchehn gemacht.

Aias.

Antiſtrophe 2.

O du, lauernd ſtets, du ſtets jedem Arg
Zum Werkzeug bereit, o Sohn Sartios,
Du ſchmutzvollſter Bettler in dem Kriegesheer,
Ein großes Lachen hebſt du wohl vor Freuden an!

Chor.

Allein mit Gotte lacht und weint ein Jeglicher.
355 — 376.

Aias.

O säh' ich jetzt ihn, bin ich gleich so tief verletzt!
O weh, weh mir!

Chor.

Sprich nicht vermessen. Siehst du nicht, wohin du kamst?

Aias.

Antistrophe 3.

Vorahne der Väter, o Zeus,
Laß, wenn ich diesen feindlichen,
Gleißenden Bettler, und die zween
Heerführ'nden Machthaber verderbt,
Zuletzt mich selber sterben!

Telmessa.

Wenn Dieß du wünschest, wünsche dann auch mir zugleich
Den Tod; was soll das Leben mir, starbst du dahin!

Aias.

Strophe 4.

Wohlauf,
O Nacht, du mein Licht,
O du, Finsterniß, mir hallleuchtende,
Empfaht, empfaht zum Mitbürger mich,
Empfaht mich, der ich nicht
Göttergeschlecht, zeitliches nicht
Mehr würdig bin zu sehn, hinfort den Menschen kein Nütze.
Also thut des Zeus
Starkes Götterkind
Tödtliche Schmach mir an.
Nun wohin entfliehn?
Nun verweil' ich, wo?
Schwindet, Freunde, Jenes dort
Hier mit Diesem hin,
Wahnsinn'gem Fange lieg' ich ob,
Und doppeltschwingend kommt das ganze
Heer mich zu morden.

377 — 403.

Tekmessa.

O Schwergebeugte, daß ein hochbegabter Mann
So redet, wie wohl nie es sonst sein Herz ertrug!

Aias.

Antistrophe 4.

Wohlauf,
O Sund, wogenlaut,
Ihr meernahen Grotten, und du Uferhain,
O lange, lang, der Zeit schon zu viel
Um diese Troerstadt
Hieltet ihr mich; aber hinfort
Nicht mehr beseelt vom Athem; wer es fassen kann, wiss' es.
O Skamandrisches
Nachbarliches Gestöm,
Freundlich dem Argosvolk,
Nimmer siehst du mehr
Diesen Mann, es sei
Kühn gesagt, wie keinen mehr
Troia hier im Heer
Ersah, dahergezogen vom
Hellenenland; und nun entehrt so
Lieg' ich darnieder!

Chor.

Nicht dir zu wehren, noch verstatten wie ich söll,
Die Rede, weiß ich, in der Noth, mit der du ringst.

Aias (sich aufrichtend).

Ach, ach! Wer mocht' einst ahnen, daß, nach Ihr genannt,
Mein Name werd' einstimmend sein mit meiner Noth!
Denn nun erschien mir, zweimal, Ach zu rufen, und
Dreimal; von solchen Nöthen bin umfangen ich.
Deß eigner Vater aus dem Idaland alhier
Den ersten Preis der Tapferkeit im Heer erstritt,
Und mit zur Heimath brachte jeden Glanz des Ruhms;
Ich aber, Dessen Sohn, zu eben diesem Ort

404 — 432.

In Troia lebend, nicht mit minder großer Macht,
Noch kleinre Thaten richtend aus mit meiner Hand,
Vor Argos-Volk geschändet muß ich untergehn.
Und dennoch so viel weiß ich, wie mir dünkt, gewiß.
Wenn noch Achilleus lebend über seine Wehr
Entschieden wollte, weß die Kraft der Tapferkeit,
Nicht faßte wohl ein Andrer sie an meiner Statt.
Nun brachten Atreus Söhne sie dem Listigen
Zu Wege, stoßend von sich dieses Mannes Kraft.
Und wären Auge nicht und Sinn, hinweggerückt,
Entronnen meinem Vorbedacht, nie hätten sie
Noch gegen einen andern Urtheil so gefällt.
Nun hat die vorgeschau'nde Gottjungfrau des Zeus
Mich, der ich meine Hand darnach schon ausgestreckt,
Geirret, und mir wüth'ge Krankheit aufgelegt,
Daß solches Heerdvieh mir die Hand mit Blut gefärbt;
Doch Jene dort frohlocken, aus dem Tod entflohn,
Zwar nicht mit meinem Willen. Wenn ein Gott jedoch
Uns täuscht, entfliehte in Schlechter auch dem Stärkern wohl. —
Und nun, was thu' ich? der den Göttern sichtbarlich
Verhaßt ich bin; es grollet mir der Hellenen Heer;
Mich haßt die ganze Troia und die Fluren hier.
Soll heim ich fahren, lassend hier am Ankersitz
Allein des Atreus Söhne, durch's Ägeiermeer?
Und welches Antlitz zeig' ich dort vor Telamon,
Dem Vater? Wie wird Er ertragen mich zu sehn,
Den nackt Gekommnen ohne Preis der Tapferkeit,
Wovon er selber großen Ruhmeskranz empfing?
Dieß wäre nicht zu tragen. Wohl, so geh' ich denn
Zur Wehr der Troer, treffe sie, Mann gegen Mann,
Und Edles schaffend, unterlieg' ich dann zuletzt?
So aber Atreus Söhnen brächt' ich Freude wohl.
Nicht also Dieses. Solch ein Unternehmen sei
Gesucht, woran der greise Vater wird ersehn,

Daß nicht ich ohne Herz von ihm entsprossen bin.
Denn schmählich ist es, wer ein langes Leben heischt,
Wenn seinen Uebeln nicht ein Wechsel mehr erscheint.
Was hat der Tag doch um den Tag Erfreuendes,
Nur nähernd und entfernend vom gewissen Tod?
Nicht möcht' ich kaufen, auch um keinen Werth, den Mann,
Der noch an eitler Hoffnung sich erwärmen mag.
Nein rühmlich leben, oder rühmlich untergehn,
Geziemt dem Edlen. Ganz gehört hast du das Wort.

<h3 style="text-align:center">Chor.</h3>

Nicht sagen wird man, daß verstellte Worte du
Geredet, Aias, nein die eignen deines Sinns.
Laß aber ab nun, und den Freunden gib dahin
Dein Herz zu lenken, dieser Sorg' entlediget.

<h3 style="text-align:center">Tekmessa.</h3>

O Herrscher Aias, über Sclavenzwangs Geschick
Ist nicht ein größres Uebel mehr den Sterblichen.
Ich aber war von freigebornem Mann entsprosst,
Wie Einer reich und mächtig in dem Phrygerland;
Nun bin ich Sclavin. Göttern wohl gefiel es so,
Und deiner Hand vornehmlich. Darum denn, dieweil
Ich deinem Lager nahte, will mein Herz dir wohl.
Und ich beschwöre bei dem Zeus des Heerdes dich,
Und deinem Lager, wo du mir dich zugesellt,
Laß nicht geschehn mir, daß ein kränkend Wort mich trifft
Von deinen Feinden, eines Hand mich gebend hin.
Denn wenn du endest, und dahin mich gibst im Tod,
Dann glaube Dieses, daß auch ich an jenem Tag,
Gewaltsam fortgerissen vom Argeierheer,
Mit deinem Knaben Sclavenloos empfangen muß.
Und bitter redet mancher dann der Herrn mich an,
Mit Worten treffend: Seht die Bettgenossin hier
Des Aias, der das Höchste sonst vermocht im Heer,
Welch eine Dienstschaft für wie großen Glanz sie lebt.

457 — 108.

So wird er sagen. Mich dahin treibt dann ein Geist,
Dir aber schmachvoll ist das Wort und beidem Stamm.
O scheu' in trübem Alter doch den Vater so
Zurückzulassen, scheue dich, die Mutter so
Im Loose vieler Jahre, die so oft um dich
Die Götter anruft, lebend dich zurück zu sehn.
Erbarm', o Herr, dich deines Sohns, wenn mangelnd er
Der Kindeswartung, ohne dich, hinbringen wird
Bei Waisenpflegern liebeleer, welch große Noth
Du ihm und mir dann, wenn du stirbst, zum Erbe gibst.
Denn mir ist Nichts geblieben, darauf hinzuschaun,
Als du. Vor deiner Lanze sank die Vaterstadt,
Und Mutter nahm ein andres Loos und Vater mit
Hinab, des Hades in dem Tod Bewohner nun.
Welch eine Heimath wäre denn an deiner Statt,
Welch ein Besitz mir? Gänzlich ruht mein Heil in dir.
Gedenke denn auch meiner. Ja dem Manne soll
Erinnrung bleiben, wenn er Freude wo genoß.
Es ist die Liebe, welche Liebe stets gebiert.
Doch wem Erinnrung widerfahrner Gunst zerrinnt,
Es wäre Dieser nimmer wohl ein Edler noch.

Chor.

O Aias, möchtest so wie ich Erbarmen du
Empfinden, Beifall schenktest wohl du ihrem Wort.

Aias.

Und wahrlich, Beifall wird sie dann von mir empfahn,
Wenn mein Gebot nur wohl sie auszurichten wagt.

Tekmessa.

O theurer Aias, Alles werd' ich folgsam thun.

Aias.

So bringe jetzt mir meinen Knaben her zu sehn.

Tekmessa.

Fürwahr im Schrecken ließ ich ihn von mir hinweg.

Aias.

In dieser Noth hier, oder was da sagst du mir?

Tekmessa.

Daß nicht er dir begegnend fänd' elenden Tod.

Aias.

Dieß freilich hätte meinem Daimon noch geziemt!

Tekmessa.

Nun Dieses abzuwenden, hielt ich ihn verwahrt.

Aias.

Ich lobe That und Vorbedacht, die du geübt.

Tekmessa.

Wie also mag ich weiter dir zur Hülfe seyn?

Aias.

Gib mir ihn anzureden und sichtbar zu sehn.

Tekmessa.

Ganz nahe wird er von den Dienern hier bewahrt.

Aias.

Was also säumt mit seiner Gegenwart er noch?

Tekmessa.

Mein Sohn, der Vater ruft dir. Führe,
Hieher ihn, der du eben an der Hand ihn lenkst.

Aias.

Kommt, dem du zurufst, oder ihn verfehlt das Wort?

Schon bringet hier

er heb'
Hier anzuschauen' diesen

Nein gleich in Vaters wilden Sitten soll man ihn
Ein Füllen tummeln, daß er ähnlich werd' an Sinn.

(Tritt mit dem Knaben vor

537. — 544.

O Sohn, beglückter werde, denn dein Vater war,
Sonst sei ihm ähnlich, und du wirst kein Schlechter sein.
Wiewohl auch jetzt schon halt' ich dich benebenswerth,
Daß noch du Nichts empfinden kannst von dieser Noth.
Denn unbewußtes Leben ist das süßeste;
Sein nicht bewußt sein, ist ein gar schmerzloses Leid;
Bis du das Freuen und das Traurigsein erprobt.

Den Feind
Bis dahin w
Die junge S
Und kein Achaier, weiß
Mit finstrer Kränku g,   ohne mich."

Zurück, der Pfleg' unsäumig ganz, wenngleich er jetzt
Fernhin gezogen auf der Feinde Jagd hinaus. —
Doch, schildbewehrte Männer, meereinheimisch Volk,
Euch hier gemeinsam leg' ich auf den Freundesdienst,
Und Jenem saget mein Geheiß, den Knaben hier
Zu meinem Haus zu führen, daß ihn Telamon,
Der Vater, und Eriboia, meine Mutter, sehn,
Damit er ihnen Pfleger stets des Alters sei,
Bis in des Gottes Kammern sie hinabgelangt.
Und meine Rüstung sollen Kampfesordner nicht
Dem Argosheer aufsetzen, noch mein Peiniger.
Nein du ihn selber fassend, Sohn Eurysakes,
Nach dem du heißest, halt' am nähtereichen Haft
Geschwenkt den siebenhäut'gen undurchbrochnen Schild.
Die andre Rüstung werde mir in's Grab gelegt. —
Doch nun in Eile nim hinweg den Knaben hier,
Und schleuß die Wohnung, und vergieße nicht am Zelt
Wehklage; traun gar jammerliebend ist ein Weib.
Zeuch zu geschwinde. Winselt doch ein weiser Arzt
Nicht Zauberlieder, wenn den Schnitt der Schaden heischt.
                      545 — 576.

Chor.

Mit Bangen hör' ich diese Seelenstimmung an,
Denn deine Zunge, so geschärft, gefällt mir nicht.

Tekmessa.

O Herrscher Aias, was begehrt dein Herz zu thun?

Aias.

Nicht forsche, nicht erfrage. Schön ist Mäßigung.

Tekmessa.

Weh mir, wie zag' ich! Und ich fleh' bei deinem Kind,
Bei allen Göttern, werde treulos nicht an uns!

Aias.

Du quälst zu sehr mich. Weißt du nicht, daß Göttern ich
Zu keiner Hülferweisung mehr verschuldet bin?

Tekmessa.

O sprich mit Ehrfurcht!

Aias.

Sag' es sou den Hörenden.

Tekmessa.

Beweget Nichts dich?

Aias.

Allzuviel schon rufest du.

Tekmessa.

Ich zittre, König!

Aias.

Schließt ihr schnell sie nicht hinein?

Tekmessa.

Bei Gott, erweiche!

Aias.

Thöricht scheinst du mir zu sein,
Wenn meine Denkart jetzo du zu bilden meinst.

(Er will zur Seite abgehen, Tekmessa aber hält ihn flehend zurück,
und Beide nebst dem Kinde bilden während des folgenden Chorgesangs im Hintergrund eine Gruppe, in welcher die allmälige
Sinnesmilderung des Aias sichtbar wird.)

579 — 591.

Chor.

Strophe 1.

O mein herrliches Salamis,
Du wohnst wogenumirret glückselig,
　Bei Allen in stetem Glanze;
Doch ich, o weh mir! es altet die Zeit, seitdem
Ich hier auf Ida's schaflagernden Wiesen aushielt,
　Ohn' Ende dahin im Gleichfortgang
　　Der Zeit immer gezehrt,
　　Mit bang harrender Furcht,
　　Daß ich hinab noch muß
In's Nachtgrau'n des verborgnen Hades.

Antistrophe 1.

Und nun, schwer mir zu warten, tritt
Aias noch in die Schranken, weh, weh mir!
　Zu göttlicher Wuth gesellet.
Er, den du vormals aussandtest mit Siegerkraft
Im stürm'schen Ares, geht einsame Sinnestriften
　Den Freunden zu großer Trübsal nun.
　　Was einst wirkte der Held
　　Mit großthätigem Arm,
　　Zerrann ohne Dank
Dem Undank der verworfnen Feldherrn.

Strophe 2.

Wohl wird, genährt sie in alternbem Lebenstag
Und lichter Greißheit, wenn Kunde die Mutter höret
　Von des Erkrankten Irrsinn,
　　Wimmernden, wimmernden,
Mitleidweckenden Klaglaut Philomela's
Nicht aussenden, in helltönenden Trau'rgesängen
　Weint ihr Schmerz, und der dumpfe
　　Faustschlag fällt auf den Busen,
Und, im Jammer entrauft, ihr graues Haupthaar.

592 — 620.

Antistrophe 2.

Denn besser läg' er, wahnkrank, in des Hades Haus,
Der, da er herkam vom Vätergeschlecht der Beste
    In dem beladnen Kriegsheer,
        Nun, dem gewohnten Sinn
Nicht mehr treulich gesellt, braufen verkehret.
Armer Vater, o welch schwere Verkündung droht dir
    Vom Unheile des Sohnes,
        Wie aus Aiakos Hause
Nie kein ander Geschlecht es sah, als dieses.

(Aias tritt mit Tekmessa hervor.)

Aias.

Stets bringt im langen ungezählten Lauf die Zeit
Hervor Verborgnes, und verhüllt, was sichtbar war;
Und Nichts ist unerhofflich, nein gefangen wird
Der mächt'ge Schwur auch, und ein überspröder Sinn.
Auch ich, wie mächtig dort ich mich verhärtete,
Gelöschtem Eisen gleich, es ward fraunmild der Mund
Von diesem Weib mir; und mich jammert, Wittwe sie
Dem Feind zu lassen, und den Knaben hier verwaist.
Doch hin zum Bade geh' ich und den Wiesenau'n
Am Ufer, ob ich, meine Flecken waschend ab,
Der Göttin schwerem Zorne mich entziehen mag.
Und kommend, wo ein unbetretner Ort sich beut,
Verberg' ich dieses Stahles tiefverhaßt Geschoß;
Die Erde grabend, wo es Keiner sehen wird;
Nein Nacht und Hades nehm' in Obhut ihn hinab.
Denn ich, seitdem ich mit der Hand ihn nahm dahin
Von Hektor zum Geschenke, diesem Feindlichsten,
Fand nichts Erfreu'ndes bei dem Argosvolke mehr.
Vielmehr ist wahrhaft jener Spruch der Sterblichen:
Feindsgaben keine Gaben und nicht förderlich.
Drum werd' ich künftig wissen vor der Götter Macht
Zu weichen, und die Atreussöhne lernen scheun.
621 — 651.

Regierer sind sie, also weiche man. Und nicht?
Denn auch das Mächtig' und das Kraftbegabteste
Weicht fremden Ehren. Also ziehn schneehäufende
Sturmwinter vor dem fruchtgeschmückten Sommer aus;
Es tritt hinweg der schauerliche Kreis der Nacht,
Daß weißberosset zünde seinen Glanz der Tag;
Gewalt'ger Stürme Wehen läßt zur Ruhe gehn
Den Braus der Meerfluth; und der allgewalt'ge Schlaf
Löst, was gebunden, und umfängt nicht immerdar.
Wie sollten Wir nicht weise Mäßigung verstehn?
Ich weiß es, denn nur eben hab' ich Dieß erkannt,
Daß uns der Hasser nur soviel zu hassen ist,
Als werd' er wieder lieben; und dem Liebenden
So weit zu Dienstes Hülfe werd' ich willig sein,
Als bleib' er nicht es immer. Denn es ist zu oft
Der Port der Freundschaft trügerisch den Sterblichen.
Doch Dieses wird zum Guten enden. Aber du,
Eingehend, flehe fort und fort die Götter an,
O Weib, hinauszuführen, was mein Herz begehrt.
Und ihr, Gefährten, ehret so wie Diese mein
Geheiß, und Teukros, wenn er kommt, bedeutet ihn,
Für uns zu sorgen, und auch euch geneigt zu sein.
Ich gehe nun dorthin, wohin ich wandern muß;
Ihr thut nach meinen Worten, und bald hört ihr wohl,
Daß ich, wie elend jetzt ich bin, gerettet sei.

(Aias geht ab, Tekmessa in das Zelt.)

Chor. (Allein.)

Strophe.

In Wonneschauern, freudetrunken flieg' ich auf!
Io, io, Pan, Pan,
O Pan, wogengeirrter Pan,
Vom Kyllenischen felsigen,
Schneeumschlagenen Rücken her
Erschein', Anführer der Götterreihn,

652 — 682.

Daß Nysisch Gnossische Tänze du,
Selbstersonnene, mir gesellt beginnest.
    Jetzo verlanget mich
    Des Tanzreihns.
Ob der Ikar'schen Wasserfluth komm heran,
    O Fürst Apollon,
    Der Delier, kennbar wohl
So wollst du huldreich mir in Allem nah sein.

Antistrophe.

Denn grausen Schmerz hub Ares von den Augen mir.
    Jo, io! Jetzt, Zeus,
    Jetzt darf wieder das helle Licht
    Froher Tage den hurtigen,
    Meerdurcheilenden Schiffen nahn;
Nun Aias wieder vergaß der Noth,
Und darbringt jegliches Opfers Brauch,
Fromm nach höchster Gebühr die Götter ehrend.
    Alles ja welkt die Macht
    Der Zeit hin,
Und unerdenkbar will ich Nichts nennen, wenn
    So unverhofft nun
    Vom Zorne sich Aias kehrt
Und mächt'ger Zwietracht mit den Söhnen Atreus.

Bote.   **Chor.**

Bote.

Geliebte Männer, erst vermelden will ich euch,
Zurück ist Teukros eben von den Mysischen
Anhöhn. Doch mitten kommend zum Heerführerzelt,
Wird er beschimpft von allem Argosvolk zugleich.
Denn rings im Kreise, fern heran den Nahenden
Gewahrend, stehn umher sie, bald mit Schmähung ihn
Zergeißelnd hier und dorten, auch nicht Einer nicht;
Ihn von dem Tollen, der dem Heere nachgestellt,

683 — 712.

Als Bruder laut ausrufend; nicht werd' hindern er,
Daß nicht von Steinen ganz zerschellt des Tods er sei.
Sodaß sie dahin kamen, daß mit Händen schon
Gezückt hinüber aus der Scheide fuhr das Schwerd.
Doch ruht der Zwist, gediehen bis zum Aeußersten,
Durch unsrer Alten Friedensmittlerwort gestillt.
Wo aber ist uns Aias, Dieß zu sagen ihm?
Denn Alles muß den Herren man zu wissen thun.

Chor.

Nicht drinnen; nein nur eben erst hinaus, nachdem
Er neuen Rathschluß neuer Sinnesart verknüpft.

Bote.

O wehe, weh!
So hat mich träge dieses Wegs der Sendende
Hieher gesendet, oder ich erwies mich träg.

Chor.

Was aber wär' es, das der Nothdurft hier gebricht?

Bote.

Den Mann verbietet Teukros, aus dem Dache drin
Hervorzukommen, eh er selbst zugegen sei.

Chor.

Fort aber ist er, umgewandt zum nützlichsten
Entschluß; den Göttern von dem Zorn versöhnt zu sein.

Bote.

Es ist ein Wort dieß vieles Thorheitwahnes voll,
Wenn anders Kalchas wohlbewußt weissagete.

Chor.

Wie aber? Was doch wissend über dieß Geschick?

Bote.

So Vieles weiß ich; und ich war zugegen dort.
Aus rathversammelt königlichem Kreise trat
Abseiten Kalchas, sonder Atreus Söhn', allein,
Und seine Rechte Teukros Hand mit Freundessinn

Einlegend, sprach und mahnt' er, durch jedwede Kunst
Zurückzuhalten diesen jetzt sichtbaren Tag
Im Zelt den Aias, und ihn frei zu lassen nicht,
Wenn ihn er lebend je begehrte noch zu sehn.
Denn Jenen treibet nur an diesem Tag allein
Der hoh'n Athene Zürnen, wie er redend sprach.
Denn übermäß'ge Leiber und unnütze
Stürz' hin in schweres Ungemach der Götter Hand,
So sprach der Seher; wer, ein Mensch an Wesen doch
Erwachsen, dann nicht als ein Mensch gesinnet ist.
Doch Jener, da er eben sich von Haus erhub,
Erschien verstandlos bei des Vaters edlem Wort.
Denn Dieser redet so ihn an: Mein Sohn, im Speer
Zwar wolle Sieger, doch mit Gott stets Sieger sein.
Er aber, prahlend und ein Thor, erwiderte:
Mit Göttern, Vater, mag ein Nicht'ger auch vereint
Den Sieg sich wohl erwerben; ich getraue mir
Auch ohne Jene diesen Ruhm herbeizuziehn.
Solch eine Rede prahlt' er. Dann zum andernmal,
Die hoh' Athene, da sie einst antreibend ihm
Zusprach, zu wenden blutig auf den Feind die Fäust',
Da ruft er kühnes, unerhörtes Wort ihr zu:
Gebieterin, zu den Andern aus dem Heere tritt
Hinan, soviel an mir ist, nie zerreißt die Schlacht.
Durch solche Wort' erwarb er bei der Göttin sich
Unholdes Zürnen, nicht nach Menschenmaß gesinnt.
Doch ist er annoch heut an diesem Tag, vielleicht
Dann möchten sein wir noch mit Gott Erretter sein.
So sprach der Seher. Und sogleich vom Rathe schickt
Zu dir mit dieser Weisung Teukros mich hieher,
Sie wohl zu wahren. Aber sind wir sein beraubt,
So ist der Mann nicht, wenn in Kalchas Weisheit ist.

Chor

O armes Weib Tekmessa, unglückvoll Geschlecht,
358—370.

Komm, siehe Diesen, welches Wort von ihm erschallt.
Es schneidet in das Leben, und man freut sich nicht.

Tekmessa.   Vorige.

Tekmessa.

Warum mich Arme, kaum von unbezwinglicher
Trübsal erleichtert, treibt vom Sitz ihr wieder auf?

Chor.

Vernim von diesem Manne, wie er her uns bringt
Von Aias eine Schickung, die mir Gram erweckt.

Tekmessa.

Weh mir, o Mann, was sagst du? Ist es aus mit uns?

Bote.

Nicht weiß ich deine Schickung; doch um Aias daß,
Wofern er draußen weilet, nicht getrost ich bin.

Tekmessa.

Wohl draußen, und es macht mir Wehen, was du sagst.

Bote.

Ihn hier zurückzuhalten, trägt euch Teukros auf,
Im Zeltgehöfte, nicht zu lassen fort allein.

Tekmessa.

Wo ist er, Teukros? Und wozu gebeut er Dieß?

Bote.

Er wird sogleich erscheinen; doch des Aias Gang
Hinaus, besorgt er, führe zum Verderben ihn.

Tekmessa.

O weh mit Armen! Wer der Menschen sagt' es ihm?

Bote.

Der alte Seher, Thestors Sohn, an diesem Tag
Anjetzo, wo er Leben oder Tod ihm bringt.

Tekmessa.

Weh mir, o Freunde, steht mir bei im Drang der Noth,
Und eilt, ihr, daß Teukros komme schnell hieher,
Ihr abendwärts die Winkel, ihr die östlichen

771 — 791.
8*

Besuchend, forschet nach des Manns unsel'gem Gang.
Denn nun erkenn' ich, daß ich von dem Mann getäuscht,
Und aus der alten Liebesgunst verstoßen bin.
Weh mir, o Kind, was thu' ich? Rasten darf ich nicht.
Mein selber geh' auch ich, wohin ich nur vermag.
Auf laßt uns gehn, uns sputen. Nicht zur Ruh' ist Zeit,
Woll'n einen Mann wir retten, der zu sterben eilt.

Chor.

Zu gehen sieh mich fertig, und nicht blos im Wort;
Der That und Füße Schnelligkeit folgt mit zugleich.

(Alle gehn ab. Die Scene verwandelt sich. Einsame Gegend am
Meere mit Gebüsch, aus welchem Aias hervortritt.)

Aias. (Allein.)

Es steht der Würger, wie er wohl am tieffsten wird
Durchbohren, wenn noch Muße zur Betrachtung ist,
Des Mannes Hektors Gabe, der von Fremden mir
Am meisten war gehasset und ein Graun zu sehn.
Er haftet in dem Feindesland, dem Troischen,
Am Steine, der das Eisen nagt, neuangeschärft;
Und selbst geheftet hab' ich und ihn wohl bestellt,
Den treusten Helfer diesem Mann zu schnellem Tod.
So sind wir wohl gerüstet. Und nun leihe du,
O Zeus, vor Allen, wie es billig, Hülfe mir.
Nicht will ich großes Ehrenloos von dir erflehn;
Nur einen Boten sende, der die Trauerpost
Zu Teukros bringe, daß er erst mich heb' empor,
Den Hingesunknen um das frischbeströmte Schwerd,
Und nicht, von Feinden erst gesehn, ich werd' hinweg
Den Hunden vorgeworfen und der Vögel Raub.
Dieß Eine fleh' ich, Zeus, von dir. Auch ruf' ich an
Den Erdenführer Hermes, wohl zu betten mich,
Wenn ich in zuckungslosem rasch vollbrachtem Sprung
Die Seite mir zerrissen mit dem Mordgewehr.
792 — 820.

Ich ruf' um Beistand sie die stets jungfräulichen,
Stets Alles sehnden, was ein Mensch auf Erden litt,
Weitschreitend ehrwürdigen Erinnyen, mich zu schaun,
Wie von den Atreiden jammervoll ich untergeh'
Und diese Bösen mögen sie in bösem Tod
Verderbenvoll hinraffen, so wie mich sie sehn
Mich selber mordend fallen, so ermordet selbst
Durch ihres Stammes Liebste soll'n sie untergehn.
Auf, o ihr schnellen, rächerischen Erinnyen,
Versuchet, schonet nicht des Heers gesammtes Volk.
Du der am hohen Himmel hin den Wagen lenkt,
Erblickst du, Helios, meines heimathlichen Lands
Gefild, so zeuch den goldbelegten Zügel an,
Und melde mein Verderben dort und meinen Tod
Dem greisen Vater und der armen Nährerin.
Wohl wird die Unglücksel'ge, wenn dieß Wort sie hört,
Aussenden große Klage durch die ganze Stadt. —
Doch gilt es nicht ein nutzenloses Weinen hier,
Vielmehr die That muß unverweilt begonnen sein. —
O Tod, o Tod, nun komme mich zu schaun heran;
Wiewohl ich dich auch dorten werde grüßen noch.
Doch dich, des lichten Tages jetzt ergoßnen Glanz,
Und ihn im Wagen ruf' ich an, den Helios,
Zum letztenmal nun, und hinfort nie wieder mehr.
O Licht, o meiner Salamis geheiligtes
Gefild, o du des väterlichen Heerdes Sitz,
Herrliche Athenai, und du mitgepflegt Geschlecht,
Und Quellen hier und Flüsse, und die Troischen
Gefilde grüß' ich; lebet wohl, o Pfleger mein!
Dieß rufet Aias, dieses letzte Wort euch zu;
Das Andr' im Hades sag' ich dort den Todten an.

(Tritt hinter das Gebüsch und stürzt sich in sein Schwerd.)
821 — 851.

Chor.
(Von verschiedenen Seiten auftretend.)

Erster Halbchor. (Tritt auf.)

Proodos.

Die Mühe Müh' auf Mühe bringt.

Strophe 1.

Wo, wo,
Wo ja ging ich nicht hinaus?
Und nicht ein Ort ist, der es kund zu thun mir weiß.

Antistrophe 1.

Sieh da!
Wieder hör' ich einen Schall.

Zweiter Halbchor. (Tritt auf.)

Uns, deine fahrtverbundne Schiffsgenossenschaft!

Erster Halbchor.

Strophe 2.

Wie nun denn?

Zweiter Halbchor.

Ganz ward den Schiffen abendwärts durchforscht der Raum.

Erster Halbchor.

Antistrophe 2.

Und hast du?

Zweiter Halbchor.

Ja Müh' die Fülle, weiter für das Auge Nichts.

Erster Halbchor.

Epode.

Es hat sich mir auch von dem Blick der Sonnen her
Des Weges nirgendwo der Mann zu sehn gezeigt.

Chor. (Vereinigt.)

Strophe.

Wer mag also mir, wer von den Fischern wohl,
Der mühliebend ist auf schlaflosen Fang,
Von den Olympischen Göttern wer, oder welch
Rinnender Bosporosstrom den Wildbeherzten,

852 — 868.

Wenn er wo irrend ihn hin sieht gehn,
　　Sagen an? Traurig ist's,
Daß ich, umhergeschweift in langwier'gen Mühn,
Nicht ihm mag günstigen Laufes nahn,
Nein ihn entkräftet nirgend sehn kann, wo er sei.

　　　Tekmessa. (Hinter der Scene.)
　　O weh, weh mir!

　　　　Chor.
Weß naher Ruf drang aus dem Dickicht hier hervor?

　　　　Tekmessa.
　　O ich Unsel'ge!

　　　　Chor.
Die speergenommne Braut, die unglückselige
Tekmessa seh' ich so in Jammerruf versenkt.

　　　Tekmessa. (Hervortretend.)
Ich bin dahin, verloren, Freunde, ganz zerstört!

　　　　Chor.
　　Was ist es?

　　　　Tekmessa.
Hier lieget Aias, eben frisch dahingewürgt,
Am Boden, rings umschließend sein verborgnes Schwerd.

　　　　Chor.
　　Weh o des Heimwegs mir!
O wehe, du tödtetest, Herr, auch
Deinen Mitschiffmann. Armer ach!
　　O du leidmüthig Weib!

　　　　Tekmessa.
Nun wohl ist Ach zu rufen, da ihm so geschah!

　　　　Chor.
　　Durch wessen Hand that's der Unglückselige?

　　　　Tekmessa.
Er durch sich selber. Deutlich. Denn, im Boden hier
Gepflanzt, der Mordstahl klagt ihn an, in den er fiel.

Chor.

weg mir der Unglücksschuld! Einsam du blutetest,
 Vom Freund unbewahrt!
 Und ich, der gänzlich Stumpfe, Verblendete ganz,
 Ließ außer Acht es! Wo, wo
 Liegest unbeugsamer du,
 Mißnamiger Aias?

Tekmessa.

Nicht sei zu schau'n er; nein in dieß umschließende
Gewand ihn hüllen werd' ich um und um, dieweil
Niemand ertrüge, wär' er auch ein Freund, zu sehn
Hinauf zum Haupte sprühen, und aus mörderisch
Sich selbst geschlagner Wunde, sein geschwärztes Blut.
Weh, was beginn ich? Welcher Freund erhebet dich?
Wo weilet Teukros? Kehrt' er heim, er käme recht,
Den hier gefallnen Bruder mit zu setzen bei.
O armer Aias, welch ein Mann, wie nun gethan!
Daß auch von Feinden werth du bist beweint zu sein.

Chor.
Antistrophe.

So sollt', Armer, ach! es sollt' endlich doch
 Dein starrmüth'ges Herz zum Ziel bringen dieß
 Böse Geschick unermeßner Noth. Dieses war's,
 Was in der Nacht und am Tag hervor du stößtest
 Wildgesinnt, feindlich dem Atreußstamm,
 Mit verderblichem Schmerz.
 Es war jene Zeit der mächtige Beginn
 Meines Grams, da der Gewalt des Arms
 Dort um die goldne Wehr der Kampf ward ausgesetzt.

Tekmessa.
O weh, weh mir!

Chor.
Ich weiß, es bringt in's Leben ein ein edler Schmerz.
891 — 917.

Tekmessa.

O weh, weh mir!

Chor.

Wohl glaub' ich, daß du Wehe zwiefach rufst, o Weib,
Da solch ein Freund dir eben nur entrissen ward.

Tekmessa.

Dir bleibt's zu denken, mir zu fühlen nur zu sehr.

Chor.

In Wahrheit!

Tekmessa.

Weh, welchem Sclavenjoche gehn, mein Kind, wir nun
Entgegen, welche Vögte sind uns vorgesetzt?

Chor.

Weh mir, der zween Feldherrn
Undenkbare Thaten mir sagst du,
Welche schuldlos sehn diesen Schmerz.
Doch ein Gott wend' es ab!

Tekmessa.

Nicht stünde Dieses also, wenn durch Götter nicht.

Chor.

Gar überschwer eine Bürde schufen sie.

Tekmessa.

Es hat des Zeus furchtbare Göttin Pallas uns
Gepflanzet diese Noth, Laertes Sohn zu Gunst.

Chor.

Wohl nun den finstern Zorn höhnt er mit Uebermuth,
Der duldhafte Mann,
Und jauchzt um diesen wüthig zerrütteten Schmerz
Ein großes Jauchzen, weh, weh!
Und, es vernehmend, die zween
Atreiden, die Feldherrn.

Tekmessa.

Laß nun sie jauchzen und an seinen Leiden sich
Erfreun. Gewißlich, liebten sie ihn lebend nicht,

918 — 940.

Den Todten noch beseufzen sie in der Noth des Speers.
Denn niedre Denkart, wenn sie in der Hand das Gut
Besitzet, weiß es nicht, bevor es ihr entfiel.
Mir bitter ist sein Sterben, mehr als Jenen süß;
Ihm aber freudvoll. Denn wornach er sich gesehnt,
Erwarb er selbst sich, wie er ihm gewünscht, den Tod.
Wie also mögen über ihn frohlocken sie?
Den Göttern ist gestorben er, nicht ihnen, nein.
Drum laß Odysseus eitlen Hohn erheben nur.
Ist ihnen doch nicht Aias mehr; mir aber ließ
Er Harm und Klageruf zurück und ging dahin.

Teukros. (Hinter der Scene.)

O weh, weh mir!

Chor.

Halt ein. Des Teukros Stimme dünkt zu hören mich,
Der diesem Unglück gellend singt ein Klagelied.

Teukros.   Vorige.

Teukros.

O liebster Aias, o verbrüdert Auge mir,
Hast du's errungen, wie der Sage Ruf besteht?

Chor.

Er ist gestorben, Teukros, Dieß bezweifle nicht.

Teukros.

O wehe dann mir Armen um mein schwer Geschick!

Chor.

Nun so geschehn ist —

Teukros.

O ich unglückselger Mann!

Chor.

Nun ist zu seufzen.

Teukros.

O bedrängnißvolle Noth!

Chor.

Zu sehr, o Teukros!
941 – 961.

Teukros.

Weh, ich Armer ach! Das Kind
Des Mannes, wo doch weilet dieß im Troerland?

Chor.

Alleine bei den Zelten.

Teukros. (Zu Tekmessa.)

Wirst du schleunig nicht
Hieher ihn also führen, daß, dem Jungen gleich
Der fernen Löwin, nicht ein Feind ihn raub' hinweg?
Auf, eile, sei zur Hülfe! Braun, der Todten ja
Liebt gern ein Jeder nach dem Fall zu spotten noch.

(Tekmessa geht ab.)

Teukros.   Chor.

Chor.

Und noch im Leben, Teukros, hat zu sorgen dir
Für ihn der Mann befohlen, so wie nun du sorgst.

Teukros. (Zur Leiche tretend.)

O unter allen mir der schmerzenreichste
Anblick zu schauen, den mit Augen noch ich sah,
Und Weg, von allen Wegen gramerfüllend mir
Am tiefsten meine Seele, den ich jetzt betrat,
O liebster Aias, als ich dein Geschick vernahm,
Und rasch verfolgend seine Spur zu suchen ging.
Denn eine jähe Sage, wie von einem Gott,
Durchwandelt alle Völker, du seist hin und todt.
Und ich, es hörend, als ich Aermster ferne war,
Erseufzt' im Innern, nun es seh'nd, vergeh' ich hier.
Weh mir!
O komm', enthüll' ihn, laß mich ganz das Uebel schau'n.

(Die Leiche wird aufgedeckt.)

O Grauenanblick und der herben Wagethat!
Wie großen Kummer säte mir dein Sterben aus!
Denn nun wohin, zu welchen Menschen darf ich gehn,
Der deiner Noth ich nirgendwie zu Hülfe kam?

961 — 985.

Ja, Telamon, dein Vater und der meine, wird
Mich heitern Blicks aufnehmen und mit Milde wohl,
Komm' ich mit dir nicht! Sollt' er nicht? Er, welcher auch
Selbst in dem Glücke freundlich nicht zu lächeln weiß.
Was wird er bergen? Welches Arge schelten nicht
Den niedern Bastard, aus der Kriegesklanz' erzeugt,
Der feig dahingegeben und zaghaften Muths
Dich, liebster Aias, oder argtiftvoll, damit
Des Todten Herrschaft und Besitz der meine sei?
So wird der leicht erzürnte Mann, ein mürr'scher Greis,
Mir sagen, der auch ohne Grund zum Streit entbrennt.
Zuletzt verstoßen werd' ich aus dem Land gescheucht,
Und bin ein Sclave statt des freien Manns genannt.
So in dem Vaterhause. Doch in Troia sind
Mir Viele feindlich, Wen'ges, das mir Hülfe bringt.
Und Alles dieses fand ich so durch deinen Tod. —
Weh, was beginn ich? Wie entzieh' ich dich dem Heft
Des bittern blanken Schwerdes, ach! von dem erwürgt,
Dein Leben du verhauchtest? Sahst du, wie dereinst
Dich Hektor sollte nach dem Tod vertilgen noch?
*(Die Leiche wird unterdessen von dem Schwerde abgezogen, hervor auf
die Bühne gebracht und das Schwerd neben sie hingelegt.)*

Schaut, bei den Göttern, dieß Geschick zween Sterblicher.
Mit welchem Hektor von dem Mann beschenket ward,
Mit diesem Leibgurt festgeschnürt am Wagenbug,
Zerschellet ward er, bis den Geist er ausgehaucht;
Und Dieser, der von Jenem dieß Geschenk empfing,
Starb durch Denselben eines mörderischen Falls.
Hat nun Erinnys dieses Schwerd geschmiedet nicht,
Und jenen Hades wilde Meisterhand gemacht?
Ich darum werde Dieses und ein Jedes stets
Gewirkt den Menschen sagen von den Unsterblichen;
Doch welchem Dieses nicht gefällt in seinem Sinn,
Dem sei das Seine wohlgethan, mir aber Dieß.
986 — 1017.

Chor.

Nicht säume weiter, sondern denke, wie den Mann
In's Grab du legen, was du schnell auch sagen wirst.
Denn einen Feind erblick' ich, und leicht mag er wohl,
Der Noth zu spotten, als ein arger Mann, sich nahn.

Teukros.

Wer ist es, welchen aus dem Kriegesheer du siehst?

Chor.

Menelaos, welchem diese Fahrt wir rüsteten.

Teukros.

Ich seh' es, denn, schon nahe, wird er leicht erkannt.

Menelaos. (Mit einem Herold.) **Vorige.**

Menelaos.

Dir, höre, ruf' ich, diesen Leib des Todten nicht
Zu Grab zu tragen, nein zu lassen, wie er ist.

Teukros.

Weßwegen wandtest ein so großes Wort du auf?

Menelaos.

Es dünket mir, und dünket, wer dem Heer gebeut.

Teukros.

Willst nicht du sagen, welche Schuld vorbringend wohl?

Menelaos.

Weil ihn, von dem wir hofften, daß von Haus wir ihn
Als Freund und Helfer hergebracht den Danaern,
Feindsel'ger suchend fanden, als die Phryger selbst.
Ihn, der, dem ganzen Heere denkend zu dem Mord,
Einfiel zur Nachtzeit, mit dem Speer zu schlagen sie.
Und hätt' ein Gott nicht dieses Angriffs Feu'r gelöscht,
So lägen wir wohl, durch das Loos, das ihn betraf,
Gestorben nun darnieder im schmachvollsten Tod,
Er aber lebte. Jetzt vertauscht' ein Gott es so,
Daß sein Vermessen auf die Schaf' und Heerden fiel.
Darum ist ihm auch nirgendwo ein Mann an Macht

So groß, zu senken seinen Leib in's Grab hinab;
Nein hingeworfen nächst dem falben Ufersand,
Wird er den Vögeln an dem Meer zur Speiße sein.
Darob erhebe kühnen Zornesmuth du nicht.
Denn konnten lebend wir ihn nicht bewältigen,
Des Todten sicher sind wir Herr, willst du auch nicht,
Mit unserm Arm regierend. Nie geschah es ja,
Daß meinen Worten lebend je er gern gehorcht.
Und doch des schlechten Mannes ist's, als Mann des Volks
Verschmähn, zu hören auf der Obgesetzten Wort.
Denn als in einem Staate mag Gesetz und Recht
Wohl fahren, wo nicht aufgerichtet steht die Furcht;
Und nicht ein Heer gehorchte noch bescheidentlich,
Bei dem der Damm des Schreckens und der Scheu gebricht.
Es soll der Mann, auch wenn ein großer Leib ihm wuchs,
Des Falls von kleinem Uebel auch gewärtig sein.
Denn wen die Furcht geleitet und die Scham zugleich,
Daß wohl es gehe solchem Mann, deß sei gewiß.
Doch wo zu freveln und nach Lust zu thun ist frei,
Von solcher Stadt gewärte, daß sie endlich einst
Mit vollen Segeln fahrend in die Tiefe sinkt.
Nein mir bestehe nach Gebühr ein Maß der Furcht,
Und wähnen nicht wir, thuend was uns wohl ergötzt,
Nicht wiederum zu büßen, was Verdruß uns ist.
So geht es hin im Wechsel. Erst war Dieser hier
Ein glühnder Frevler, nun bin ich hinwieder stolz.
Und dir verkünd' ich, ihn begrabe nicht, damit
Nicht, ihn begrabend, selber du zu Grabe fällst.

Chor.

Menelaos, hast du weise Lehren aufgestellt;
So werde nicht an Todten selbst ein Frevler dann.

Teukros.

Nie will ich, Männer, eines Manns mich _____ nichts,
Der Nichts ist von Geschlechte, wenn er irre geht,

1041—1072.

Da, die sich dünken edles Bluts entsproßt zu sein,
So weit vom Rechten irren in der Rede Wort.
Auf, sag's von Anfang wieder. Du sprichst, daß den Mann
Im Bund Achaia's Du hieher mit dir gebracht?
Zog nicht er selbst von dannen, der sich selbst gebot?
Wo bist ihm Du Heerführer? Wo ist Dir das Volk
Vergönnt zu lenken, welches Er von Haus geführt?
Als König Sparta's kamst du, nicht der uns gebot,
Und nimmer, daß dir über ihm zu walten je
Mehr Herrscherrecht gewesen, als ihm über dich.
Ein untrer Feldherr zogst du her, nicht alles Volks
Heerführer, so daß Aias je du angeführt.
Wohl, wo du Herr bist, sei es, und mit hohem Wort
Zuchtmeistre Jene. Diesen, ob auch du's versagst,
Und ob der andre Führer, werd' ich doch in's Grab
Mit Rechte legen, ohne Furcht vor deinem Munde.
Denn deines Weibes wegen lag er wahrlich nicht
Zu Felde, wie die mühevoll Arbeitenden,
Nein seines Eides wegen, dem verstrickt er war,
Nicht deiner. Denn er schätzte nicht die Nichtigen.
Darum so komme noch mit mehr Herolden du,
Und mit dem Feldherrn selber. Doch dein Tosen wird
Mich nicht bewegen; daß du seiest, wer du bist.

Chor.

Auch solche Zunge lob' ich bei dem Uebel nicht;
Denn harte Rede, wie gerecht sie sei, verletzt.

Menelaos.

Der Bogenschütze, scheint es, denkt nicht klein von sich.

Teukros.

Nicht als ein Handwerk meine Kunst erwarb ich mir.

Menelaos.

Hoch würdest du dich blähen, mit dem Schild behaft.

Teukros.

Auch ungerüstet steh' ich dir Gewappneten.

Menelaos.

Wie deine Zunge dir den Muth gewaltig nährt!

Teukros.

Bei gutem Rechte ziemt es stolz gesinnt zu sein.

Menelaos.

Recht, daß es Diesem wohlergeht, der mich erschlug?

Teukros.

Erschlug? Ein Wunder sagst du, bist du todt und lebst.

Menelaos.

Ein Gott ist mein Erretter; Jenem starb ich hin.

Teukros.

So schände nicht die Götter, die dich retteten.

Menelaos.

Ich table wohl die Satzungen der Unsterblichen?

Teukros.

Wenn du den Todten nicht ein Grab verstatten willst.

Menelaos.

Den eignen Feinden freilich; denn es ziemt sich nicht.

Teukros.

Erhub sich Aias je ein Feind entgegen dir?

Menelaos.

Den Hasser haßt' er; und es ist dir wohl bewußt.

Teukros.

Ein Stimmenfälscher wurdest du an ihm erkannt.

Menelaos.

Im Rath der Richter, nicht von mir, ward Dieß gefehlt.

Teukros.

Mit stiller Bosheit magst du viel des Bösen thun.

Menelaos.

Es wird zum Harme dieses Wort Jemand gedeihn.

Teukros.

Nicht mehr, bedünkt mich, als man uns empfinden soll.

Menelaos.

Eins sag' ich dir: Er werde nicht zu Grab gebracht.

1102—1118.

Teukros.

Du höre Dieses, daß er wird in's Grab gelegt.

Menelaos.

Schon einstens sah ich einen Mann, von Zunge keck,
Die Schiffer bei dem Sturme treibend an zur Fahrt,
Der keine Stimme dann verrieth, als ihn die Noth
Des Sturmes festhielt, nein, in sein Gewand versteckt,
Sich frei dem Fußtritt jedes Schiffers gab dahin.
So wird auch dir und deinem ungezähmten Mund,
Aus kleiner Wolke bald herangeweht, ein groß
Sturmwetter wohl auslöschen dieß vermeßne Schrei'n.

Teukros.

Und ich ersah einst einen thorheitvollen Mann,
Der bei des Nächsten Leiden Uebermuth bewies,
Und ihn erblickt' ein Andrer, der mir nahe kam,
Und gleich an Zorn war, und begann dieß Wort zu ihm:
Mensch, daß du Böses an den Todten nicht begehst,
Denn wenn du solltest, sei des Schadens dann gewiß.
So an den Segenlosen trat er warnend hin.
Ich seh' ihn aber, und es ist, so dünket mich,
Kein Andrer als du selber. Sprach in Räthseln ich?

Menelaos.

Ich gehe. Schmählich wär' es, wo man hörte, daß
Mit Worten strafet, wem der Zwang gegeben ist.

Teukros.

Fahr' hin. Auch mir ist's größte Schmach, zu achten auf
Des eitlen Thoren wirkungsloses Wortgetön.

(Menelaos ab.)

Teukros.   Chor.

Chor.

Es erhebt machtvoll die Entzweiung den Kampf.
Doch eilend, soviel du es, Teukros, vermagst,
Laß schnell uns die Gruft, die gehöhlete sehn

1119 — 1143.

Für den Mann, wo stets zum Gedächtniß der Welt
Das geräumige Grab ihn umfahn wird.

(Tekmessa kommt mit dem Knaben.)

Tekmessa.   Vorige.

Teukros.

Und siehe, recht zur Stunde sind hier nahe nun
Zugegen dieses Mannes Sohn und Gattin auch,
Dem jammerwerthen Todten einzuweihn das Grab.
O Knabe, schreite näher, und hierher gestellt
Faß flehend an den Vater, der dich zeugete.
Sitz hin ein Schutzbefohlner, in die Hand gelegt
Mein Haar, und dieses Weibes, und zum Dritten deins,
Den Schatz der Hülfeflehnden. Wer im Heere dich
Hinweg gewaltsam zöge von dem Todten hier,
Der Böse lieg' in bösem Tod grablos, verbannt,
Die Wurzel seines ganzen Stamms hinweggemäht,
Gleich also wie ich diese Locke schneid' herab.
So halte, Sohn, und hüt' ihn, und laß Keinen dich
Von hier vertreiben, sondern liegend halt' ihn fest.
Ihr aber, steht nicht Weiber statt der Männer hier
Darneben, nein abwehrend, bis ich kam zurück,
Ein Grab für ihn besorgend, läßt's auch Keiner zu.

(Teukros geht ab. Tekmessa und Eurysakes sitzen zu beiden Seiten
der Leiche.)

Tekmessa.   Chor.

Chor.
Strophe 1.

Wo an dem Ziel, endigen wann
Seh' ich die Zahl irrender Jahresläufe,
Ohne Rast mir immer auf's neu
Mühseligen Speeraufschwungs
Verderben zu bringen vor

1144 — 1167.

Der räumigen Troerstadt,
Unselige Schmach dem Volk Hellas?

Antistrophe 1.

Wär' in der Luft Weite doch erst,
Oder das vieleinende Reich des Hades
Jener getaucht, welcher des Kriegs
　　Gemeinsames Waffengrau'n
　　Erweckte dem Hellasvolk;
　　Urmutter der Noth, o. Noth!
Verderber der Menschen war Jener.

Strophe 2.

Er ließ der Festkränze mich nicht,
Ließ des Pokals innige tief
Schöpfende Lust nimmer mich theilen,
Nicht lieblicher Tanzflöten Getön,
Wehe mir! noch alle die Nacht
　　Süße zu schlummern
　　In Liebluft.
Die Liebluft ist dahin, o weh
Mir! Da lieg' ungepflegt ich so,
Stets vom triefenden Thau das Haar
Feuchte getränkt, ein Denkmal dir,
　　Traurige Troia!

Antistrophe 2.

Und doch zuvor gegen der Nacht
Schrecknisse war, gegen Geschoß
Noch mir ein Schirm Aias der Kühne.
Nun streckt' ein feindselig Geschick
Nieder ihn. Wo bleibet mir, wo
　　Freudengenuß noch?
　　O wär' ich,
Wo reichwaldig des Meeres Schutz-
wehr aus plätschernden Wogen steht,
Unter Sunions hohem Fels,

Daß ich begrüßen könnte mein
Heilig Athenai!

Teukros.　　　　　　**Vorige.**

Teukros.

Und sieh, ich eilte, da den Kriegsfeldherrn ich sah,
Agamemnon, der sich dort zu uns heranbewegt.
Und sicher thut er ungeschickt den Mund mir auf.

(Agamemnon kommt mit Menelaos und Herolden.)

Agamemnon.　　　　　　**Vorige.**

Agamemnon.

Mir wird verkündet, wie mit kühnen Reden du
Den Mund zu öffnen wider uns straflos gewagt.
Dich mein' ich, den vom kriegsgefangnen Weib erzeugt.
Du würdest wohl, von edler Mutter aufgepflegt,
Gewaltig prahlen und auf Fußes Spitzen gehn,
Der du, ein Nichts, Den, welcher nicht mehr ist, versichst,
Und nicht als Feldherrn sei'n wir, noch Schiffshäupter hier,
Vom Volk Achaia's, noch von dir, betheuerst du,
Nein selbst ein Heerfürst, wie du sagst, schifft' Aias her.
Ist so zu hören einen Knecht nicht große Schmach?
Auf welchen Mann doch trotzet so dein Lärmgeschrei?
Wo gehend oder stehend, wo nicht ich es war?
So hat Achaia keine Männer sonst als ihn?
Zum Leide, scheint es, riefen um Achilleus Wehr
Die Kämpfe damals in dem Argosheer wir aus,
Wenn allerwärts durch Teukros wir als arg bestehn,
Und ihr euch nicht bescheidet, und, im Streit besiegt,
Nachgebet, was der größern Richterzahl gefiel,
Nein immer neu uns treffet bald mit Schmähungen,
Bald mit Betrug uns stachelt, die zurück ihr bliebt.
Und doch auf diesen Wegen wäre nimmermehr
Des Fortbestandes sicher kein Gesetz und Recht,

1190 — 1225.

Wenn, die gewannen im Gericht, wir stoßen fort,
Und die dahinten blieben, vor den Andern ziehn.
Nein Diesem sei gewehret. Nicht die breiten und
Weitschulterigen Männer sind die sichersten,
Vielmehr die Klugen siegen allerwärts mit Recht.
Der Stier mit großen Seiten geht nicht minder doch
Nach kleiner Geißel grade seines Wegs dahin.
Und dir in Bälde seh' ich dieß Heilmittel schon
Sich nahen, wenn du klugen Sinn dir nicht erwirbst;
Der auf den schon Gestorbnen, einen Schatten du
Vertrauend frevelst, und der Zunge nicht gebeutst.
Wirst nicht du klug sein? Nicht, erkennend wer du bist,
Herbringen einen andern freigebornen Mann,
Vor uns zu führen hier das Wort an deiner Statt?
Denn deine Reden werd' ich nicht vernehmen mehr,
Die Barbarzunge findet nicht Gehör bei mir.

Chor.

Wär' euch den Beiden doch der Sinn der Mäßigung;
Ein Beßres wahrlich weiß ich nicht zu sagen euch.

Teukros.

Weh! wie dem Todten bei den Menschen doch so schnell
Der Dank zerrinnet und sich ungetreu bewährt;
Wenn dein, o Aias, dieser Mann im Kleinsten nicht
Erinnrung mehr bewahret, er, für den du oft
Dein Leben mühvoll ausgesetzt im Lanzenkampf!
Doch Dieses alles ist dahinzerronnen nun. —
O, der du Vieles eben und Unnützes sprachst,
Gedenkest nicht du Dessen mehr, wie Dieser einst
Euch innerhalb des Walles Eingeschlossenen,
Zu nichte schon Gewordnen im Umschwung der Schlacht,
Allein erschien zur Rettung, als den Schiffen schon
Um ihrer Schiffersitze Rand die Flammengluth
Des Feuers aufschlug, in den Rumpf der Schiffe schon
Jenseits des Grabens Hektor hoch hinauf sich schwang?

1226 — 1257.

Wer wehrte Dieses? War es Er nicht, der's gethan,
Der nirgend, sagst du, auch zur Seite nicht dir ging?
Hat er für Euch nicht Dieß der Wahrheit nach gethan?
Und wieder Er dem Hektor sich, Mann gegen Mann,
Nach Loos und ungefodert, dann zum Kampf gestellt,
Ein fluchtgesinntes feiges Loos nicht legend ein,
Des feuchten Saatfelds Scholle, nein das aus dem Raum
Des busch'gen Helms zuerst erhübe leichten Sprung?
Er war es, welcher Dieß gethan, ich aber mit,
Der Sclave, der vom Barbarweib geborne Sohn. —
Unsel'ger, wohin schauend sprichst du noch es aus?
Weißt nicht du, daß der Vater deines Vaters, daß
Der alte Pelops Barbar selbst, ein Phryger war?
Daß Atreus, der dich zeugte, zum verruchtesten
Gastmahl dem Bruder seine Kinder vorgesetzt?
Und selber bist du einer Kretrin Sohn, mit der
Ihr Vater einen zugeführten Mann betraf,
Und gab sie schnellen Fischen zur Zerstörung hin.
Ein Solcher einem Solchen wirfst sein Blut du vor?
Der ich von Vater Telamon entsprossen bin,
Der einst, der Erst' an Tapferkeit im Heer, empfing
Zur Gattin meine Mutter, eine Königin,
Laomedons Erzeugte, die erkoren ihm
Zur auserlesnen Schenkung gab Alkmene's Sohn.
Und so ein Edler aus der Edeln zween entsproßt,
Nun sollt' ich schänden lassen, die mir Blutverwandt?
Die du, in solchen Nöthen jetzt dahingestreckt,
Verstößest grablos, und es ohne Scham gestehst.
Nun wisse Dieses, wenn ihr Jenen werft hinaus,
So werft ihr uns auch, Drei zugleich dahingestreckt.
Denn mir ein Ruhm ist's, wenn für Ihn arbeitend ich
Erliege, mehr gewißlich, als wenn deinem Weib
Zu Willen, oder mag sie deines Bruders sein.
Drum sieh auf mich nicht, sondern auf dich selbst zurück,
1258 — 1291.

Denn wenn du mich verletzest, wirst du wünschen einst
Auch feig zu sein viel lieber, als an mir beherzt.

Odysseus.   Vorige.

Chor.

O Fürst Odysseus, glücklich, wisse, kamst du her,
Wenn nicht zu schürzen, nein zu lösen du erscheinst.

Odysseus.

Was ist es, Männer? Fern vernahm ich hin den Ruf
Der Atreionen bei dem starken Todten hier.

Agamemnon.

Und haben nicht wir Worte großer Schmach gehört,
O Fürst Odysseus, eben jetzt von diesem Mann?

Odysseus.

Und welche? Denn ich hege Nachsicht wohl dem Mann,
Wenn Arges hörend, böses Wort er wiedergibt.

Agamemnon.

Schmachvolles hört' er, denn er that dergleichen mir.

Odysseus.

Was aber that er, das zum Schaden auch gediehn?

Agamemnon.

Er lasse, spricht er, diesen Todten nicht des Grabs
Ermangeln, nein zum Trotze mir begrab' er ihn.

Odysseus.

Vergönnst du einem Freunde, der die Wahrheit spricht,
Nicht minder treu dir als zuvor gesellt zu sein?

Agamemnon.

Sprich. Denn ich wär' ein Unverständ'ger sonst, nachdem
Als Freund am Höchsten du in Argos Volk mir giltst.

Odysseus.

So höre denn. Den Todten wage nicht, bei Gott,
Hinauszuwerfen ohne Grab, erbarmenlos.
Und nimmer möge deine Macht besiegen dich,
So sehr zu hassen, daß das Recht du niedertritst.

1292 — 1313.

Auch mir dereinst war Er im Heer der feindlichste,
Seitdem Achilleus Waffenrüstung ich gewann.
Und immer dennoch würd' ich ihn, der so mir war,
Nicht darum so entehren, daß ich sagte nicht,
Wie ihn den besten Mann ich sah im Heer, soviel
Nach Troia wir gekommen, nur Achilleus nicht.
Darum mit Unrecht würd' er nun von dir entehrt.
Denn nicht an Diesem, an dem Recht der Götter thätst
Du übel. Nie dem Manne soll, nachdem er starb,
Der Edle schaden, nicht und seist du auch ihm gram.

Agamemnon.

Und du, Odysseus, kämpfest so für ihn mit mir?

Odysseus.

So ist's. Ich haßte, da es recht zu hassen war.

Agamemnon.

Sollst auf den Todten nicht den Fuß du setzen noch?

Odysseus.

Unedles Vortheils freu dich nicht, o Atreus Sohn.

Agamemnon.

Es ist dem Fürsten fromm zu sein nicht leicht fürwahr.

Odysseus.

Doch treues Wort zu ehren aus der Freunde Mund.

Agamemnon.

Es soll der Edle hören, die in Würden stehn.

Odysseus.

Laß ab; du herrschest, wenn dich Freundeswort besiegt.

Agamemnon.

Gedenke, welchem Manne du die Gunst gewährst.

Odysseus.

Er war ein Feind mir, doch ein edler Mann dereinst.

Agamemnon.

Was unternimst du? Achtest so den Feind im Tod?

Odysseus.

Weit über Feindschaft siegt die Trefflichkeit bei mir.

1814 — 1825.

Agamemnon.

Doch solche Männer zeiht die Welt des Wankelmuths.

Odysseus.

Wohl freilich Viele, jetzo freund, sind dann erzürnt.

Agamemnon.

Und Solche lobst du daß zu Freunden man erwirbt?

Odysseus.

Ein hartes Herz zu loben, Dieses lieb' ich nicht.

Agamemnon.

Uns wirst du feige stellen dar an diesem Tag.

Odysseus.

Vielmehr gerechte Männer all dem Hellasvolk.

Agamemnon.

Gestatten, willst du, soll ich, daß man ihn begräbt?

Odysseus.

Ich will es. Denn ich komme selber auch dahin.

Agamemnon.

Was ihm gemäß, um das ist Jeder stets bemüht.

Odysseus.

Für wen auch wär' ich billiger als mich selbst bemüht?

Agamemnon.

Dein soll die That denn, nicht für mein gehalten sein.

Odysseus.

Wie auch du thun magst, immer bleibest edel du.

Agamemnon.

Wohlan so wisse Dieses denn, ich würde dir
Auch wohl gewähren größre noch als diese Gunst.
Doch Dieser, dorten so wie hier, wird immer mir
Gleich tief verhaßt sein. Dir ist frei was recht zu thun.

(Agamemnon mit seinen Begleitern ab.)

Odysseus. Teukros. Chor.

Chor.

Wer dir, Odysseus, weisen Sinn des Herzens nicht
Bekennet, so dich sehend, ist ein thör'ger Mann.

1836 — 1853.

Odysseus.

Und nun dem Teukros künde Dieß von jetzt an;
So sehr ich feindlich war, so sehr ein Freund zu sein.
Und diesen Todten will ich mit bestatten gern,
Und mit bemüh'n mich, und versäumen Nichts, soviel
Für beste Männer sich zu müh'n den Menschen ziemt.

Teukros.

Trefflicher Odysseus, Alles darf ich rühmend von
Dir sagen, und du täuschtest mein Erwarten weit.
Denn Diesem du im Argosheer der Feindlichste,
Standst du allein nun thätig bei, und littest nicht,
Dem Todten lebend nahe, daß ihm Schmach geschah;
Wie dieser Feldherr, welcher sinnzerrüttet kam,
Er selber und sein Bruder solch Gelüsten trug,
Geschändet hinzuwerfen ihn, des Grabes bar.
Drum geb' Olympos milchreicher Vater auch,
Und Ahnd-Erinnys, Dike auch, Erfüllerin,
Den Bösen böses Ende, so wie sie gedacht,
Den Mann hinauszuwerfen mit unwürd'ger Schmach.
Doch dich, o Zweig des greisen Vaters Lartios,
Zu lassen rühren an das Grab, ist bange mir,
Ich möchte Dieß dem Todten unwillkommen thun.
Im Andern sei mir Helfer; und willst wen vom Heer
Du mit dir führen, ohne Schmerz geschieht es uns.
Das Andre richt' ich alles selber aus; und du,
Daß du an uns ein Edler bist, deß sei gewiß.

Odysseus.

Zwar wollt' ich also, aber ist dir nicht genehm
Mein Dienst, so geb' ich, billigend dein Thun, hinweg.

(Geht ab.)

Teukros.　　　　　　　　**Chor.**

Teukros.

Nun gnug. Denn viel schon dehnte der Zeit
Sich dahin. Ihr denn, mit den Händen beeilt

1854 — 1881.

Die gehölete Gruft; ihr setzet ein hoch
Dreifüßig Gefäß in die Flamme, geschickt
Zu dem heiligen Bad; Ein Haufe geschaart
Bring' her von dem Zelt, den unter dem Schild
     Er getragen, den Schmuck.
Sohn, fasse den Vater, soviel dein Arm
Es vermag, liebreich, und hebe mit mir
Ihm die Seiten empor; noch hauchen erwärmt
Die Gefäße den Quell rothdunkeler Kraft
In die Höh'. Auf denn`, wer hier ihm ein Freund
Sich bekennet zu stehn, sei schnell, tret' her,
Um den Helden bemüht, um den edelen ihn,
Und um edeler nie kein sterbliches Haupt,
     Als Aias im Leben, so ruf' ich.
Chor.
Wohl Vieles vermag anschauend der Mensch
Zu verstehn; doch eh er geschaut, weissagt
     Niemand die Geschicke der Zukunft.

                      1882   1898.

Anmerkungen

zu dem Aias.

Es sind mehrere Standpunkte zu unterscheiden, auf welchen wir die Betrachter der classischen alten Dichtungen wahrnehmen. Einer von ihnen ist über dem Werke, und käme wohl nur dem gleichen oder höheren Geiste zu, welcher Mängel und Vorzüge abwägen und zeigen könnte, wo und wie es besser zu machen gewesen; den dritten, unter dem Werke, nehme der unbedingte Bewunderer ein; gegenüber darf sich wohl auch der Geringere stellen, wenn er nur unbefangenen Sinn und Liebe mitbringt, und sein Geschäft wird sein, unter steter Voraussetzung und Anerkennung, daß er etwas Gutes oder Treff=liches vor sich habe, die Absicht und die Mittel des Dichters zu er=gründen, und was Dieser in der schöpferischen Anschauung aus dem Ganzen in's Einzelne verwirklicht hat, aus dem Einzelnen in's Ganze zurück ihm nachzudenken. So hoch möchte sich denn auch das Folgende erheben, in welchem, wie bei den übrigen Stücken, den einzelnen Anmerkungen eine Gesammtübersicht des ganzen Gedichtes beigegeben wird.

Was man überhaupt bei allem Besten in der Kunst bemerkt, daß es eben so wohl den einfach gesinnten fähigen Beschauer anspricht und festhält, als es dem einbringenden Gedanken zu tieferer Erwä=gung nie ausgehenden Stoff gewährt, das gilt natürlich Alles von Sophokles ohne Einschränkung, und es sollte nur keine Betrachtungs=weise die andere verneinen wollen. So darf man sich in dem Aias nur dem Eindrucke des Stück's ohne Vorurtheil und Voraussetzung überlassen, und das menschlich Wahre, natürlich Kräftige, sittlich Edle und zweckmäßig Nothwendige in Handlung und Charakteren wird uns ungeschwächt entgegentreten; ja es wird uns dieser gleich=sam kunstlose Weg, wenn wir ihn ruhig verfolgen, selbst bis zur inneren Einheit eines Grundgedankens hinführen. Tritt aber nun ein höheres Wissen hinzu, ein solches noch insbesondere, das aus Verhältnissen des Alterthums das Gedicht in seinem Zusammenhange mit Zeit und Volk in's Licht setzt, so werden wir, so weit als Dieß gelungen ist, Denen ähnlich, für welche es ursprünglich gedichtet war, und wir sehen Antheil und Verständniß erfreulicher Weise in uns gefördert. Doch zur Sache.

Wer das Waffengericht gebildet, vor welchem Aias unterlag, und wie der Gang desselben gewesen, ist von dem Dichter nicht näher angegeben. Einerseits erscheinen die übrigen Anführer, außer den Atreiden und Odysseus, nicht gerade als seine Feinde, denn nur die Letzteren sind V. 223 (vgl. 188. 148) unter den gewaltigen Da-naern zu verstehen, und nur die aufgeregte und leicht zu erregende Menge erweist sich schadenfroh und erbittert (150. 708); andrerseits aber ist doch Aias auf die Führer überhaupt besonders erzürnt und glaubt sie zu tödten (58. 233); Nichts hindert daher, sie als die Richter vorauszusetzen. Welche Gründe dann in dem Rechtsstreite geltend gemacht worden, auch Dieses liegt außer der Absicht des Dichters; indessen wäre, trotz der überlegenen Beredtsamkeit des Odysseus, die Mehrheit für Aias gewesen, wenn nicht Menelaos bei der Zählung, oder wie sonst, einen Betrug gespielt hätte (1113); denn als ungegründeter Vorwurf würde diese Beschuldigung des Teukros, wiewohl sie Menelaos von sich ab und den Richtern den Fehler eines ungerechten Spruches zuweist, unpassend sein, und auch Aias selbst spricht sich so gegen die Atreiden aus, daß nicht blos an ihren auf die Richter ausgeübten Einfluß, sondern an wirklich unred-liche Mittel zu denken ist (100. 440).

Das unerwartete Urtheil ist gefällt; der Besiegte schließt sich Tag und Nacht in sein Zelt ein, über seinem Unglück brütend, und nur halbverständlich Gedanken der Rache sowohl als des Todes äußernd (190. 910), wie er denn jedes Schmerzgefühl in sich selbst niederzukämpfen stets gewohnt war (314). Eine solche Seelenstim-mung, wenn die Leidenschaft endlich ganz die Oberhand gewinnt, ist dem Wahnsinn sehr nahe; ihn vollendet eine höhere Macht im Augen-blick, wo ein frevelhafter Ausbruch allgemeines Verderben droht. Es ist ganz im Charakter des Odysseus, der immer die Sendungen zum allgemeinen Besten, welche List und Kühnheit zugleich erfordern, auszuführen hat, daß er, nachdem die Heerden sammt den berittenen Hirten (27. 228) ermordet gefunden worden, auf Kundschaft ausgeht. Ihn begleitet, ungesehn (15. 295), wie auch sonst Gottheiten es lieben, die Göttin der Helden, Beschützerin der Danaer, insbeson-dere des Odysseus selber; und so bildet sich die Exposition in der Vorscene, die wir nun zu betrachten haben.

Um das Zelt des Mannes, der, auf seine Stärke vertrauend, den einen Flügel des Heeres, wie Achilleus den andern, einnimt, geht spürend Odysseus, welcher sich bei der Anfahrt die Mitte des Lagers gewählt hatte, und vernimt von der Göttin, daß er recht vermuthe, die Ermordung der Heerden von Aias vollbracht worden, der Angriff aber dem Heere, besonders den Atreiden gemeint gewesen, und durch ihre Hülfe vereitelt worden sei. Damit Odysseus selbst sehe und höre und Zeugniß ablegen könne, will sie ihn herausrufen, und die gewaltige Kraft des Mannes wird durch die Furcht seines Gegners recht anschaulich, der darum noch nicht als feige erscheint, wenn er dem Rasenden nicht begegnen will. Mit dem erhabenen Ernste der richtenden Gottheit steht sie Diesem gegenüber, der in seiner Verblendung gerade da für ihren Beistand dankt, wo sie sein Vergehen bestraft hat, der aber darum doch die Stimme der Menschlichkeit und Mäßigung aus ihrem Munde (111) nicht hören will, während sein Gegner ihre Versuchung (79) glücklich bestanden hat. Er ist sich seines Zweckes wohl bewußt und folgerecht in seinem Denken; nur über den Gegenstand der Rache erstreckt sich der Wahnsinn. Eine Spur von innerer Erniedrigung enthält vielleicht das gegen Odysseus gebrauchte Schimpfwort, und liegt in der Art der Rache, deren Werkzeug, den Zügelriemen, er, einem Schergen gleich, in der Hand trägt, während ihm das allein seiner würdige Schwerd von der Schulter hängt.

Und dieser Mann war sonst der besonnenste und thätig umsichtigste; nun so tief gefallen, offenbart er, das fühlt sein Feind mit Wehmuth, die Hinfälligkeit des Menschen und aller seiner Herrlichkeit. Aber warum diese Strenge der Gottheit, die doch selber sein Verdienst anerkennt? Warum schlug sie ihn nicht mit Blindheit, mit vorübergehender Lähmung, bis seine Wuth verraucht war? — Es ist sein Racheplan nicht die einzige Schuld, die er büßt, ja er ist nur die Folge einer den Göttern mißfälligen Gesinnung, des Stolzes, der sich über die Gränzen der Menschheit erhebt, und welcher eben so rührend unsre Unvollkommenheit, als sein Geschick unsre Nichtigkeit offenbar macht. Glück und Vorzüge, Eins wie das Andere, ziehen Schuld und durch sie Verderben über uns herein, und in dem beständigen Wechsel aller menschlichen Dinge steht nur Dieses fest, daß Demuth und Mäßigung den Göttern wohlgefällt.

Schon bei der Abfahrt vermaß sich Aias thöricht gegen den fromm und weise ermahnenden Vater (748), auch ohne göttliche

Hülfe den Sieg zu erringen, und einst in der Schlacht wies er den
Zuspruch der Göttin mit Stolz zurück, als seiner nicht bedürfend,
da er von selber schon seine Pflicht thun werde. Daher der Zorn
Athene's, als dessen Wirkung auch das ungünstige Urtheil der Richter
im Geiste des Dichters zu betrachten sein wird, denn die Ungerech=
tigkeit der Menschen wird dadurch nicht gemindert, weil sie unter
göttlicher Zulassung geschehen ist.

Die Trefflichkeit und Güte des Helden spiegelt sich in der Ehr=
furcht' und Liebe der Seinigen. Die Krieger, zugleich Ruderer
(200. 350. 561), erscheinen in der Morgenfrühe, da auch zu ihnen
das unglückliche Gerücht von der That ihres Gebieters gedrungen
ist. Die Möglichkeit kann sich der Chor selbst nicht verhehlen, ein
Schlag der Gottheit (137. 271), oder eine Rache derselben (172)
könnte den Mann getroffen haben. Doch tröstet er sich mit dem
Gedanken einer Erdichtung durch seine Gegner (138, 187), welcher
die Menge, zur Verkleinerung des Edlen immer geneigt, nur zu
gerne Glauben schenkt, sowohl weil die Sache nicht ganz unwahr=
scheinlich ist, als weil Neid und Schadenfreude, die ihm die Zurück=
setzung gönnten, hieraus eine Rechtfertigung für sich hernehmen (153).
Dann wird es aber nur seines Erscheinens bedürfen, um ihre Zungen
zum Schweigen zu bringen (170), während jetzt das Unheil, durch
sein Verweilen im Zelte veranlaßt, von der Verläumdung der Feinde,
wie vom Zugwind ein verderbliches Feuer, himmelhoch entflammt
wird (192).

Aber nur zu wahr ist das Gerücht; der Chor vernimt es nun
aus dem Munde von Aias Weibe selbst, die, ihre Anwesenheit
hörend, den Freunden das gemeinschaftliche Unglück mitzutheilen her=
vortritt. Kaum hat sie es mit wenigen Worten angedeutet, so
unterbricht sie der Chor mit dem Ausdrucke des Schreckens und der
Furcht für das Leben seines Herrn, auch bei ihrer weiteren Erzäh=
lung nur mit diesem Hauptgedanken und der durch ihn geweckten
Besorgniß für sich selbst beschäftigt. Diese Furcht ist eine Vorah=
nung, erst aus dem Gefühle, daß es aus sei mit dem so Zerrütteten,
dann aus der Ueberlegung, welche Rache ihm von dem Heer bevor=
stehe (225. 246). Doch ist er auch wieder geneigt Hoffnung zu fas=
sen, wenn Aias nun vernünftig ist und eben dadurch auch zur Ver=
theidigung geschickt; da aber an die Stelle der Wuth nur Verzweif=
lung getreten ist, erkennt er ein göttliches Geschick, und also ein
tiefer eingreifendes Verderben. Unterdessen zu einiger Fassung ge=

langt, erzählt ihm Tekmessa auf sein Begehren ausführlicher den Hergang der Sache, wie er noch vor der Mitternacht hinausgegangen, sie, da sie nach der Ursache gefragt, mit Strenge zum Schweigen verwiesen, dann, mit den Thieren zurückgekehrt, sie getödtet und mißhandelt, auch mit einem Gebilde seiner kranken Phantasie (so scheint es Tekmessa, die die Stimme der Göttin nicht hörte) vor der Thüre sich unterredet hat, und nun erst allmälig wieder zur Besinnung gekommen ist. Und da er hierauf durch Drohungen von ihr herausgebracht hat, was mit ihm geschehen, überläßt er sich einer nie von ihm gehörten jammernden Verzweiflung. Sein Muth ist mit dem Verlust der Ehre gebrochen, der Gedanke zu sterben spricht sich sogleich aus, und in ihm nur gewinnt er seine Fassung wieder.

Da hört man ihn einen Klagruf ausstoßen und nach Teukros rufen, seinem treuen geliebten Bruder, der stets Kampf und Gefahr mit ihm getheilt, und der unglücklicherweise schon vor dem Tage des Waffengerichts (335) auf einen Streifzug in die nördlicher gelegenen Gebirge gegangen ist. Er vielleicht würde den Sturm beschworen, diese Gemüthsstimmung, über welche der sonst in solchen Fällen wirksame Freundeszuspruch (323) nun Nichts mehr vermag, vor dem äußersten Ausbruch besänftigt haben. Seine Gattin vermochte Dieses nicht. Ein so rauhes Kriegerherz ist von Natur (591. 543) den rührend sanften oder schmerzlich leidenschaftlichen (576) Bitten des Weibes weniger zugänglich, überhaupt, da ihm Stärke als das Höchste gilt, weniger geeignet, das Weib in seinem ganzen Werthe zu schätzen; auch abgesehen von der geringeren Stellung, die dasselbe im Alterthum einnahm, und hier von dem Umstande, daß Tekmessa eine Gefangne und also eigentlich Sclavin ist. Denn auch ohne Alles dieses ist Aias Benehmen gegen sie bei dem nächtlichen Ausgang, nach seiner Rückkehr, und jetzt, da sie ihm begütigend entgegentritt, hinlänglich begründet; wie ihr, die nun so gut als seine rechtmäßige Gattin, von der Gefangenen aus Liebe zur Gemahlin erhoben (210), die Mutter seines Sohnes ist, würde er, in seiner jetzigen Stimmung, auch jeder Anderen begegnen.

Nicht mehr als sie vermag der Chor über ihn. Ohne auf seinen Zuspruch zu antworten, spricht er sein Unglück, seine Schande, sein Rachegefühl gegen die Atreiden und Odysseus, und, immer wiederkehrend, den Vorsatz zu sterben aus, und Alles was er in leidenschaftlich erhöhtem Gefühle, verschönt durch eine zarte Naturliebe, wie sie sich auch noch in seinen letzten Augenblicken offenbart, lyrisch ausgesagt hat, wiederholt er nun in zusammenhängender ruhig gefaßter Rede.

Schon sein Name, wie er ihn als Kind in den ersten Lebenstagen empfing, war vorbedeutend für den Ausgang desselben, wiewohl Niemand, weder damals, noch während seiner Heldenlaufbahn, je geahnt hätte, daß er einst bedauernswürdig, selbst Ach über sich ausrufend, endigen werde. Und hier erinnere man sich der Mythe, wornach aus dem Blute des Aias die Blume Hyakinthos erwuchs, die auf ihren Blättern den Schmerzensausruf Ai Ai geschrieben zeigt. Nicht minder tapfer und mit nicht geringerer Kriegsmacht, als einst sein Vater, ausgezogen, empfängt er aber darum nicht auch, wie Jener, den ihm gebührenden Preis, sondern er ist dem listigen Mitbewerber zugewendet worden. Seine gerechte Rache hat die Göttin vereitelt, sonst hätten sie wohl zum letztenmal geurtheilt. Und wohin soll er sich nun wenden? Feinde hier, Beschämung bei seinem Vater. Nur der Tod, und nicht ein solcher in der Schlacht, der den Atreiden einen Dienst thäte, bietet einen Ausweg. Denn welchen Werth hat ein Leben, bei welchem, wie bei einer unheilbaren Krankheit, Tag um Tag nur in Rücksicht auf den Tod, als das Einzige, was noch zu erwarten steht, in Betracht kommt? Nein, wenn der Edle nicht mehr rühmlich leben kann, so muß er rühmlich sterben.

Was diesem männlich erwogenen Vorsatz entgegengestellt werden kann, erwidert Tekmessa. Von ihrem eigenen Geschick hebt sie an, der Sclaverei, in die sie gekommen durch den Willen der Götter, zunächst aber doch durch des Aias Hand. Daß eben hieraus die Pflicht hervorgehe, sich nun ihrer anzunehmen, sie durch seinen Tod nicht noch unglücklicher zu machen, spricht sie feinsinnig nicht sogleich aus, sondern erst von ihrer Liebe zu ihm, nachdem sie sein Lager getheilt hat. Bei diesem gemeinschaftlichen Liebesbande beschwört sie ihn; sie stellt ihm ihre traurige, auch für ihn entehrende Zukunft, die verlassenen Tage seiner Aeltern, die Hülflosigkeit seines Kindes vor, zuletzt auf sich selbst zurückkommend, daß, da ihre Vaterstadt durch ihn untergegangen, ein anderes Geschick ihr die Aeltern geraubt, er allein ihr übrig sei. Dankbar soll er sein, denn wer erfahrne Liebe vergißt, ist kein edler Mann mehr; Dieß setzt sie dem Schluß seiner Rede entgegen.

Mit schon gemilderter Stimmung, ohne jedoch auf ihre Worte einzugehen, fordert er seinen Sohn, denn noch steht ihm das Schwerste für sein Herz, der Abschied von Diesem bevor. Den nimt er sanft und stark, bei den weichen Empfindungen, deren er sehr wohl fähig ist, nirgends verweilend, väterlich und als treuer Gatte vorsorgend, auch über seine Waffen verfügend; denn er legt Alles in die Hände seines biederen Bruders Teukros. Was aber nun seinen Vorsatz hindern wollte, wie das ängstliche Flehen Tekmessa's, wird in kurzen Worten, mit innerlich niedergekämpfter Rührung, zurückgewiesen.

Jetzt will er gehen. Er braucht nicht mehr in das Zelt zurückzukehren, denn das Schwerd hat er noch von der Nacht her umhängen, und weiter bedarf er Nichts. Nur geht Tekmessa nicht. Mit Thränen und Flehen hält sie ihn zurück, das Kind selber, in seiner unwissenden Unschuld, fesselt ihn durch seine Zärtlichkeit. Unterdessen singt der Chor seine Sehnsucht nach Salamis, das friedlich in den Gewässern liegt, während er die Mühseligkeiten eines endlosen Krieges, und nun noch die Krankheit seines Gebieters bestehen muß. Aber auch dort in der Heimath wird bald der Jammer einziehen, wenn die Aeltern das Ende des herrlichsten Sohnes erfahren werden.

Da tritt Aias wieder hervor, ihm zur Seite Tekmessa. Alles wandelt die Zeit; so auch ich, dessen Sinn noch eben, wie glühendes Eisen in dem Löschwasser sich zischend härtet, durch die Thränen dieses Weibes nur spröder wurde, ich sehe mich nun unerwartet zu milder Rede erweicht und von Mitleid mit ihr und dem Kinde erfüllt. Doch ich gehe jetzt zu den Wiesen am Meere, wo ein entsühnendes Bad meiner wartet, das mich dem Zorne der Göttin entziehn wird. Dort sei auch dieses Schwerd in die Erde gegraben, das, so ehrenvoll dieses Geschenk des tapfersten Feindes erschien, mir doch nur Ungunst bei den Achaiern brachte. Darum will ich von nun an, wie ich wohl sonst nicht genugsam zu thun gewußt, den Göttern Ehrfurcht, den Atreiden, als Heerführern, Achtung erweisen lernen; denn auch in der Natur beugt sich das Starke und Mächtige unter das Ansehen höherer, still wirkender wohlthätiger Kräfte. So sollen auch Leidenschaften nicht über das Maß gehen, und wir bei dem Hasse bedenken, daß er sich in Liebe verwandeln kann, wie ja auch die Liebe sich oft umkehrt. — Noch heißt er das Weib für ihn beten, daß ihm sein Vorhaben gelinge, und den Chor an Teukros melden, für den Abwesenden besorgt zu sein; und damit geht er von ihnen.

Durch diese Rede. getröstet und beruhigt (774), kehrt Tekmessa in das Zelt zurück, und der Chor überläßt sich der höchsten Freude, ruft den Gott des Tanzes an, bachische Reigen mit ihm anzuheben. Dennoch ist alle diese Beruhigung und Freude nur eine Täuschung, und nur zu schnell wird sie in die Gewißheit der dringendsten Gefahr übergehen. Wie sollen wir nun das Thun des Helden ansehen? Ist Alles Verstellung? Um ungestört sein Vorhaben auszuführen, nicht gehindert oder belästigt zu sein, gibt er vor, mit den Göttern sich versöhnen zu wollen, denen er kurz zuvor Nichts mehr schuldig zu sein erklärt (585), insbesondere mit Athene, die ihn in seiner gerechten Rache gehindert und unglücklich gemacht hat (445), und nicht ernst gemeint also ist sein fast letztes Gebot, daß sein Weib die Götter um Beistand anrufen soll? Er spricht die trefflichsten Lehren aus über die erste Bürgerpflicht, Gehorsam gegen die Oberen, während er sie noch wie zuvor (451) haßt und verachtet, über Versöhnlichkeit gegen diese seine Feinde, die er doch noch wie früher bedauert nicht ermordet zu haben? — Aber wie unnöthig hätte dann der Dichter, zum Behuf einer Ueberraschung, eines zu schürzenden Knotens, den Charakter seines Helden aufgeopfert, ihm Gottlosigkeit und ein weit über den Zweck hinausgehendes Erheucheln von Gesinnungen, die ihm fremd wären, aufgebürdet, während er sich ihn über das zu verbergende Vorhaben unklugerweise zweideutig ausdrücken ließe.

Oder waltet keinerlei absichtliche Täuschung, und nicht nur alle ausgesprochenen Gesinnungen sind wahr, sondern auch sein Vorsatz zu sterben bleibt ohne seinen Willen den Seinigen verborgen, die nur zu befangen, zu wenig scharfsichtig sind (893) um Das zu verstehen, was er gar nicht bemüht ist ihnen zu verhehlen? — Indessen ist doch der Schein so stark, daß er selbst den Zuschauer täuschen könnte, und wenn die Rede nicht mißverstanden werden sollte, so ist es unnatürlich, daß sie doch nur solche Ausdrücke enthält, die nicht anders als bildlich seine wahre Absicht bezeichnen. Auch erkennt sich Tekmessa nachmals von ihm getäuscht, der alten Liebe verlustig (793), um deren willen er leben sollte (518), und wieder leben zu wollen geschienen hatte (636).

Gewiß, die von Aias verkündete Sinnesänderung ist wahr und aufrichtig. Sein Stolz, der ihn zuweilen sein Menschenthum ver-

gassen ließ, ist durch die Schande des Wahnsinns und einer zum
Spott gewordenen Rache gebrochen. Er will den Tod, um sich der
Entehrung zu entziehen; da er aber nun mit dem Leben abzuschließen,
sich von Denen zu trennen hat, die er liebt, die es ihm noch werth
machen, da löst sich die letzte Schlacke von seiner an sich edlen Seele,
er erkennt sein Unrecht, und schämt sich nicht, die Erkenntniß aus-
zusprechen; die Pflicht der Demuth gegen die Götter, die er einige-
mal verletzt hat, wiewohl er nie gottlos gewesen, der Ehrerbietung
gegen die Oberen, die er wohl im Gefühle seiner persönlichen Ueber-
legenheit bisweilen aus den Augen gesetzt, ist ihm in ihrer ganzen
Würde zum Bewußtsein gekommen. So will er nun versöhnt und
zur Sühne sterben.

Aber seine Absicht kann er den Seinen nicht offen eingestehen,
wenn er sich nicht, ganz im Widerspruch mit seiner jetzigen milden
Stimmung, herrisch von ihnen losmachen, sie heftig und drohend,
wie früher Tekmessa, zurückweisen will.

Diese Aufgabe, die zugleich den größten dramatischen Vortheil
gewährt, hat der Dichter auf eine erhabene Weise zu lösen gewußt.
Eine Unwahrheit, irgend ein ungegründetes Vorgeben bei so edler
Absicht würde zwar den Helden noch keineswegs erniedrigt, seinen
Charakter nicht entstellt haben; aber größer ist es, ihn Alles dieses
so sagen zu lassen, daß es nur dem Kundigen gesagt ist, dem Unwissenden aber in uneigentlicher Rede verborgen bleibt.

Die Zeit, die alles Unerwartete bringt, hat seinen Sinn verändert; aber nicht seinen Vorsatz; hat seinen Mund weich gemacht;
aber nur so weit, daß er sich nicht hart und gewaltsam von den
Seinen trennen kann. Zum Bade an den Wiesen nächst dem Meere
geht er, seine Flecken zu reinigen, wie man Verunreinigung durch
Meerwasser sühnend abwäscht; aber das Sühnebad ist sein Blut.
So entzieht er sich freilich dem Zorne der Göttin, nämlich durch
den Tod. Das Schwert wird er an einsamem Orte vergraben; aber
nur sein Heft, um ungesehen und von Niemand begleitet sich hinein-
zustürzen. Nacht und Hades sollen es bewahren, denn fortan gehört
es ihnen; es wird mit ihm begraben werden (575). Als Feindesgabe
brachte es nichts Gutes, und nun wird es durch seinen letzten Dienst
das Sprichwort noch vollends rechtfertigen. Atreus' Söhnen weicht
er; aber nicht allein in seinem Inneren, er tritt ihnen für immer
aus dem Wege. Die Feindschaft mit ihnen wird sich gütlich wenden,
denn er erkennt sein Unrecht gegen sie, das er durch unmäßigen

Zorn gethan, ohne sie darum frei zu sprechen; die einst seine Freunde
waren und sich dann feindselig und ungerecht gegen ihn bewiesen.
Tekmessa heißt er beten, daß sein Unternehmen gelinge, das, ohne
ihr Wissen, weiter als auf eine gewöhnliche Sühne geht. Und
Teukros endlich soll unterdessen seine Stelle vertreten; aber nicht
blos für die nächste Zeit, um etwa feindliches Bezeigen der Atreiden
abzuwehren, oder auch ihnen Aias Sinnesänderung versöhnend bekannt zu machen, und so die Seinen zu schützen, sondern für immer
wird ihm dieses obliegen. — Aias ist nicht ein christliches Muster,
er würde nicht sterben, wenn er nicht noch in Leidenschaft befangen
wäre; aber großherziger als selbst sein edeldenkender Gegner Odysseus, fesselt er Mitleid und Bewunderung weit über seinen Tod
hinaus, und bleibt bis an's Ende der Mittelpunct der dramatischen
Handlung. — Jetzt, zum Tode gehend, steht er wie ein Prophet
gegenüber Denen, die ihn hören, ohne den Sinn seiner Rede zu
fassen. Sie sollen ihn auch nicht fassen, bis wenn sie ihnen, nach
seinem Ende, zu einem Vermächtniß seiner hohen Denkungsart ge-
reichen wird.

Der Irrthum währt nicht länger als der Freudengesang des
Chors, in welchem das Unverhoffte als wirklich gefeiert wird. Denn
nun erscheint ein Krieger des Teukros als Bote, und seine Sendung
berichtigt nicht nur den Irrthum, sondern sie zeigt das ganze Geschick in seinem innersten, von der Gottheit selbst geleiteten Zusammenhange. Sein Heldenstolz, nicht kleinherzige Anmaßung, vielmehr
die höchste Tüchtigkeit, nur geneigt, zu vergessen, daß wir Alles
durch Gott sind, daß eben so wohl Kraft und Schwäche als Glück
und Unglück von daher kommt (376), die Götter gewissermaßen für
seines Gleichen zu halten; Dieß hat ihm Athene's Zorn erworben.
Aber er dauert nur heute noch, darum werde Aias jetzt im Zelte
unter Aufsicht gehalten, denn ist diese verhängnißvolle Zeit nur erst
vorüber, so darf man noch Glück hoffen. Das Alles weiß der Seher,
aber seine Belehrung kommt, wie oft die Weissagung, zu spät. Des
Aias Sinnesänderung, durch welche die Göttin versöhnt wird, ist
innig mit seinem freiwilligen Tode verknüpft, zu dem er schon hinaus-
geeilt ist. Während ihn nun die Seinen ängstlich suchen, führt uns
der Dichter zu ihm in die Einsamkeit, um dort Zeuge seines erhabenen Ausgangs zu werden.

Es ist schwer, über Das, was von jeher und von Allen als ein
Höchstes bewundert worden, überhaupt noch Etwas zu sagen. Auch

soll hier Nichts über die Schönheit und Großheit dieses Monologs, sondern nur was Sinn und Zusammenhang erklären kann, vorgebracht werden. — Das Schwerd des Feindes in feindlichem Lande wird ihn tödten, und ist

kann, sein treuster Freu

seinem, des Sterbenden, Stammvater. Aber auch Zeus soll ihm nur durch Berufung des Teukros ein Grab sichern; und so wird seine Bestattung unter göttlichen Schutz gestellt, welche die Feinde, wie er mit Grund voraussieht, ihm bestreiten werden. Diese sind nur die Atreiden, die auch allein ungerecht gegen ihn gehandelt ha-

in der Denkweise des
b also ein Diener der
eschick derselben, und Haß

So ernst und wichtig, kann daher die Verwünschung auch nicht über Das, was sich wirklich erfüllen wird, hinausgehen, und sie trifft hier den Agamemnon allein, nicht blos darum, weil sich in ihm als Oberfeldherrn die gesammte Schuld vereinigt, sondern vornehmlich, weil dem Menelaos kein unglückliches Ende bevorsteht. Auch das ganze Heer, welches an der Ungerechtigkeit Theil genommen hat, umfaßt der Fluch, nicht nur insofern, als die Völker ohnehin die Thorheiten ihrer Herrscher büßen, sondern weil er sich erfüllt in so vieler Noth, die der Verlust seines besten Helden ihm zuziehen muß (941), und zuletzt in Uneinigkeit, Zerstreuung und Untergang, wie sie nach Eroberung der Stadt über die Sieger hereinbrechen. — Nun denkt sein Herz nach Hause zu den Aeltern, und der Sonne des Himmels trägt er die Botschaft an sie auf von seinem traurigen Ende. So ist mit den Menschen abgeschlossen; der Tod kann kommen; aber er wird ihm vielmehr selbst sogleich hinter das Gebüsch entgegengehn, ihn muthig grüßen und fortan in seiner Gesellschaft sein. Nur die Natur noch grüßt er, jetzt zum letztenmal: Licht, fernes Heimathland, die väterliche Insel, wie die heilige Stadt Athen mit den ihm verwandten Bewohnern, die Fluren und

Gewisser Trwa's, die ihn so lange freundlich wohlthätig hegten, ein letztes Lebewohl ruft er ihnen zu; das Übrige zu sagen, wird fortan bei dem Todten Muße genug sein.

Unmittelbar nach dem tödtlichen Sturz des Mannes treten Die auf, welche ihn suchen und retten wollen; getheilt, um ihn besto sicherer zu finden, wie es Tekmessa befohlen, eilfertig athemlos, treffen sie an dem rechten Orte und fast noch zur rechten Zeit zusam= men. Aber die Liebe forscht gründlicher als die Freundschaft, Tek= messa findet ihn, eben zum Tod getroffen, noch athmend, das Blut aus der Nase und aus der Wunde hervorsprudelnd. So hat er wirklich sein Schwerd verborgen, das Heft in die Erde, den Stahl in seine Brust, so ist nun erfüllet Ach zu rufen und seines Namens Vorbedeutung nur zu wahr befunden. Dem Chor ist für seine Heim= kehr bange, da ihm der Beschützer fehlt, er macht sich Vorwürfe über seine Sorglosigkeit, die ihm den Verlust zugezogen. Unterdessen deckt Tekmessa besonnen vorsorgend die Leiche zu, dann überläßt sie sich ihrem Schmerze. Die Furcht vor Dem was ihr von den Fein= den bevorstehen mag, den Gedanken an ihren Triumph besiegt sie durch die erhebende Betrachtung der Größe und Trefflichkeit des Helden, dessen Tod den Gegnern bald fühlbar sein wird, und durch die Erwägung, daß er durch göttliches Geschick, nach einer inneren Nothwendigkeit seines Herzens, nicht ihren Ränken gefallen ist. -

Da erscheint Teukros, und mit ihm ist Alles um den Todten vereinigt, was ihn im Leben liebte. Der wackre Bruder erweist so= gleich seine Fürsorge, indem er den Knaben zu bringen besiehlt, um ihn unter seinen Schutz zu nehmen; dann erst, nach erfüllter Pflicht, gibt er der Trauer ihr Recht, in einer Rede voll biederherziger Bruderliebe seine eigne traurige Zukunft voraussagend, daß man sieht, wie an eines großen Menschen Leben und Wirken das Geschick Derer, die um ihn sind, gekettet ist. Eine plötzliche, wie von Gott verbreitete Sage von Aias Tod, der Bote, den Dieser von Zeus erflehte (812), rief ihn eilig herher', und angekommen sieht er die jammervolle Wahrheit. Jetzt, da ihm der geliebte, geehrte Bruder fehlt, jetzt gedenkt er mit Besorgniß seiner niedrigeren Geburt, vor= aussehend, was ihm wirklich widerfahren wird, bei der Rückkehr von seinem Vater verstoßen zu werden. Auch er, wie vorher Tekmessa, sucht seinen Trost in dem Hinblick auf den göttlichen Willen, eine Ver= kettung des Geschicks, der sich der Mensch geduldig unterwerfen muß.

So ist der Trauer genug geschehn, es fehlt nur die Bestattung; aber um diese schürzt sich ein neuer Knoten. Menelaos, von Agamemnon abgesandt, verbietet sie; als einem Mörder soll sie ihm geweigert sein; einst stolz und ungehorsam, hat er endlich sein verdientes Loos gefunden und ist unter die Gewalt seiner Vorgesetzten gefallen. Weder der Einzelne noch die Gesammtheit kann ohne Furcht und Scheu bestehen, und früher oder später kommt die Alles ausgleichende Vergeltung. Wir sehen den erzürnten Mann übertreiben und richtigen Sätzen üble Anwendung geben, wie ihn auch der Chor warnend erinnert. Entschiedener weist ihn Teukros zurück, als einen dem Aias Gleichen, nicht an Würde Höheren, dem er also Gehorsam nicht schuldig war. Und selbst dem Agamemnon war er ursprünglich nicht untergeordnet, denn er zog nicht als sein Dienstmann mit in den Krieg, noch als ein Söldner, der um Lohn sein Leben mühselig fristet, sondern gebunden durch den Eid, den einst alle Freier Helena's ihrem Vater geschworen hatten, den Gemahl, den sie wählen würde, in ihrem Besitze zu vertheidigen. Menelaos versuche es daher nur, die Bestattung zu hindern, es wird sich dann zeigen, daß er Der ist, der er ist, und nicht mehr, daß er über Aias und die Seinen Nichts zu gebieten hat; auch nicht, wenn er den Feldherrn selber mitbringt, dessen Ansehen sich nicht über die Leiche des ursprünglich ihm gleichen Fürsten erstrecken kann. Die nun folgende Wechselrede entfaltet noch weiter in gleicher Weise den Zorn und Stolz des Menelaos und Teukros unerschrockne Zuversicht. Auch der Hauptpunkt wird von Diesem bündig widerlegt. Aias war nie ein Feind der Atreiden, sie sind die Anfänger hierin, die sogar durch unredliche Mittel ihm die verdiente Ehre entzogen; seinen Racheplan hat er aber nicht ausgeführt, sodaß, selbst abgesehen von den Verdiensten des Todten, eine Strafe nicht begründet ist, vollends gegen die Leiche, mit Uebertretung des heiligen Gesetzes der Todtenbestattung (Thl. 1. S. 373), denselben Göttern entgegen, welche die Gefahr abwendeten.

Menelaos geht, und sogleich auch Teukros, um das Grab zurichten zu lassen, nachdem er den Todten mit den Seinigen unter den Schutz der Religion und die Bewachung des Chors gestellt hat. Dieser fühlt jetzt mit doppelter Schwere das Gewicht des sonst schon mühseligen, nun ohne Aias noch viel elenderen Krieges, denn auf ihn vertrauend schliefen seine Krieger sonst ruhig, unter seinem Schutze gingen sie getrost in die Schlacht. Ein Ruf der Sehnsucht nach der Heimath, der heiligen Athenestadt, schließt den letzten Gesang des Drama's.

Agamemnon, zornig und herrisch wie sein Bruder auftretend, findet sich zuerst durch die Keckheit des Baßards beleidigt, dann übertreibend, gibt er ihm Schuld, daß er seine Feldherrnwürde geleugnet habe, da doch Aias nirgends gewesen, wo nicht er, d. i. wohin sich nicht sein Oberbefehl erstreckt hätte, also der Todte immer unter ihm gestanden, in seinem Namen gehandelt habe. Man muß es bedauern, das Waffengericht (diese unter kriegerischen Menschen so wichtige Sache) überhaupt angeordnet zu haben, wenn die Verlierenden dann schmähen, oder mit dem Vorwurfe des Betrugs den Gewalthaber stacheln dürfen, der nur seine Pflicht thut, wenn er den im Rechtsstreite Siegenden in den Besitz einführt und darin erhält. Und das Urtheil war an sich gerecht, denn nicht den Starken sondern den Klugen gebührt der Preis. Die Stärke gehorcht dem Verstande, wie der Stier der Geißel. Und diese, so schließt er drohend, wird auch dich, den Sclaven, als sicheres Heilmittel zur Besinnung bringen.

Von dieser Zornrede beantwortet Teukros so viel, als das gegen Menelaos Gesagte ergänzen kann. Agamemnons Oberbefehl hatte er nicht geläugnet, aber nun führt er dem Undankbaren (und Undank ist der Menschen Gebrauch) zu Gemüthe, wie und wo einst Aias das ganze Heer beschirmt und gerettet, weit über seine Soldatenpflicht hinaus bis dahin, wo der Heerbefehl Agamemnons, der ihm nun nicht einmal gleichen Rang zugestehn will, längst ein Ende hatte. Und alle diese Thaten theilte Teukros mit ihm, den Menelaos als Bogenschützen, Agamemnon als Barbaren verachten will, sie, die selber von Barbaren stammten und aus einem Geschlechte voll Verbrechen und Gräuel, während er seines Hauses sich in keiner Weise schämen darf. Und so kündigt er ihnen äußersten Widerstand an, der sie selbst mit ihm das Leben kosten kann. Eine Vermittlung scheint unmöglich.

Dennoch kommt sie, und zwar durch Odysseus, an dem die schauerliche Lehre des heutigen Tages nicht unverstanden und unbeherzigt vorübergegangen ist, und der sich nun durch Weisheit des Preises würdig zeigt, der dem Starken gebührt hatte. Sogleich in den ersten Wechselreden mit Agamemnon edle Ruhe und Unparteilichkeit offenbarend, und nachdem er freimüthig sprechen zu dürfen sich erbeten hat, macht er Aias hohes Verdienst und die Pflicht des edlen Mannes geltend, nicht über das Grab hinaus zu hassen, dem Gestorbenen nichts Uebels zu thun. Der Feldherr dagegen ist der Ansicht, daß man am Todten noch Rache nehmen soll, daß die Herrscherpflichten mit den Gesezen der Frömmigkeit nicht immer in Einklang zu bringen seien, er beschuldigt den Odysseus des Unbestands, da er mit einmal die Feindschaft verläugne, des Eigennuzes, der ihn an sich und seine eigne einstige Bestattung denken lasse, und sagt sich endlich von der That und ihrer Wirkung auf das öffentliche Urtheil gänzlich los; worauf ihm Odysseus die Forderung des Edelmuths und der Nachgiebigkeit gegen Freundesrath, seinen eignen Unbestand, da er aus einem Freunde des Aias sein Feind geworden, endlich die Zuversicht auf allgemeine Billigung entgegensezt. Die Atreiden gehn, wiewohl unversöhnt, hinweg. Odysseus erbietet sich zu thätiger Mithülfe bei dem Begräbniß, mit zarter Scheu aber lehnt sie Teukros ab, seine Begleitung jedoch gerne gestattend. Und nachdem er noch einmal über die Hartherzigkeit der Atreiden seine Verwünschung ausgesprochen hat, ordnet er endlich die so mühsam erkämpfte Leichenfeier.

Das Interesse der Handlung bis auf Aias Tod ist immer von allen Lesern empfunden worden; von da an aber der Streit über sein Grab, welcher einen großen Theil des Schauspiels einnimmt, hat wohl bei Manchen eine ungünstige Beurtheilung gefunden und darum Anderen der Vertheidigung bedürftig geschienen.

Betrachten wir die Handlung an sich, einen tüchtigen Mann, der die Absicht der Gegner, ihm die Bestattung seines eben unter höchst traurigen Umständen gestorbenen Bruders zu verwehren, mit Muth und Verstand abweist, Menschlichkeit und Dankbarkeit als ihre Pflicht, und sein heiliges Bruderrecht an den Todten ihnen entgegenhält; da ist Leben und Bewegung, Charakterentwicklung, sittliche Gesinnung, Alles was unseren Antheil festhalten kann, und von einer Meisterhand geschildert. Aber wir treten um einige Schritte weiter hinweg, um über und in das Ganze des Gedichts zurückzublicken. Durch ungerechte Zurücksetzung auf's Tiefste gekränkt, hat der verdienteste Krieger eines ganzen Heeres in der Wuth der Leidenschaft einen Anschlag gegen Alle gefaßt, aber, durch höhere Dazwischenkunft verhindert, nicht ausgeführt und sein Vergehen mit Selbstmord gebüßt. Um den einsam, im Hasse Aller Gestorbenen versammeln sich die Seinen, und da es nun gilt, ihn ehrlich zu begraben, und sich Feinde dagegen setzen, tritt, ihrem Widerspruche gegenüber, gleichsam auf dem dunkeln Grund ihres Hasses, das Verdienst, die Großheit des Mannes in ein um so helleres Licht, und diese Anerkennung wirkt in uns bei wachsender Theilnahme eine milde Beruhigung über sein tragisches Schicksal. Und noch mehr. Nicht nur hat er die Schuld mit seinem Blute gebüßt, er ist auch innerlich verändert, durch die Erkenntniß seines Fehlers in That und Gesinnung mit der Gottheit versöhnt, aus dem Leben gegangen. So in ihre alte Gunst hergestellt, zwiefach rein, was für eine andere Genugthuung kann ihm noch werden, als ein Grab, in welches ihn die Liebe der Seinen und die Achtung auch seiner Gegner begleiten soll, und welches, gegen starre Unversöhnlichkeit zwar nicht von der Göttin selbst, aber doch von ihrem Auserwählten, gleichsam ihrem Stellvertreter, durch mildes Einschreiten zu Stande gebracht, der Gottheit selbst zur Verherrlichung gereicht. Hierzu rechne man, aus der Kenntniß des Alterthums hinzugezogen, zuerst daß der Grabhügel des Aias als ein weltbekanntes Denkmal noch heutiges Tages an der Troischen Küste zu sehen ist; sodann aber war Aias ein Athenischer Held, indem Salamis und mit ihm des Helden Ruhm an Athen übergegangen, und mehr als Dieß, er war ein Heros, ein Schutzheiliger, wie jeder Bezirk einen solchen hatte, nach welchem er den Namen führte; und nun vergegenwärtige man sich, mit welchem regen Antheil das Volk zu Athen den Ruhm seines Heros gegen die Verkleinerung der damals meistens feindlichen Peloponneser, insbesondere der Spartaner, sein Grab, gleichsam die Bedingung seiner Heiligsprechung, gegen ihren Widerstand mußten verfechten sehn. Allgemein Menschliches, sittlich Frommes, örtlich Heiliges und Werthes vereinigte sich, diese Tragödie zuerst jedem, dann vornehmlich einem Athenischen Herzen theuer und bedeutungsvoll zu machen.

———

Den sachkundigen Lesern wird von selbst ersichtlich sein, daß das Vorstehende in allen Hauptpunkten mit Welcker in seiner Abhandlung über den Aias übereinstimmt. Daß das Meiste daher genommen worden, ist schon an sich vorauszusetzen, was aber daneben etwa aus eigenem Nachdenken hervorgegangen, weiß ich selbst nicht mehr zu unterscheiden, und es werde daher lieber Alles, als zu Weniges auf jene Quelle dankbar zurückgeführt.

V. 2. Von den Unternehmungen des Odyffeus sind die berühmtesten, wie er mit Diomedes das Palladium, ein die Stadt
schützendes Götterbild, aus Troia entwendete, wie er verkleidet als
Kundschafter hineinging, und wie er mit Diomedes den eben ange-
kommenen Bundesgenossen der Troer, den Thrakischen König Rhesos,
nächtlich überfiel und tödtete.

V. 3. Die Zelte sind Erdhütten oder Baracken.

V. 8. Die Spartanischen Hunde wurden als besonders
hurtig und als gute Spürer geschätzt. Man glaubte sie von Hund
und Fuchs abstammend, und noch jetzt sieht man die Hunde des Ge-
birgs Taygetos mittelgroß, mit rothfalbem borstigem Haar, weiten'
Naslöchern und wildem Blicke.

V. 15. Athene ist hier unsichtbar, wie auch sonst Gottheiten,
z. B. Artemis in einem Stücke des Euripides, angenommen werden.

V. 17. Das Kriegshorn, die Trompete, soll von den
Tyrrhenern, bei den Römern Etrurier genannt, einer in uralten
Zeiten aus Griechenland nach Italien eingewanderten Völkerschaft,
erfunden worden sein, wenigstens waren die aus diesem Lande sehr
berühmt. Es gehören unter diesen Namen alle metallenen Blasein-
strumente, und durch diesen Stoff, wie durch die größere Gewalt
des Tones unterscheiden sich dieselben von der hölzernen, rohrenen
oder beinernen Flöte, worunter jede Pfeife dieser Art zu verstehen
ist (Th. 1. S. 349).

V. 19. Der Schild des Aias ist das ihn auszeichnende Waf-
fenstück, groß »wie ein Thurm«, aus sieben Stierhäuten und einer Erz-

---

V. 2. Daß πεῖρα activ zu nehmen sei, wie u. a. schon von Camerarius geschehen: hoc te video captare, ut praeripias occasionem
nocendi hostibus. und wie es auch Lessing verstanden: dem Feinde den
Vortheil abzujagen schlau bemüht, hat Hermann mit Recht durch τινὰ
begründet. Entscheidender, außer dem Sachverhalt selber, ist das Folgende.
Denn der Jäger, mit welchem Odyffeus verglichen wird, sucht dem
Wilde beizukommen, nicht sich gegen die Angriffe desselben vorzusehen.
V. 15. ἄποπτος, sonst bei Sophokles ungesehn wegen der Entfernung,
kann darum doch auch einfach unsichtbar bedeuten. Wenn man aber hier
Athene sieht, so ist nicht wohl erklärlich, weßhalb Odyffeus nur ihrer
Stimme, und wie sie ihm kenntlich sei, so umständlich in vier ganzen
Versen gedenken sollte.

platte bestehend. Er allein war dem Achilleus gerecht, da er alle fremden Rüstungen nicht anlegen konnte.

V. 26. Zu der erbeuteten Heerde des Heeres, die zu seinem Unterhalt bestimmt war, wurden auch die Pferde getrieben (144, Jl. 19, 281), welche nicht zum Kampfe dienten. Die Hirten waren beritten (228), »wie die in der Campagna di Roma.«

V. 92. Bekränzen, entweder in allgemeinem Sinne für be=

V. 135. Meernachbarlich ist Salamis, da es unfern der Attischen Küste im Meere liegt.

V. 144. Roßüppige Trift, mit üppigen Rossen (zu V. 26), also eine fette Pferdeweide.

V. 157. Goethe:
Den Reichthum muß der Neid betheuern,
Denn er kreucht nie in leere Scheuern.

V. 27. ἐκ χειρὸς, von einem bewaffneten Arme, nicht von wilden Thieren; dieß ist der Gegensatz.

V. 51. Die erste und sichere Bedeutung von δύσφορος, schwer zu tragen, ist hier sehr passend. Sie legt ihm einen Wahn auf, unter dessen Gewicht er erliegt, der ihn in's Verderben niederdrückt.

V. 52. ἀνήκεστος, unheilbar, entweder deren Wirkungen nicht mehr gut zu machen waren, heillos; oder, die nicht zu heilen war, als Folge des unheilbaren, nicht zu besänftigenden Zornes.

V. 77. Ich habe mich nach Brunck für die Unterbrechung der Rede entschieden. Wenigstens sind die beiden anderen Erklärungen wohl nicht angemessen. Denn weder daß Aias vorher ein Mensch, noch daß er vorher Derselbe wie jetzt gewesen, kann den Odysseus beruhigen, der ihn gerade fürchtet, weil er nicht Derselbe, sondern jetzt rasend ist und darum muthmaßlich noch viel stärker als zuvor. Dieß hat Welcker hinlänglich auseinandergesetzt. Die Wechselreden entsprechen sich dann so, daß die folgende immer einen in der vorhergehenden liegenden Gedanken ausspricht und beantwortet. A. Was, fürchtest du, möchte dir geschehen? War er nicht (dein Feind)? O. Mein Feind, und ist es noch. A. Willst du nicht an der Erniedrigung deines Feindes dich weiden (der jetzt wahnsinnig ist)? O. Ich verzichte auf diesen Triumph (und möchte ihm in diesem Zustande nicht begegnen). A. Den Rasenden (der nicht weiß was er thut)

B. 172. Tauropola, ein nicht sicher erklärtes, vom Stier hergenommenes Beiwort der Artemis. »In dem Namen Tauropolos liegt es, daß alles was Stiere betrifft als von dieser Göttin abhängig gedacht oder gesetzt werden kann.« Bedeutet es die Stierschlächterin, welcher viele Stiere geopfert werden, so hätte sie sich hier selbst ein Opfer veranstaltet.

B. 179. Enyalios, der Kriegerische, ein Beiname des Ares, jedoch auch anderer Personen. Die Kriegsgöttin Enyo ist die Schwester des Ares. Er hat vielleicht für seinen Beistand von Aias nicht den gebührenden Lohn erhalten. Daß Ares bei Homer auf der Seite der Troer ist, wie auch Artemis, kommt hier nicht in Betracht. Der Gott wirkt, wie B. 691, seiner Natur gemäß, ohne Rücksicht auf jenen gleichsam historischen Umstand.

B. 189. Der Sisyphossohn ist Odysseus, der nach einer nachhomerischen Sage nicht wirklich Laertes Sohn, sondern (er, der Listige) von dem Korinthischen Könige Sisyphos, dem verschlagensten aller Menschen, der selbst dem Tode sich eine Zeit lang zu entziehen wußte, erzeugt, und hierauf seine Mutter Antikleia dem Laertes übergeben worden war.

B. 201. Von Erechtheus s. Th. 1. S. 351. Erechtheiden, als Ehrenname der Athener, werden hier auch die Salaminier genannt, die freilich nicht in den Troischen, wohl aber zu Sophokles Zeiten zu Athen gehörten.

B. 234. Der Widder, welchem Aias die Zunge abschneidet, ist wohl Nestor, denn die Atreiden glaubt er, wie es scheint, schon getödtet zu haben (B. 57).

————————————————————

fürchtest du? O. Er ist furchtbarer als vorher (wenn er mich sehen sollte). X. Er soll dich nicht sehen.

B. 176. ἢ πού τινος νίκας ἀκάρπωτον χάριν ist wohl das Allgemeine, die beiden folgenden Sätze drücken das Besondere aus: Wegen eines unbelohnten Sieges, indem sie sich entweder bei den Geschenken von der Kriegsbeute, oder bei der Jagd betrogen sah; da denn auch ἢ ῥα in den Anfang der Frage kommt. Man könnte daher ἢ που lesen, als Wiederholung von ἢ ῥα; ἢ jedoch kann bleiben und steht dann dem folgenden ἢ χαλκοθώραξ εἴ τιν' Ἐνυάλιος gegenüber.

B. 207. Zu τῆς ἀμερίας ergänze man νόσου aus dem vorhergehenden νοσήσας.

In Höhlen und Felsgeklüft
Umher, dem Stier gleich.

V. 685. Zur Härtung des Eisens diente schon in den ältesten Zeiten das Löschen. Homer:

So wie ein Erzarbeiter die Holzart oder das Schlichtbeil
In abkühlendem Waffer, das lautaufbrausende, löschet,
Härtend mit Kunst, denn Dieses sodann ist die Stärke
des Eisens.

V. 663. Schon Bias, einer von den sieben Weisen, lehrte, wie Aristoteles meldet, zu lieben, als werde man haffen, und zu haffen, als werde man wieder lieben.

V. 678 f. Ueber Pan s. Thl. 1. S. 261, woselbst seines Amtes als Tanzanführer gedacht ist; gebürtig aus Arkadien, wo der Berg Kyllene (S. 262). Von dort kommt er, die Wogen durchirrend, also zur See. Nysische Tänze deuten auf Dionysos (S. 247). Knossos war eine Stadt in Kreta; dorther Dionysos Gemahlin Ariadne. Ihrer Reigen in Knossos erwähnt schon die Ilias. Man hat also hier an die heiterste Art von Tänzen zu denken.

V. 705. Der Bote, nach dem Gebrauch des Alterthums, hebt erst den günstigen Theil seiner Meldung hervor.

V. 877. Speergenommne Braut, vormals durch den Speer zur Braut gewonnen.

V. 917. Ein edler, ein aufrichtiger, tiefgefühlter Schmerz.

V. 700. Für das Wegwerfen der Worte τε καὶ φλύει spricht, außer den übrigen schon hinreichenden Gründen, auch ihr Fehlen bei Stobäus.

V. 828. πρὸς τῶν φιλτάτων ἐκγόνων ὤλετο. Daß der Fluch nicht mit auf Odysseus gehe, hat Welcker überzeugend dargethan. Auf Agamemnon aber paßt er nicht. Schneiders Annahme, daß Eurysakes unter den liebsten Kindern verstanden sei, wäre, als ein bloßer Wunsch, hier zu unbedeutend, und auch unklar ausgedrückt. Die Hermann'sche Erklärung löst die Schwierigkeit nicht; Welckers Voraussetzung einer Lücke ist zu unsicher. Ich schlage daher vor, ἐγγόνων zu lesen, das dann zunächst auf Klytaimnestra ginge, zugleich aber auch auf Orestes; indem es mit zum Fluch des Hauses gehörte, daß auch sie wieder von ihrem Sohn ermordet wurde.

V. 915. Es ist Musgraves χρυσοστόλμων angenommen und übersetzt worden.

B. 1098. Die Schützen, als leichtbewaffnet, galten weniger als das schwere Fußvolk mit voller Rüstung. Aeschylus setzt Perser und Hellenen als Bogen und Lanze gegen einander:

Thut die sehngezogne Spitze sich in ihrer Hand hervor? —
Nein; der Speer des steh'nden Kampfes, und zum Schild
ein Waffenkleid.

B. 1112. Den Hasser haßt' er, Griechische Ausdrucksweise für: der Haß war gegenseitig, ohne daß Menelaos damit eingesteht, sich zuerst als Feind erwiesen zu haben; wie es ihm in dem folgenden Verse Teukros vorwirft. Die Ungerechtigkeit des Spruchs erkennt sodann Menelaos selber an.

B. 1150 f. Abschneiden der Haare ist ein Zeichen der Trauer. Wie Flehende sonst auf einem Altar sich niedersetzen, den Zweig in den Händen (Th. 1. S. 221), so, in Ermanglung Dessen, sitzt der Knabe hier neben dem Todten, ihn anfassend, und hält das abgeschnittene Haar in den Händen.

B. 1170 f. Es ist Paris gemeint, der den Krieg veranlaßte, die Noth, welche durch Noth, durch den Raub der Helena, das Mißgeschick des Menelaischen Hauses, erzeugt wurde. In die Weite der Luft: hätten ihn doch die Winde in die weite Welt fortgeführt, wäre er in alle Lüfte zerstoben.

B. 1198. Sunion, das südliche Vorgebirg von Attika, welches man von Osten kommend umschifft, um nach Athen zu fahren. Es ist der Endpunkt der beiden Bergreihen, welche dem Meere entlang die Attische Halbinsel bilden, und ihre Ebene einschließen. Aus weißem Kalkfelsen bestehend, wird es von Weitem her aus dem Meere gesehen, und von seiner Spitze, wo ein Tempel stand, erblickt man die umherliegenden Inseln des Archipelagus.

B. 1238. Der Sclave wurde vor Gericht von seinem Herrn vertreten, der Fremde von einem Bürger.

B. 1032. Menelaos übertreibt im Zorn und Uebermuth, als wenn sie jetzt zum erstenmal Gelegenheit gehabt hätten, die Gesinnung des Aias zu prüfen und kennen zu lernen; denn nicht seiner bisherigen Dienste, sondern nur des Vertrauens, mit dem sie ihn von Hause mitgeführt, gedenkt er. So hat das ζητοῦντες nichts Anstößiges, das man sonst auch mit Schneider insbesondere auf die Untersuchung beziehen kann, welche die Feldherrn über den Mord der Heerden anstellten.

B. 1261 f. Als Hektor den Tapfersten von den Achaiern zum Zweikampf herausforderte, schwiegen erst Alle, so furchtbar war auch für den Stärksten dieser Gegner, bis sich dann, nach Nestors Rede, neun Helden zugleich erhoben, unter welchen das Loos für Aias entschied, den auch das Heer gewünscht hatte, und der den Kampf mit Freuden annahm und ruhmvoll bestand. — »Die Loose waren, wie es scheint, von an der Sonne getrockneter Erde, mit dem Namen des Einwerfenden bezeichnet. Je trockner nun ein Loos war, desto eher mußte es bei dem Schwingen des Helms herausfliegen, dahingegen das Anfeuchten des Looses ein Mittel war, daß es sitzen blieb.«

B. 1270 f. Pelops (Th. 1. S. 299. 346) war ein Sohn des Tantalos, Königs in Phrygien oder Lydien, und Bruder der Niobe. In seinem Geschlechte verbrechen erblich bis auf Orestes, worüber zur Elektra. Zu diesen Schmach- und Missethaten gehörte auch die Buhlschaft der Aerope, Tochter des Katreus, des Sohnes Minos, Königs in Kreta, mit einem Knechte, weßhalb sie ihr Vater dem Nauplios zum Ersäufen übergab; eine im Orient noch jetzt gebräuchliche Strafe. Nauplios aber gab sie dem Atreus, und sie wurde die Mutter des Agamemnon und Menelaos. Die Kreter waren verachtet und übel berüchtigt; stets Lügner, böse Thiere, faule Bäuche, nach ihres eigenen Dichters Zeugniß.

Philoktetes.

„Mir dünkt hier Nichts der Verwundrung werth.
Denn göttlich, dafern Einsicht auch wir,
Kam über den Mann, was dorten ihm schon
Durch Chryse's Sinn, den ergrimmten, geschah;
Und auch, was jetzt hülfmangelnd er trägt,
Ist ohne den Rath der Unsterblichen nicht,
Daß früher er nicht auf Troia gespannt
Der Unsterblichen nicht zu bekämpfend Geschoß,
Eh nahte die Zeit, wo, sagen sie, nun
  Ihr der Fall durch jenes verhängt ist."

Der Dulder.

Als Heräkles nach seinem Willen auf den Holzstoß gelegt war, zündete Philoktetes, der Sohn des Poias, eines benachbarten Königs, ihn an, und empfing zum Lohne für diesen Freundesdienst, dessen sich Hyllos als Sohn geweigert hatte, den Bogen des Sterbenden mit den nie fehlenden Pfeilen. Hiermit bewaffnet und gefolgt von einem Kriegs=

lb wurde seines göttlichen B
Ueberfahrt an der kleinen

der Nymphe gleiches Namens, und wurde von der Wächterin des Geheges, einer Schlange, in den Fuß gebissen. Die Beschwerde seiner Gesellschaft fortan bei dem Heere, da er, unheilbar verwundet, Alles um sich her mit dem ekelvollen Geruch seines fressenden Schadens erfüllte, und bei den Opfern durch sein Geschrei die heilige Stille unterbrach, vermochte die beiden Heerführer Agamemnon und Menelaos, den Kranken durch Odysseus an einem öden Küstenvorsprunge der Insel Lemnos, unfern dem Ei= land Chryse, schlafend auszusetzen, sein Heergefolge aber führ= ten sie mit nach Troia. Und dort nun, in einer Höhle woh= nend, schmachtete der Arme, von wüthenden Schmerzen ge= quält, kümmerlich genährt durch sein Geschoß, und von eben demselben gegen den Angriff wilder Thiere geschützt, die langen zehn Jahre hindurch, daß Troia belagert wurde; bis end=

lich, gegen den Ablauf der Zeit, welche Zeus zuvor versehen hatte, seine Erlösung kam. Wie nämlich schon einmal die gewaltige Stadt nur von Herakles hatte bezwungen werden können, so sollte sie auch jetzt nur durch dessen Geschosse fallen, und mußten diese darum sammt ihrem Besitzer vor jener Frist von Troia ferne gehalten werden. Jetzt aber war sie erschienen, als nach Hektors Fall auch sein Besieger Achilleus durch des Paris Pfeil gesunken war, und nun Paris selber, der Ursacher des Krieges, von Philoktetes Geschossen fallen sollte; denn eher konnten sie Troia nicht nehmen. Diesen Rathschluß der Götter hatte ihnen der gefangene Troische Seher Helenos, ein Sohn des Priamos, also Paris Bruder, offenbart, und eben so mußten sie, daß auch Neoptolemos, Achilleus Sohn, zur Eroberung unentbehrlich war. Daher war erst Dieser von der Insel Skyros, wo ihn seiner Mutter Vater Lykomedes erzogen hatte, nach Troia gerufen worden, und ihm sodann nebst Odysseus wurde aufgetragen, auch den Philoktetes mit seinem Bogen dahin zu holen. Mit dieser Sendung sind sie an der öden Küste gelandet und eben vor Philoktetes Höhle angekommen.

Personen.

Odysseus.

Neoptolemos.

Chor von Kriegern des Neoptolemos.

Philoktetes.

Ein Kaufmann.

Herakles.

Scene: Freier Platz auf einem Vorgebirg der Insel Lemnos. Der Felsen mit der Höhle des Philoktetes aufwärts sichtbar. Aussicht auf Meer und felsiges Ufer.

Odysseus.   Neoptolemos.
Odysseus.

Dieß ist das Ufer an dem ringsumflossenen
Land Lemnos, unbetreten und bewohnerlos,
Wo einst, o Zweig des Besten im Hellenenheer,
Achilleus Sohn, Neoptolemos, den Melier,
Den Sohn des Poias, an das Land ich ausgesetzt,
Dazu geordnet durch der Oberherrn Gebot,
Dem von der Krankheit triefte sein zerfreſſner Fuß.
Denn weder Weihguß konnten wir noch Opferung
In Ruhe mehr berühren, so mit wildem Ruf
Unheil'ger Töne füllte stets das ganze Heer
Sein Schrei'n und Aechzen. — Doch wie darf ich Dessen jetzt
Gedenken? Langer Reden ist nicht Raum für uns,
Soll nicht er wahr mich nehmen, und zerrinnen ganz
Die List, womit ich eben ihn zu fahn ersann.
Doch nun die That ist dein hinfort, zu helfen und
Zu spähen, wo hier doppelmündig ist ein Fels,
So, daß in Frostes Tagen er am Sonnenstrahl
Zwiefachen Sitz gewähret, und der Sommerhauch
Die ringsburchbrochne Grott' entlang den Schlummer trägt.
Und niederwärts ein wenig von der Linken wirst
Du einen Quelltrank finden, ist er nicht versiegt.
Dieß deute still hinschreitend mir, ob so es sich
An diesen Orten findet, ob wo sonst es sei;
Damit das Ende meines Worts du hörest noch,
Und ich es sage. Dann von Beiden geh' es aus.
1 — 25.

Neoptolemos. (Geht nach dem Hintergrunde.)

O Fürst Odysseus, nah ist, was du sagst, gethan;
Denn eine Höhle, wie du sprachst, dünkt mich zu sehn.

Odysseus.

Von oben oder unten? Ich erkenn' es nicht.

Neoptolemos

Hier, da hinaufwärts, und von Tritten kein Geräusch.

Odysseus.

Sieh, daß zum Schlaf er nieder nicht gelagert sei.

Neoptolemos. (Weiter vorgehend.)

Ich sehe leere Wohnung ohne Menschen hier.

Odysseus.

Und ist von Hausbereitung kein Bedarf darin?

Neoptolemos.

Gedrückte Blätter, wie zur Lagerstatt gemacht.

Odysseus.

Sonst Alles einsam, und es schließt Nichts ein das Haus?

Neoptolemos.

Ein eitel hölzern Trinkgefäß, Kunstbildungen
Von schwachem Meister, und ein Zündgeräthe noch.

Odysseus.

Ja, seinen Vorrath hast du da mir aufgezählt.

Neoptolemos.

Ah, ah! und dorten weiter werden Lumpen noch
Gesonnt, von Spuren schwerer Krankheitspflege voll.

Odysseus.

Der Mann bewohnet diesen Ort unzweifelhaft,
Und ist nicht fern wohl. Wie erkrankt am Fuße doch
Von altem Schaden sollt' er weit von hinnen gehn?
Nein auf den Weg der Speise ging vielleicht er aus,
Vielleicht ein schmerzenstillend Kraut ersah er wo.
Drum sende diesen Nächsten hier auf Spähung aus
Vor unverseh'nem Ueberfall; denn lieber wohl
Zu fassen mich erwählt' er, als das ganze Heer.

28.—47.

Neoptolemos.

Nun wohl, er geht, und bis Pfade sind bewacht.

(Ein Diener geht ab.)

Du, was du foderst, sag' in zweitem Wort mir an.

Odysseus.

Du, Sohn Achilleus, mußt, wozu hieher du kamst,
Dich tüchtig zeigen, nicht allein dem Leibe nach,
Nein wenn du Neues, was zuvor du nicht gehört,
Vernimst, mir helfen, denn zum Helfer bist du hier.

Neoptolemos.

Und was gebeutst du?

Odysseus.

Des Philoktetes Seele jetzt
Bedarf es daß du täuschest durch der Rede Wort.
Sobald er fraget, wer du und von wann erscheinst,
So sprich: Achilleus Sohn. In Diesem täusche nicht.
Du segelst heimwärts, lassend dort der Danaer
Gelagert Schiffsheer, mit gewalt'gem Zorn erzürnt,
Die bittend dich beschickten, daß von Haus du kamst,
Nur so vermögend Ilions Bewältigung,
Und doch Achilleus Waffen dann zu geben dir
Verschmähten, die du kommend als dein Recht begehrt,
Vielmehr Odysseus sie verliehn. Und sage da
Von mir nach Lust das Höchste jeder höchsten Schmach.
Denn nicht mit Diesem kränkst du mich; doch wenn du nicht
Dieß thust, so legst du Trauer auf dem ganzen Heer.
Denn wenn des Mannes Bogen nicht genommen wird,
Ist nicht zerstörbar dir die Flur des Dardanos.
Und daß für mich nicht, aber dich, der Rede Tausch
Mit ihm verdachtlos ist und sicher, höre noch.
Du bist gesegelt, nicht an wen durch Eid geknüpft,
Noch auch mit Zwange, noch im Zug der ersten Fahrt;
Ich kann von Allem diesem Nichts verneinen ihm.
Drum wenn er, seines Bogens Herr, mich inne wird,

49: — 76.

Bin ich verloren, und verderbe dich zugleich.
Doch' Dieses eben muß ersonnen sein, wodurch
Ihm du entwendest seine niebesiegte Wehr.
Wohl weiß ich, schon dein Wesen ist geschaffen nicht
Zu solchen Reden und zu kunstgewebtem Trug;
Doch ist es lockend, im Besitz des Siegs zu sein,
So wag' es. Redlich wieder dann erscheinen wir.
Jetzt eines Tages kleinen Theil gib mir dich hin
Zu dreister Lüge; dann hinfort die Folgezeit
Soll frömmster aller Menschen stets dein Name sein.

Neoptolemos.

Die Worte, die ich nur mit Schmerz vernehmen kann,
O Sohn Laertes, diese hass' ich auch zu thun.
Denn nicht geschaffen bin ich für des Truges Kunst,
Nicht selber, noch auch, sagen sie, der mich gezeugt.
Doch bin bereit ich, mit Gewalt ihn wegzuziehn,
Und nicht mit Truge. Wird er doch auf Einem Fuß
Nicht uns, so Viele, mit Gewalt im Kampf bestehn.
Dir zwar gesandt zum Helfer, ist Verräther mir
Zu heißen bange; doch ich will mit edlem Thun,
O König, fehl gehn lieber, als unwürd'gen Sieg.

Odysseus.

Sohn edles Vaters, mir auch war als Jüngling einst
Die Zunge thatlos, und der Arm zur That bereit.
Doch zur Erfahrung nun gelangt, sehn wir, es ist
Die Zung' auf Erden, nicht die That, die Alles lenkt.

Neoptolemos.

Was nun gebeutst du Andres als zu lügen mir?

Odysseus.

Ich heiße dich mit Truge den Philoktetes fahn.

Neoptolemos.

Warum mit Trug ihn, und mit Ueberredung nicht?

Odysseus.

Die Rede frommt nicht, und der Zwang erreicht ihn nicht.

76 — 103.

Neoptolemos.

Hat Er so mächt'ge Zuversicht auf seine Kraft?

Odysseus.

Fehllose Pfeile, sendend aus den sichern Tod.

Neoptolemos.

So ist ihm auch zu nahen nicht mit Zuversicht?

Odysseus.

Nicht, wer mit List ihn nicht ergreift, ich sagt' es dir.

Neoptolemos.

Und schmählich also achtest du die Lüge nicht?

Odysseus.

Nicht, wenn gerettet uns zu sehn die Lüge bringt.

Neoptolemos.

Mit welchem Antlitz waget man ein solches Wort?

Odysseus.

Geht auf Gewinn dein Thun, so ziemt das Zagen nicht.

Neoptolemos.

Was ist's Gewinn mir, ziehet Er in's Troerland?

Odysseus.

Nur dieser Bogen nimt allein die Troerstadt.

Neoptolemos.

Ich also nicht zerstöre sie, wie ihr verhießt?

Odysseus.

Du weder ohne jenen, noch er ohne dich.

Neoptolemos.

So muß erjagt er werden, wenn ihm also ist.

Odysseus.

Und Dieß erfüllend, trägst du Gaben zwei davon.

Neoptolemos.

Und welche? Sag' es, und ich weigre nicht die That.

Odysseus.

Ein Klug' und Tapfrer würdest du zugleich genannt.

Neoptolemos.

Es sei, ich thu' es, alle Scham liegt hinter mir.

104 — 120.

Odysseus.

Gedenkst du Dessen, was ich dir zu thun befahl?

Neoptolemos.

Bezweifle nicht es, da ich Einmal zugesagt.

Odysseus.

So harre du denn bleibend und empfang' ihn hier;
Ich gehe, daß ich nahe nicht gesehen sei,

Und wieder, wenn mir dünket, daß ihr vo
Hier müßig zubringt, werd' ich dann hieher zurück

Verfälscht das Ansehn, daß er unerkennbar sei.
Wenn Dieser künstlich dann, o Sohn, die Rede flicht,
So nimm das Förderliche stets aus seinem Wort.
Ich, bin zum Schiffe gehend, überlaß' es dir.
Der Leiter Hermes führ' uns trüglich an, und sie,
Athene Nike Polios, die mich stets bewahrt.

(Ab mit dem Diener. Der Chor tritt auf.)

Neoptolemos.   **Chor.**

Chor.

Strophe 1.

Was soll, was soll ich, Herrscher, fremd im fremden Land,
   Entziehn oder gestehn dem Mann voll Argwohn?
      Sag es mir. Denn Weisheit
       Ragt anderer Weisheit vor,
   Und Rath, wo das Geschenk der Götter,
   Des Zeus Zepter gelenket wird.
   Dir aber ward sie, die ganze Macht
   Grauester Zeiten, o Sohn; so gebiete mir,
      Worin ich soll dir beistehn.

Neoptolemos.

Nun, da du den Ort an der Gränze dir wohl
Zu beschauen begehrst, der ihn beherbergt,

121 — 145.

Sieh furchtlos hin. Doch der schreckliche wenn
Er der Wandeler kommt aus diesem Gemach;
Zu der Rechten mir dann stets tretend heran,
Sei zeitigem Dienste gewärtig.

Chor.

Antistrophe 1.

Der längst gesorgten Sorge mahnst du mich, o Fürst,
Daß erst wache der Blick für deinen Vortheil.
Sage nun die Kluft mir,
Worinnen er heimisch wohnt,
Und welch einem Gebiet. Es ist Dieß
Nicht unzeitig zu wissen mir,
Daß nicht er treffe mich unvermerkt,
Welches die Stätte, der Sitz ihm, der Pfad ihm ist,
Im Innern oder draußen.

Neoptolemos.

Hier schauest du sein zweithüriges Haus
Felsiger Ruhstatt.

Chor.

Wo also ist Er der Beladene selbst?

Neoptolemos.

Mir scheint es gewiß, nach der Speiße Bedarf
Zieht er die Spur hier nicht ferne wohin.
Denn solchergestalt ist der Ruf, daß hier
Sein Leben er führt, hinstreckend das Wild
Mit gefiedertem Pfeil, mühselig bemüht,
Und Niemand ihm
Als Heiler der Leiden heranlenkt.

Chor.

Strophe 2.

O wie jammert mich sein, der so,
Nicht von menschlicher Hand gepflegt,
Nicht in heimischer Augen Hut,

146 — 171.

Elend immer und einsam,
Trägt feindseliger Krankheit Qual,
Und ob jeder erneuten Noth
Rathlos blicket umher. Wie nur, o wie
Trägt der Unsel'ge Dieß?
Ringende Menschen ach!
O der Sterblichen arm Geschlecht,
Dem nicht milde das Loos fiel!

Antistrophe 2.

Er, der wahrlich an Ahnenruhm
Auch nicht Einem von Allen weicht,
Liegt hier, jegliches Guts beraubt,
Einsam, ferne den Andern,
Bei buntfleckigen, bei des Walds
Zott'gen Thieren, von Schmerz zugleich
Und von Hunger und nie heilender Angst-
Sorge gequält, und schwer
Von dem geschwätz'gen Mund
Des weitdringenden Widerhalls
Bittrer Klagen umlagert.

Neoptolemos.

Mir dünkt hier Nichts der Verwundrung werth.
Denn göttlich, dafern Einsicht auch mir,
Kam über den Mann, was dorten ihm schon
Durch Chryse's Sinn, den ergrimmten, geschah;
Und auch, was jetzt hülfmangelnd er trägt,
Ist ohne den Rath der Unsterblichen nicht,
Daß früher er nicht auf Troia gespannt
Der Unsterblichen nicht zu bekämpfend Geschoß,
Eh nahte die Zeit, wo, sagen sie, nun
Ihr der Fall durch jenes verhängt ist.

Strophe 3.
Chor.

Schweige, Sohn!

Neoptolemos.
Was ist es?
Chor.

Menschenlaut erscholl,
Wie einheimisch der Brust eines Gequälten,
Dorther kommend, oder von dort.
Mir trifft, trifft deutlicher Laut mein Ohr
Eines mühsam bewegten
Fußtrittes, und es entgeht mir
Das tiefe Rufen der Qual nicht
Von fernher. Es erschallet deutlich schon.

Antistrophe 3.
Chor.

Nimm, o Sohn —

Neoptolemos.
Sag an mir.
Chor.

Nun auf's neu Bedacht;
Denn nicht draußen, am Ort hier ist der Mann schon;
Führend nicht Schalmeiengesang,
Wie feldburchweidend ein Hirt; wohl an
Stieß er wo, und es zwang ihm
Den weithintönenden Schrei ab;
Sah auch unwirthbar gelandet
Das Schiff wohl; denn gewaltig ist sein Ruf.

Philoktetes.   Vorige.
Philoktetes.

O Fremdlinge,
Wer seid ihr, die ihr diesem Land den Ruderschlag
Zuwandtet, wo nicht Hafen noch Bewohner sind?
Von welcher Heimath, welchem Stamm wohl werd' ich euch
Mit Recht benamen? Zwar es ist Hellenischen
Gewandes Anblick, vielgeliebtest mir, zu sehn,

201 — 222.

Doch Rede laßt mich hören. Und mit Bangen nicht,
Euch fürchtend, steht betroffen vor dem Verwilderten;
Nein habt Erbarmen mit dem Mann, der jammervoll
Verlassen, einsam, freundelos euch rufet an,
Und redet, wenn ihr Freunden gleich gekommen seid. —
So gebet Antwort! Diese doch darf mir ja nicht
Von euch geweigert werden, noch auch euch von mir.

Neoptolemos.

Wohlan, o Frembling, wisse Dieses denn zuerst:
Wir sind Hellenen. Dieses willst du hören doch.

Philoktetes.

O vielgeliebte Rede! — Ach gegrüßet noch
Von solchem Mann zu werden nach so langer Zeit! —
Was trieb, o Jüngling, welch Geschäfte führte dich,
Welch Unternehmen, welcher holde Wind hieher?
Sag an mir Alles, daß ich wisse, wer du bist.

Neoptolemos.

Ich bin von Abkunft aus dem meerumflossenen
Land Skyros; segle jetzt nach Haus; und nenne mich
Achilleus Sohn, Neoptolemos. Du weißt es nun,

Philoktetes.

O Sohn des theuern Vaters, o aus theurem Land,
O Pflegekind des greisen Lykomedes, sprich,
Wie trieb die Fahrt dich hier an's Land? Von wo entschifft?

Neoptolemos.

Von Ilion jetzt eben bin ich auf der Fahrt.

Philoktetes.

Wie sagst du? Gingest du ja doch noch nicht mit uns
Zu Schiff im Anfang, bei der Fahrt nach Ilion.

Neoptolemos.

Neoptolemos.

Wie soll' ich wiſſen, den ich nie zuvor erblickt?

Philoktetes.

Auch nicht den Namen, kein Gerücht bernahmeſt du
Von meinem Elend, dem ich hier erliegen muß?

Neoptolemos.

Daß Nichts ich wollte, zweifle nicht, wornach du fragſt.

Philoktetes.

O ich beladner, o ich gottgehaßter Mann,
Daß auch die Kunde meiner Noth nach Hauſe nicht,
Noch wo in Hellas irgendhin gedrungen iſt!
Nein die hinaus mich ſtießen ſo gewiſſenlos,
Frohlocken ſtilleſchweigend, doch mein Leiden iſt
In vollem Wachsthum, und gewinnt ſtets neue Kraft. —
O Sohn, o Jüngling, dem Achilleus Vater iſt,
In mir erblickſt du Jenen, den du hörteſt wohl,
Daß Er der Waffen Herakles Gebieter ſei,
Den Sohn des Poias, Philoktetes, den die zween
Feldherrn der Heerfahrt und der Kephallenen Fürſt
Verſtießen ſchmachvoll, einſam hier, von wüthender
Krankheit verzehret, ſeit der menſchenmordenden
Giftnatter wüthig eingegrabner Biß mich traf.
Mit ihr, o Jüngling, ſetzten ſie alhier mich aus,
Einſam, und gingen, als von Chryſe's Inſel ſie
Hier angefahren mit dem eingeſchifften Zug.
Da, als ſie froh vom langen Waſſerſchwall mich ſahn
Am Strand entſchlafen unter dachgewölbtem Fels,
Verließen ſie mich ſiehe   leich
Hinwerfend arme Lumpen,   noch

Und nun, o Jüngling, welch Erwachen dünkt es dir,

Schlaf erhub?

ng jammerte;

Als ich die Schiffe, die ich ſelbſt im Zug beſaß,
248 — 277.

All sah verschwunden, keinen Menschen mehr mir nah,
Zur Hülfe Niemand, Keinen, von der Krankheit mich
Ermattet aufzurichten. Alles spähend aus,
Entdeckt' ich anders Nichts umher, als bittern Gram,
Doch dessen allen Ueberfluß, o lieber Sohn. —
Es ging die Zeit nun eine nach der andern hin,
Und unter niederm Dache mußt' ich einsam hier
Mich selbst bedienen. Hülfe vor dem Hunger zwar

Nun
Im l
Die, wenn sie
Mitleidig zwar
Ein Theil mir aus Er   ein K
Doch Deß ist Keiner, denk' ich je daran, bereit
Mich heim zu retten. Jammervoll verderb' ich hier
Nun schon in dieses zehnte Jahr durch Hunger und
Elend, und nähre dieser Krankheit ew'ge Gier.

278 — 311.

So von den Atreiden und des Laertessohns Gewalt,
O Sohn, geschah mir, und Vergeltung treffe sie
Selbst von Olympos Göttern einst für meine Noth.

Chor.

Du siehest mich auch, gleich den hier gelandeten
Fremdlingen, mitleidvoll mit dir, o Pöas Sohn.

Neoptolemos.

Und ich, ein Zeuge selber auch in diesem Wort,
Weiß, wie es wahr ist, der ich böse selbst erfand
Die zween Atreiden, und des Laertessohns Gewalt.

Philoktetes.

So hegest du auch diesen allverderblichen
Atreiden Klage, durch Beleidigung erzürnt?

Neoptolemos.

Wär's nur den Zorn zu sätt'gen meinem Arm vergönnt,
Damit Mykene möcht' ersehn und Sparta, daß
Auch Skyros eine Mutter starker Männer sei.

Philoktetes.

Nun wohl, o Sohn. Und welches ist der schwere Groll,
Mit dessen Klage du hieher gekommen bist?

Neoptolemos.

O Pöas Sohn, ich sag' es, doch ich sag' es kaum,
Mit welcher Unbill dorten ich empfangen ward. —
Nachdem das Schicksal wollte, daß Achilleus starb —

Philoktetes.

O weh mir! Sprich nicht weiter, bis vernommen ich
Zuerst, ob Peleus edler Zweig gestorben ist.

Neoptolemos.

Gestorben, nicht von Menschen, nein von Götterhand,
Erschossen, wie sie sagen, durch des Phoibos Macht.

Philoktetes.

So war's ein Edler, welcher schlug, und welcher fiel.
Doch steh' ich zweifelnd, ob ich deine Kränkung erst,
O Sohn, erfragen, oder Ihn beweinen soll.

312 — 336.

Neoptolemos.

Mir dünkt, genug schon sei es dir am eignen Leib,
O Armer, daß du fremdes nicht beweinen darfst.

Philoktetes.

Du redest Wahrheit. Darum denn so sage mir
Noch einmal deine Klage, wie sie dich verhöhnt.

Neoptolemos.

Mit buntgeziertem Schiffe kam der göttliche
Odysseus und der Pfleger meines Vaters an,
Und sagten, ob wahrhaftig, ob erdichtet nun,
Es sei, nachdem mein Vater ward hinweggerafft,
Die hohe Burg zu nehmen mir allein vergönnt.
Mit dieser Meldung hielten sie nicht lange mich
Zurück, o Freudblutig, daß ich schnell zu Schiffe ging.
Vornehmlich aus Verlangen nach dem Gestorbenen,
Zu schau'n ihn unbestattet; denn ich sah ihn nie;
Dann aber trat noch dieses Wort des Ruhms hinzu,
Wenn ich, gekommen, nähme Troia's hohe Burg.
Es war der andre Tag nunmehr auf meiner Fahrt,
Und ich mit günst'gem Ruder legt' am traurigen
Sigeion an. Und gleich umringt das ganze Heer
Den Ausgestiegnen grüßend, und ein Jeder schwört,
Achilleus, der gestorben, neu belebt zu sehn.
Der lag nun dort darnieder. Doch ich Armer, als
Ich ihn beweinet, ging darnach nicht lange Zeit
Zu Atreus Söhnen, Freunden, wie es billig war,
Des Vaters Waffen fordernd, und was sonst ihm war.
Sie aber, weh mit mir! sprachen unglösel'ges Wort:
O Sohn Achilleus, alles Andre magst du frei
Vom Vater nehmen, doch der Waffenrüstung hat
Ein andrer Mann nun Macht, der Zweig des Laertes.
Und ich mit Thränen alsobald erhebe mich
In schwerem Zornmuth, und erwidre schmerzbewegt:
Vermessner, wie, ihr wagtet, einem Andern

Zu geben meine Waffen, eh ihr mich gefragt?

Da sprach Odysseus, denn er war uns eben nah

Ja, Knabe, Diese gaben sie nach Recht hinweg

Denn ich errettet' ihn und sie, zugegen dort.

Und ich, erbittert, geißte gleich zur Stelle sie

Mit jeder Schmähung, keine lassend ungesagt

Wenn Jener meine Waffen sollt' entreißen mir.

Und dahin kam er, daß er, sonst nicht leicht erzürnt,

Von meinem Wort verwundet, so erwiderte:

Nicht warst du bei uns, fehltest, wo du nicht gesollt.

Und diese, nun du redest noch mit keckem Mund,

Sie nimst du nie nach Skyros mit zu Schiff hinweg.

Mit dieser Weisung, und geschmäht auf's übelste,

Nach Hause schiff' ich, meines Eigenthums beraubt,

Vom Ärgsten aus der Argen-Blut, dem Ithaker.

Ihn aber klag' ich minder als die Obern an.

Denn eine Stadt ist gänzlich doch der Führenden,

Und ganz ein Kriegsheer; und das ordnungslose Volk

Wird durch der Meister Unterricht ruchlos gemacht.

Das Wort ist ganz gesagt. Der Atreiden Feind

Er soll den Göttern so wie mir willkommen sein.

Chor.

Strophe.

Berggöttin, Erd', Allnährerin, Mutter selbst auch des Zeus,

Die bei des Gold-Paktolos großem Strom du wohnst,

Dir rief, Mutter, ich, dort, o Erhabne, schon,

Als Ihn aller Hochmuth vom Stamm traf des Atreus,

Als sie des Vaters Waffen ihm hinweggeschenkt, —

O Sel'ge, die auf Stiertödtern du,

Dem Leu'nauge sitzst! — dem Laertessohn

Hoch! zur Verherrlichung

Philoktetes.

Ersehend, wie ihr mit des Verdrusses deutlichen

Wahrzeichen, Freunde, zu mir hergesegelt seid,

192 — 208.

Und wie ihr mit mir stimmet ein, erkenn' ich, daß
Euch von den Atriden und Odysseus so geschehn.
Denn Diesen weiß ich, wie er jedem argen Wort
Mit seinem Mund sich leihet, und dem Frevelmuth,
Der Nichts zu edlem Ziele je ihn wirken läßt.
Nicht Dieses ist Verwunderung mir, wohl aber, daß
Der große Aias ruhig Dieß geschehen sah.

Neoptolemos.

Er lebte nicht mehr, Fremdling; denn wohl nimmermehr
Bei seinem Leben hätte man mich so beraubt.

Philoktetes.

Wie sagst du? So ist Dieser auch vom Tod entrafft?

Neoptolemos.

Ihn denke nicht hier oben in dem Lichte mehr.

Philoktetes.

O weh mir Armen! Aber Sie, des Tydeus Sohn,
Und den Laertes sich erkauft von Sisyphos,
Sind nicht gestorben. Diese durften leben nicht.

Neoptolemos.

Nicht also; wisse Dieses; nein nur höher noch
Blüht dort ihr Ansehn jetzo im Argeierheer.

Philoktetes.

Doch wie? Der Alte, Gute, mein geliebter Freund,
Der Pylier Nestor, lebt er? Dieser wehrete
Doch ihren Uebelthaten sonst durch weisen Rath.

Neoptolemos.

Doch Der ist schwer jetzt heimgesucht, nachdem der Tod
Antilochos ihm raubte, der ein Sohn ihm war.

Philoktetes.

Weh mir, von Zweien gleich Hartes sagst du, über die
Ich wohl am letzten gern gehört die Todespost!
Ha, was ist noch des Glückes werth, wenn Diese nun
Todt sind, Odysseus aber lebt noch dort, also
Er statt der Andern todt gezählet sein!

560 — 445.

Neoptolemos.

Er ist ein kluger Ringer, doch auch kluger Sinn,
O Philoktetes, wird in Schlingen oft verstrickt.

Philoktetes.

Auf, sage, bei den Göttern, wo war dazumal
Patroklos, deines Vaters Vielgeliebtester?

Neoptolemos.

Gestorben war auch Er. In kurzem Worte laß
Dir Dieses sagen: Nie mit Vorsatz räumt der Krieg
Hinweg den Schurken, aber stets die Tüchtigen.

Philoktetes.

Ich selbst bezeug' es, und ich will darum gerad
Nach einem Manne fragen, ganz nichtswürdig sonst,
Jedoch von Zunge kühn und schlau, wie's ihm ergeht.

Neoptolemos.

Wer, als Odysseus, wäre dieß, nach dem du fragst?

Philoktetes.

Nicht Diesen mein' ich; aber ein Thersites war,
Der nicht erkor, nur Einmal da zu sprechen, wo
Niemand es gutbieß. Weißt du Diesen, ob er lebt?

Neoptolemos.

Ich sahe nicht ihn, doch ich hört', er lebe noch.

Philoktetes.

Er mußte, da nichts Böses noch zu Grunde ging;
Nein dessen trefflich pflegen sie, die Unsterblichen,
Und, scheint es, was verschlagen ist und ränkevoll,
Das wenden gern vom Hades sie zurück, jedoch
Gerecht' und Edles senden allzeit sie hinab,
Wo soll ich Dieß hinsetzen, wo Dieß loben, wenn
Die Götter lobend, arg ich muß die Götter sehn?

Neoptolemos.

Ich, o Geschlecht des Vaters an dem Oita, will
Hinfort in Zukunft ferne stets die Troerstadt
Und Atreus Söhne mir zu sehn, beflissen sein,

426 — 449.

Da wo der Schlechtre höher als der Tapfre gilt,
Was edel ist, verschwindet, und der Feige herrscht,
Mit solchen Männern werd' ich nie befreundet sein.
Nein meine felf'ge Skyros soll hinfüro mir
Allein genug sein, mich des Heimathlands zu freu'n.
Jetzt geh' ich hin zum Schiff. Und du, o Pöas Sohn,
Leb wohl auf's Beste, lebe wohl; und mög' ein Gott
Dir aus der Krankheit helfen, wie du selbst begehrst.
Wir wollen gehen, daß wir, wenn ein Gott uns will
Die Fahrt gewähren, dann sobald von dannen ziehn.

Philoktetes.

Mein Sohn, ihr wollt schon reisen?

Neoptolemos.

                Ja die Stunde ruft,
Nicht aus der Ferne, sondern nah, der Fahrt zu späh'n.

Philoktetes.

Nun bei dem Vater, bei der Mutter nun, o Sohn,
Bei Allem, was zu Hause noch dir theuer ist,
Bitt' ich dich flehend, o verlaß mich nicht, allein,
Einsam in diesen Leiden all; wie hier du siehst,
Und wie du hörtest, daß sie mir Gefährten sind.
Als Nebenlast nur nimm mich. Zwar des Ungemachs,
Ich weiß es, wird nicht wenig sein bei dieser Fracht;
Gleichwohl erträg' es. Ist den Hochgesinnten doch
Verhaßt die Schmach nur, und der Edelmuth ihr Ruhm.
Dir wird, o Sohn, die Weigerung nicht schöner Ruf,
Gewährung aber höchster Preis des Ruhmes sein,
Wenn ich lebendig kehre zum Oitaierland.
Auf! Keines ganzen Tages ist fürwahr die Last.
So wag' es; wirf mich auf der Fahrt, wohin du willst,
Zum Steuer, Vorschiff, in den Raum, wo irgend euch
Am mindsten meine Gegenwart beschweren wird.
Erhör', o Sohn, mich, bei dem Zeus der Flehenden,
Sprich ja. Zu Füßen fall' ich dir, sowie ich bin,

450 — 470.

Elend, gelähmt, entkräftet; nur verlaß mich nicht,
Hier in der Wüste, ferne von der Menschen Tritt.
Zu deiner Heimath führe nur mich rettend mit,
Nur an Chalkodons Rheden im Euboierland;
Von dorten ist zum Oita mir nicht weite Fahrt,
Und zum Trachiner Rücken, und dem schönen Strom
Spercheios übrig, wo dem lieben Vater du
Mich bringst, um den ich lange schon in Sorgen bin,
Daß er hinwegschied. Oft ja durch Gelandete
Entsandt' ich Botschaft flehentlicher Bitten ihm,
Mit eigner Fahrt geleitend heim zu retten mich.
Nun aber starb er, oder die ich hingesandt,
So muß ich denken, hielten meine Wünsche wohl
Gering, und trieben ihres Wegs nach Hause fort.
Doch nun zu dir dem Führer und dem Boten selbst
Komm' ich, so rette, so erbarm dich mein, und sieh,
Wie Alles drohend, voll Gefahr, die Sterblichen
Umgibt, Genuß des Glückes, und des Glücks Verlust.
Der Leidenfreie sehe Das, was ihn bedroht,
Und wem es wohlgeht, Dieser schau' auf sein Geschick
Am meisten, eh ihm unvermerkt das Uebel naht.

Chor.
Antistrophe.

Erbarm dich, Herr! Vielfacher Noth Kämpfe schwer sagt er er,
Wie meiner Freunde keiner je erfahren soll.
Wenn du den Feinden denn, den Feldherrn, biß gram,
So möcht' Ich, das Unrecht der Zween ihm verwandelnd
Nun in Gewinn, wohin er zu gelangen wünscht,
　　Auf wohlbemanntem Fahrzeug behend
Zur Heimath ihn fördern, und dem Rachezorn
　　Der Gottheit entfliehn.

Neoptolemos.

Sieh, daß du jetzt nicht allzuleicht willfährig biß,
Doch bei der Krankheit Nähe dann, im Ueberdruß,
Dich anders zeigest, als du jetzt verheißen hast.
480 — 511.

und . . . . . **Chor.**

Mit nichten. Niemals wird es sein, daß gegen mich
Du diesen Vorwurf je mit Recht erheben wirst.

Neoptolemos.

So wär' es schimpflich, sollt' ich karger nun als du
Dem Fremden scheinen im Bemüh'n zu seinem Wohl.
Drum wollt ihr, laßt uns fahren; mach' er schnell sich auf;
Ihn soll das Schiff entführen ohne Weigerung.
Nur leit' ein Gott uns unverletzt aus diesem Land,
Wohin von hinnen uns die Fahrt beschlossen ist.

Philoktetes.

O holder Tag der Freude, vielgeliebter Mann,
Ihr guten Schiffer, könnt' ich euch durch Thaten doch
Es offenbaren, wie ihr mich zum Freund gemacht! —
Wir gehn, o Jüngling, wenn wir erst geküsset mein
Unwohnlich Wohngebäude, daß du kennest mich,
Was mich gefristet, und wie hochbeherzt ich war.
Denn schon den Anblick, dünket mir, in's Auge nur
Zu fassen, hätte Keiner, als ich selbst, den Muth.
Mich hat die Noth zu lieben selbst mein Leid gelehrt.

Chor.

Verweilet, laßt uns hören; denn zween Männer dort,
Der Ein' ein Seemann deines Schiffs, der Andre fremd,
Erscheinen, die ihr hören mögt, bevor ihr geht.

Kaufmann.   Vorige.

Kaufmann.

O Sohn Achilleus, diesen Fahrtgenossen hier,
Der deines Schiffes Wächter mit zween Andern war,
Berief ich, mir zu sagen, wo du selber seist,
Weil hier ich dir begegnet, nicht vermuthend zwar;
Doch glücklich wohl anlegend an demselben Strand.
Denn fahrend als Schiffseigner, nicht mit großem Zug,
Von Ilion nach Hause, zur reichtraubigen

Peparethos, als ich hörte durch die Schiffer, daß
Sie alle dein sei'n, die hieher gesegelt sind;
So wollt' ich nicht stillschweigend, eh ich dir's gesagt,
Vorüberfahren, nehmend hin, was billig ist.
Du weißt es wohl nicht, was sich deinethalb begab,
Wie unter Argos Volke gegen dich auf's neu
Entwürfe walten, und Entwürfe nicht allein,
Geschehne Thaten, nicht hinausgeschobne mehr.

Neoptolemos.

Der Dank für deine Sorge bleibt, o Fremdling, dir,
Sowahr ich nicht unedel bin, als Freund bewahrt.
Doch sage, was du meinest, daß ich wisse, was
Für neuen Anschlag vom Argierheer du hast.

Kaufmann.

Von dannen, dich verfolgend, sind mit Schiffeszug
Der alte Phoinix und des Theseus Jünglinge.

Neoptolemos.

Durch Zwang mich, oder Worte wieder hin zu ziehn?

Kaufmann.

Nicht weiß ich's. Was ich hörte, komm' und meld' ich dir.

Neoptolemos.

Und Dieses sollte Phoinix und die mit ihm sind
So sehr im Eifer wegen Atreus Söhnen thun?

Kaufmann.

Es wird gethan, das wisse, soll nicht erst geschehn.

Neoptolemos.

Wie war Odysseus nicht dahin als Bote selbst
Bereit zu fahren? Oder hielt ihn Furcht zurück?

Kaufmann.

Der zog nach einem andern Mann mit Tydeus Sohn
Von dannen, als ich eben mich hinwegbegab.

Neoptolemos.

Nach welchem Andern fuhr Odysseus selbst hinaus?

Kaufmann.

Ein solcher war. — (Halblaut.) Doch sage mir von Diesem erst,
Wer ist er? Und sprich leise, was du sagen willst.

Neoptolemos. (Laut.)

Dieß ist der vielgepriesne Philoktetes, Freund.

Kaufmann.

Nun frage mich nicht weiter, nein in Eile dich
Zusammenraffend, schiffe weg aus diesem Land.

Philoktetes.

Was sagt er, Jüngling? Was verkauft im Dunkeln mich
Mit seinem Zwiegespräche dir der Handelsmann?

Neoptolemos.

Noch nicht versteh' ich, was er spricht; er selber soll
An's Licht es sagen, dir und mir und Diesen hier.

Kaufmann.

O Sohn Achilleus, klage nicht bei'm Heer mich an,
Sag' ich Verbotnes. Vieles Gute thun sie mir
Für Dienste wieder, wie ein Armer sie vermag.

Neoptolemos.

Ich bin des Atreus Söhnen feind, und Dieser ist
Der größte Freund mir, weil des Atreus Söhn' er haßt.
Drum darfst du, zu mir kommend als ein Freund, vor uns
Der Dinge keins verbergen, die du dort vernahmst.

Kaufmann.

Sieh, was du thust, o Sohn.

Neoptolemos.

                Ich prüfe längst es selbst.

Kaufmann.

Dir werd' ich geben diese Schuld.

Neoptolemos.

                Thu Das, und sprich.

Kaufmann.

So sei's. Nach Diesem sind die Zween, die du gehört,
Der Sohn des Tydeus und Odysseus Kraft, hinaus

563 — 582.

Mit 'einem Schwur gefahren, überredend ihn
Hinweg zu führen, oder durch der Stärke Macht.
Und Dieses hörten deutlich all die Danaer
Den Sohn Laertes sagen. Er trug höheres
Vertrauen als der Andre, Dieß vollbracht zu sehn.

Neoptolemos.

Was hat des Atreus Söhne nach so langer Zeit
Sich Diesem zuzuwenden nun so sehr vermocht,
Der ihnen lange Jahre schon verstoßen blieb?
Welch eine Sehnsucht trieb sie, oder Gottes Macht
Und Strafe, die der Missethat Abwehrer sind?

Kaufmann.

Dieß will ich, denn es scheinet, du vernahmst es nicht,
Dir alles sagen. Edlen Stamms ein Seher war,
Ein Priamide, seines Namens Helenos,
Den Dieser, ausgegangen bei der Nacht allein,
Der ganz mit Schmach und Schandgerücht beladene
Listige Odysseus, fing und band, und dar ihn stellt'
Inmitten allem Argosvolk, als edlen Raub;
Der nun das Andre ihnen all weissagete,
Und daß auf Troia nimmer sie die hohe Burg
Zerstörten, wenn sie Diesen nicht beredend hier
Von diesem Eiland führten, das er jetzt bewohnt.
Und wie der Zweig des Lartios Dieß hörete
Den Seher sagen, alsobald gelobet' er,
Den Mann dem Heer zu führen vor das Angesicht;
Er denke, willig allermeist ihn nehmend mit,
Doch weigr' er sich, gezwungen. Und den Nacken gibt
Er eines Jeden Schwerde preis, mißlingt es ihm.
Du hörtest, Jüngling, Alles. Eile will ich nun
Dir selbst empfehlen, und um wen du Sorge trägst.

Philoktetes.

O wehe mir! Er also, ganz Verderben, schwur,
Beredend mich zu bringen in's Achaierheer?

588 — 618.

Bereden wird man so mich, aus dem Hades todt
An's Licht zurückzukehren, wie sein Vater that
Kaufmann.
Nicht weiß ich Dieses. Aber ich nun geh' hinweg
Zum Schiff; und euch auf's Beste sei hülfreich ein Gott.
(Ab.)

Philoktetes. Chor. Neoptolemos.
Philoktetes.
Ist's nicht, o Jüngling, schrecklich, daß Laertes Sohn
Mit Schmeichelworten hoffet je vom Schiff geführt
Mich darzustellen mitten im Argeierheer?
Nein; eher würd' ich die mir ärgerhaßteste
Giftnatter hören, die mich ohne Fuß gemacht.
Doch Jener ist zu jedem Wort, zu jeder That
Verwogen. Jetzt auch weiß ich, daß er kommen wird.
So laß, o Kind, uns gehen, daß uns weit und breit
Die Wasserfläche trenne von des Odysseus Schiff.
Auf denn. Die Eile zur gegebnen Zeit, sie führt
Am Ziel der Arbeit Schlummer und Erholung her.
Neoptolemos.
Nun wohl, sobald vom Schnabel her der Wind sich legt,
So woll'n wir segeln; jetzo widersteht er uns.
Philoktetes.
Stets gute Fahrt ist, wenn du vor dem Uebel fliehst.
Neoptolemos.
Nicht. Doch ist es auch gegen Sie dieselbe Luft.
Philoktetes.
Für Räuber sind nicht Winde, die entgegenwehn,
Wenn ihnen Diebstahl oder Raub geboten wird.
Neoptolemos.
Wohl, wenn du willst, so gehn wir; doch nimm drinnen erst,
Was dir Bedürfniß oder Wunsch am meisten ist.

Philoktetes.

Wohl Etwas ist mir nöthig, aus nicht Vielem zwar.

Neoptolemos.

Was wär' es, das sich nicht von meinem Schiff dir bent?

Philoktetes.

Ein Kraut ist mir vorhanden, das die Wunde stets
Am meisten einwiegt, daß sie ganz besänftigt wird.

Neoptolemos.

So nimm es zu dir. Was begehrst du Andres noch?

Philoktetes.

Wenn hier vom Bogen Etwas unbeachtet mir
Vielleicht entfallen; Andern laß' ich's sonst zurück.

Neoptolemos.

So ist der edle Bogen dieß, den jetzt du haßt?

Philoktetes.

Er, denn ich führe keinen sonst in meiner Hand.

Neoptolemos.

Und darf ich nah auch mit dem Blicke fassen ihn,
Und ihn erheben, beten an wie einen Gott?

Philoktetes.

Dir, lieber Sohn, soll Dieses, und vom Meinigen,
Was immer dich erfreuen mag, gewähret sein.

Neoptolemos.

Ich wünsch' es freilich, doch ich hege so den Wunsch:
Ist mir's vergönnt, so möcht' ich, ist es nicht, so bleib's.

Philoktetes.

Frommsinnig sprichst du, und ich gönn' es dir, o Sohn,
Der du des Sonnenlichtes Glanz zu schauen mir
Allein geschenkt hast, der das Oitaland zu sehn,
Den greisen Vater, meine Freunde; der, gedrückt
Von meinen Hassern, über sie empor mich hub.
Getrost. Zu rühren soll ihn dir gewähret sein,
Zu nehmen, geben, und allein auf Erden dich
Solch einer Gunst zu rühmen, als der Tugend Lohn.
637 — 659.

Durch eine Wohlthat selber auch erwarb ich ihn;
Und zürne dir nicht, den ich sah und fand als Freund.
Denn wer für Wohlthat wohlzuthun gelernet hat,
Ist über alle Schätze werth ein edler Freund.

Neoptolemos.

So geh' hinein denn.

Philoktetes.

Aber komm' auch du, dieweil
Die Noth der Krankheit deinen Freundesdienst begehrt.

(Beide ab in die Höhle.)

Chor. (Allein.)

Strophe 1.

Ich hörte wohl die Sage, doch ich sah ihn nicht,
Jenen des Zeus-Ehbette Genaheten,
Ixion, an rollendem Kranze gefesselt er
    Vom mächt'gen Sohn des Kronos;
Sonst kein Sterblicher noch wurde mir kund, oder ich sah je ihn
Den feindseliger traf als ihn das Schicksal,
    Der Nichts mißthuend und entwendend Nichts,
    Redlich im Kreis der Redlichen,
    Unverschuldet so verdarb.
  Mich ergreift Staunen auf's neu,
Wie er, o wie umrauschet einsam von dem Wogenschlag
                das Ohr,
Wie er das thränenreiche Dasein zu ertragen stark war.

Antistrophe 1.

Wo, selbst ein Grenzbewohner, ihm der Schritt gebrach,
Und aus dem Land hier, wem er die nachbarlich
Zur Pein ihn umhallende, blutig verzehrende
    Wehklage weinen konnte;
Der solch siedend hervorströmende Blutquelle dem pfleglosen,
Wundenstarrenden Fuß mit linden Kräutern
    In Schlummer brachte, war sie neu erwacht,

Nährender Erde Schooß entpflückt.
Hier und dort bewegt' er dann
Auf dem Weg windend sich hin,
Wie von der Amme fern ein Kind, wo ihm der Pfad Er-
leichtrung bot,
Wenn des Verderbens Seelenqual nur von dem Armen ließ.

Strophe 2.

Ihn nicht speißte die Saat heiliger Erd', ihn nicht,
Was sonst unser erfindsames Geschlecht nährt noch,
Nur daß von dem Geschoß eilebeflügelt,
Sein Pfeilwurf ihm für den Hunger Speiße darbot.
Wehe des Elenden,
Dem kein labender Trunk Weines geschenkt ward in das
zehnte Jahr!
Nein schauend, wo er wußte gestandnen Brunn,
Da lenket' er hin stets.

Antistrophe 2.

Doch nun traf er den Sohn edeler Vorahnherrn,
Und wird selig und groß aus dem Geschick aufstehn,
Deß meerfurchender Kiel nach der Vollendung
Vielfältiger Mond' in den Vaterhof ihn einführt
Melischer Seejungfrau'n,
An Spercheios Gestad, wo sich der erzschildige Mann zum
Kreis
Der Götter hub, von göttlicher Gluth umstrahlt,
Hoch über dem Oita.

(Philoktetes und Neoptolemos treten aus der Höhle.)

Neoptolemos. Chor. Philoktetes.

Neoptolemos.

Geh, wenn du willst. Was bist du unerwartet so
Verstummt, und stehest wie betäubt mit einemmal?

Philoktetes.

Ah, ah! Ah, ah!
635 — 708.

Neoptolemos.

Was ist dir?

Philoktetes.

O nichts Arges. Geh nur, lieber Sohn.

Neoptolemos.

Mit Schmerzen doch nicht wandelt dich die Krankheit an?

Philoktetes.

Nicht also. Nein ich meine, daß mir leichter sei. —
O Götter!

Neoptolemos.

Warum die Götter rufst du so mit Seufzen an?

Philoktetes.

Sie möchten hülfreich und gelind uns nahe sein. —
Ah, ah! Ah, ah!

Neoptolemos.

Was widerfuhr dir? — Sprichst du nicht? Nein schweigend so
Verharrst du? und ein Uebel hast du sichtbar doch.

Philoktetes.

Ich bin des Todes, Kind, ich kann das Uebel nicht
Vor euch verbergen! Himmel ach, es zieht umher,
Es zieht umher! O Jammer! O ich armer Mann!
Ich bin des Todes! Ha wie nagt's, mein Kind! O weh!
O wehe, weh mir! Wehe weh, o wehe mir!
Bei allen Göttern, ist zu Handen dir, o Kind,
Ein Schwerd in Händen, hau den Saum des Fußes mir,
Mäh' ihn herab in Eile; schone des Lebens nicht.
O komm, Sohn!

(Er setzt sich wieder.)

Neoptolemos.

Was ist so plötzlich Neues dir geschehn, weßhalb
Du solches Winseln und Gestöhn um dich erhebst?

700 — 723

Philoktetes.

Du weißt es, Kind.

Neoptolemos.

Was ist es?

Philoktetes.

Frag nicht, Sohn; du weißt.

Neoptolemos.

Nicht weiß ich.

Philoktetes.

Wie, nicht weißt du? — O, o wehe mir!

Neoptolemos.

Graunvoll belastet dieser Krankheit Bürde dich.

Philoktetes.

Graunvoll und unaussprechlich. Doch erbarm dich mein.

Neoptolemos.

Was aber soll ich?

Philoktetes.

Gib erschrocken nicht mich auf.
In gleichem Irrlauf kehrt sie spät zurück, sowie
Sie sich ersättigt.

Neoptolemos.

O bejammernswürd'ger Mann!
Bejammernswürdig anzuschau'n durch jede Noth.
Begehrst du, soll ich fassen und ergreifen dich?

Philoktetes.

Nicht Dieß bedarf es. Aber meinen Bogen nimm
Hier, wie du eben von mir batst, bis dieses Leid
Der Krankheit wieder weichet, das mich jetzt befiel,
Und hüte mir und wahr' ihn. Denn mich fasset nun
Ein Schlaf, sobald mich diese Noth verlassen hat;
Und eher ist kein Ende. Doch mußt ruhig du
Mich lassen schlafen. Aber wenn in dieser Zeit
Sich Jene nahen, dann bei Gott befehl' ich dir's,
Freiwillig noch gezwungen, noch durch List getäuscht,
720 — 746.

In ihre Hände gib ihn, daß nicht an dir selbst,
Und mir, dem Schutzbefohlnen, du ein Mörder seist.

Neoptolemos.

Sei um die Vorsicht unverzagt; gegeben wird
Er dir und mir nur. Nun mit Gott, so reich' ihn her.

Philoktetes.

Sieh, Kind, da nimm ihn. Aber bet' erst an den Neid,
Daß dir die Wehr nicht werde schmerzenreich, und wie
Sie mir und Dem war, welcher vor mir sie besaß.

Neoptolemos. (Empfängt den Bogen.)

O Götter, mög' uns werden Dieß, und werden uns
Mit gutem Winde rüst'ge Fahrt, wo endlich hin
Ein Gott es gutheißt, und der Zug bereitet wird.

Philoktetes.

Doch, Sohn, mir banget, unerhört sei dein Gebet.
Denn wieder trieft hier dunkelroth mir tief hervor
Ein Quell des Blutes, und mir ahnt ein neuer Sturm.
O weh, weh!
Ja wehe! Fuß, Fuß, welche Leiden schaffst du mir!
Herankriecht's,
Es dringt heran hier nahe! Weh, ich ärmster Mann!
Nun seht ihr Alles; o entfliehet nicht vor mir!
Weh, o Weh!
Mann von Kephallene, möchte dir den Busen so
Durchbohren dieses Schmerzgefühl! Weh, wehe mir!
Und aber weh mir! O ihr zween Heerführenden,
Agamemnon, o Menelaos, daß doch ihr für mich
Gleich lange Jahre diese Krankheit nähretet!
Weh, weh mir!
O Tod, o Tod, gerufen so ohn' Unterlaß
An jedem Tage, kannst du endlich nicht mir nahn?
O Jüngling, o du edler, fasse du mich an,
Und laß in Lemnos angerufnem Feuer mich
Verbrennen, o du Edler; wie auch ich dereinst

747 — 776.

Dem Sohn Achillons, für den Preis des Bogens hier,
Den du bewahrst, nicht zu thun mich weigerte.
Was sagst, Kind?
Was sagst du? Schweigst du? Wo geräthst du hin, o
                                        Sohn?

          Neoptolemos.

Ich büße lang schon, seufzend über dein Geschick.

          Philoktetes.

Doch fasse Muth auch, lieber Sohn, da sie mir naht
In scharfem Anlauf, und behend von hinnen geht.
Nur bitt' ich flehend, laß mich einsam nicht zurück.

          Neoptolemos.

Getrost, wir bleiben.

          Philoktetes.

          Bleibest du?

          Neoptolemos.

                    Ja sicherlich.

          Philoktetes.

Dich eidlich binden, dünket mir nicht recht, o Sohn.

          Neoptolemos.

Ist mir ja nicht verstattet, ohne dich zu gehn.

          Philoktetes.

Schlag' ein der Hand Gelübbe.

          Neoptolemos. (Ihm die Hand reichend.)
                    Nimm, ich bleibe hier.

          Philoktetes. (Seine Hand haltend.)

Nun dort mich, dort hinüber!

          Neoptolemos.
                    Doch wohin?

          Philoktetes.
                              Hinauf!

          Neoptolemos.

Was schwärmst du wieder? Blickst hinauf zum Sonnenkreis?
777 — 796.

Philoktetes.

Laß, lasse los' mich!

Neoptolemos.

Los wohin?

Philoktetes.

So laß mich doch!

Neoptolemos.

Ich werde nicht dich.

Philoktetes.

Tod ist dein Gerähren mir.

Neoptolemos. (Seine Hand loslassend.)

So laff' ich los dich, bist du mehr nun dein bewußt.

Philoktetes.

O Erde, nimm mich sterbend hier, so wie ich bin;
Denn dieses Elend lässet mich nicht mehr erstehn.

(Er sinkt zurück und entschläft.)

Neoptolemos.

Den Mann, so scheint es, wird der Schlaf in kurzer Frist
Ergreifen, denn schon sinkt ihm hier das Haupt zurück.
Von Schweiße wahrlich triefet ihm der ganze Leib,
Und dunkel an des Fußes Saum blutfließend hier
Zerriß die Ader. Aber lassen, Freunde, wir
Ihn stille ruhen, daß er sinke so in Schlaf.

Chor.

Strophe.

Schlaf, von dem Grame du frei, von dem Schmerze du,
Tritt her, uns sanft anathmend,
Komm labungs= labungsreich, o Gott.
Halt vor den Augen ab
Den Glanz, der jetzo verbreitet ist.
Erschein', erschein', Heilgott! —
Sohn, sieh, wohin du gehn nun,
Wo du stehn willst, welche Sorg' auch übrig
Mit ist. Du ersiehst Dieß schon.

781 — 810.

Was denn zu vergehn bleibt noch?
  Die gelegene Zeit, bei der stets Rath ist,
Trägt in der Gegenwart herrlichen Sieg davon.

Neoptolemos.

Nesdos.

Wohl, Er höret nun Nichts. Doch Ich seh', uns ist ver-
gebens
Nach dem Geschoffe des Bogens gejagt, wenn Dieser zurück
bleibt.
Sein ja wartet der Kranz, Ihn heißet uns bringen die
Gottheit.
Schmachvoll ist es, mit Trug unerfüllbarer Dinge sich rühmen.

Chor.

Antistrophe.

Dieses, o Jüngling, vertraue dem Gotte du.
  Doch was dein Mund mir erwidert,
  Nur leis, ganz leis nur, o mein Sohn,
  Gib zu vernehmen mir.
  Denn stets traun ist in der Krankheit ja
  Der wache Schlaf hellseh'nd.
  Wie du es vermagst auf's Beste
  Sieh jedoch, sieh insgeheim auf Das mir,
  Was nun dir zu thun wird sein.
  Du weißt es, wem Dieß gilt;
  Wenn solches mit Ihm nunmehr dein Rath ist,
Wird für den Klugen auch unlösbar die Noth.

Epodos.

Wind weht, günstiger Wind, Sohn!
Der Mann, der Augen beraubt, ist ohne Beistand
  Nächtlich darniedergestreckt
  (Der erwärmende Schlaf hilft),
Hände, noch Füße, noch Andres beherrschend;
Nein gleich einem bei Aïdes Liegenden,
So schaut er. Sieh, ob du nach Fug sprichst.

811 — 826.

Das Erßießliche für Mein Denken ist, Sohn:
Arbeit ohne Furcht die beße.

Neoptolemos.

Nun schweiget, rath' ich, und verliert die Fassung nicht;
Es regt der Mann die Augen und erhebt das Haupt.

Philoktetes. (Erwacht und setzt sich auf.)

O Licht, dem Schlummer neu gefolgt, und hoffend nie
Von mir geglaubte treue Hut der Fremdlinge!
Denn nie, o Jüngling, dieses wohl verhieß ich mir,
Daß so erbarmend meiner Noth zu hören du
Vermöchtest, gegenwärtig und zur Hülfe mir.
Nicht mochten Atreus Söhne dieß mit leichtem Muth,
Auch so ertragen, diese guten Könige.
Doch edelsinnig und ererbt von Edelen,
O Sohn, ist dein Herz, darum hieltst du Alles dieß
Für leicht, umgeben von Geschrei und Mißgeruch;
Doch jetzt, nachdem von dieser Noth Vergessenheit
Mir scheint zu werden, und Erholung nun, o Sohn;
So hebe selbst du, richte du mich auf, o Sohn;
Daß, wenn ich von der Ermattung nur verlassen bin,
Wir dann zu Schiff gehn, und zu fahren nicht verziehn.

Neoptolemos.

Wohl, mich erfreut es, unverhofft dich so zu sehn,
Von Schmerzen frei auflebend, und erathmend noch;
Denn mit den Zeichen eines schon Gestorbenen,
Bei dieses Unfalls Gegenwart, erschienest du.
Doch nun erheb dich; oder, wenn du lieber willst,
Soll'n Die dich tragen; denn der Müh' ist kein Verdruß,
Nachdem es also dir gefiel und mir zu thun.

Philoktetes.

Dank, Jüngling; und erhebe mich, wie du gedenkst,
Doch Diese lasse; daß der arge Hauch sie nicht,
Eh noch es ist, beschwere; noch ist's auf dem Schiff
Der Pein genug für Diese, mir gesellt zu sein.

837 — 866.

Neoptolemos. (Ihn aufrichtend.)

So sei es; aber steh' und halte selber dich.

Philoktetes.

Sorg nicht. Gewohnheit, langgeübt, hilft schon mir auf.

Neoptolemos. (unschlüssig.)

O weh! Da bin ich, und was werd' ich weiter thun?

Philoktetes.

Was ist; o Jüngling? Wo gerieth das Wort dir hin?

Neoptolemos.

Nicht weiß ich, wo hinwenden mein verwirrtes Wort!

Philoktetes.

Und was verwirrt dich? Sage Dieses nicht, o Sohn.

Neoptolemos.

Und doch bis dahin kam ich schon in dieser Noth.

Philoktetes.

Es hat dich doch Beschwerde meiner Krankheit nicht
Bewogen, nicht zu Schiffe mehr mit mir zu gehn?

Neoptolemos.

O Alles ist Beschwerde, wer, die eigene
Natur verläugnend, anders thut, als ihm geziemt.

Philoktetes.

Du aber weichest von dem Sinn des Vaters nicht
In That und Worten; stehst du bei dem Redlichen.

Neoptolemos.

Schnöd' soll' ich dastehn; Dieses quält mich lange schon.

Philoktetes.

In deinem Thun nicht; doch mir bangt, in deinem Wort

Neoptolemos.

Zeus, was beginn' ich? Zeig' ich abermals mich arg,
Unwürdig schweigend, und das Schnödste sagend aus?

Philoktetes.

Es will der Mann hier, täuschet mich nicht schwacher Sinn,
Treulos mich lassend, wie es scheint, des Weges ziehn.

867 — 885.

Neoptolemos.

Nicht dich verlassend, oder ob zum Grabe nicht
Vielmehr entführend, Dieses quält mich lange schon.

Philoktetes.

Was sagst du nun, o Jüngling? Ich versteh' es nicht.

Neoptolemos.

Nichts will ich hergen. Fahren mußt nach Troia du
Zum Volk Achaja's und der Atreußöhne Zug.

Philoktetes.

Weh mir, was sagst du?

Neoptolemos.

Seufze nicht, eh du's gehört.

Philoktetes.

Was soll ich hören? Was gedenkst du mir zu thun?

Neoptolemos.

Von diesem Uebel retten dich zuerst, und dann
Mit dir den Boden Ilions verwüsten gehn.

Philoktetes.

Und Dieß in Wahrheit willst du thun?

Neoptolemos.

Gewaltig zwingt
Hiezu die Noth mich. Zürne nicht, vernimmst du es.

Philoktetes.

Ich bin verloren, bin verkauft! Was thatest du
Mir, Fremdling! Gib mir schleunig mein Geschoß zurück!

Neoptolemos.

Es ist unmöglich; denn dem Wort der Oberen
Heißt Pflicht und Vortheil mich zugleich gehorsam sein.

Philoktetes.

O Brand du, und ganz Grauen, und feindseligstes
Gewebe grauser Tücke, was hast du gethan,
Wie mich betrogen! Kannst du ohne Scham mich sehn,
Den schutzbefohlnen, fleh'nden Mann, o Frevler du?
Du nahmst das Leben mit dem Raub des Bogens mir. —

Gib mir ihn zurück, ich bitte; gib, ich fleh', o Kind!
Bei deiner Väter Göttern, nimm mein Leben nicht! —
O weh mir Armen! Keinen Laut erwidert er,
Nein wie ihn nie zu gehen, steht er nun zurück. —
O Buchten, o Vorhöhen, o Genossenschaft
Des Berggewildes, o zerrissnes Felsgestein,
Euch, denn ich weiß sonst Keinen, dem ich's sagen soll,
Den Nächsten wein' ich's; die gewohnt ihr dessen seid,
Welch böse Thaten mir Achilleus Sohn gethan:
Der, mir die Heimfahrt schwörend, mich nach Troia führt,
Und seine Rechte setzend ein, mein heiliges
Geschoß des Sohnes Zeus empfing, des Herakles,
Und unter Argos Volke nun es zeigen will.
Der mit Gewalt mich, einem Starken gleich, entführt,
Nicht wissend, daß den Todten er, den Schemen schlägt,
Des Rauches Schatten. Denn in meiner Kraft mich nie
Ergriff er, da auch, wie ich bin, mit Truge nur.
Nun ward getäuscht ich armer Mann. Was soll ich thun? —
Doch gib ihn, doch noch kehre zu dir selbst zurück!
Was sagst du? Schweigst du? Wehe, nun ist's aus mit mir!
O doppelthor'ge Felsgestalt, sieh wiederum
Zu dir mich eingehn, waffenlos, von Speiße leer,
Fortan verschmachtend einsam in der Grotte hier,
Wo keinen flücht'gen Vogel, kein bergweidend Thier
Mir dieser Bogen tödtet; nein selbst werd' ich, ach!
Gestorben Deren Speiße sein, die mich genährt,
Und die ich sonst erjagte, mich erjagen nun;
Und Mord des Mordes Buße werd' ich leiden, ach!
Durch den, es schien mir, keiner Bosheit Kundigen. —
Noch fluch' ich nicht dir, eh ich weiß, ob noch vielleicht
Dein Sinn sich umkehrt; doch wo nicht, stirb bösen Tod!

Chor.

Was thun wir? Beides ruhet nun bei dir, o Fürst,
Entsegeln, und des Mannes Wort willfährig sein.
996 — 998.

Neoptolemos.

Mich hat ein Mitleid mächtig hier mit diesem Mann
Ergriffen, und nicht eben erst, nein lange schon.

Philoktetes.

Erbarme, Sohn, dich, o um Gott, und gönne nicht
Der Welt den Vorwurf, daß du mich betrogen hast.

Neoptolemos.

Weh mir, was thu' ich? Hätt' ich nie mein Skyros doch
Verlassen. So nun lastet mir die Gegenwart.

Philoktetes.

Nicht böse bist du; von den Bösen nur belehrt
Im Argen, scheint es, kamst du. Laß Das, welchen es
Geziemt, und segle, wenn du mir den Bogen gabst.

Neoptolemos.

Was thun wir, Männer?

Odysseus. (Schnell auftretend.) Vorige.

Odysseus.

Schlimmster Mann, was willst
du thun?
Schnell gehe, mir hergebend dieß Geschoß, zurück!

Philoktetes.

Weh, welcher Mann dieß? Hör' Odysseus Stimm' ich
nicht?

Odysseus.

Fürwahr, Odysseus, meiner, den du vor dir siehst.

Philoktetes.

Ich bin verloren, bin verkauft! Der also war's,
Der mich ergriffen und vom Bogen hat getrennt.

Odysseus.

Fürwahr, ich selbst, kein Andrer, ich bekenne Dieß.

Philoktetes.

Gib wieder, laß mir, Sohn, den Bogen!

939 — 955.

Odysseus.

Dieses nicht,

Auch wenn er wollte, thut er. Nein du selber mußt
Mit ihm hinwegziehn, oder bringt Gewalt dich fort.

Philoktetes.

Mich, o verruchter hochvermeßner Bösewicht,
Soll hier Gewalt entführen?

Odysseus.

Gehst du willig nicht.

Philoktetes.

O Lemnisch Eiland und der allgewalt'ge Glanz
Vom Heerd Hephaistos, Dieses denn erträgest du,
Wenn Dieser aus dem Deinen mit Gewalt mich führt?

Odysseus.

Zeus, sollst du wissen, Zeus gebeut in diesem Land,
Zeus, der es so beschlossen hat. Ich führ' es aus.

Philoktetes.

Verhaßter, was noch findest du zu sagen aus!
Vorschützend Götter, machst die Götter Lügner du.

Odysseus.

Nicht, sondern wahrhaft. Und den Weg, du mußt ihn gehn.

Philoktetes.

Nein aber sag' ich.

Odysseus.

Ja. Es muß gehorchet sein.

Philoktetes.

O weh mir, ach! So hat als Sclaven denn fürwahr
Der Vater mich gezeuget, nicht als freien Mann.

Odysseus.

Nicht; sondern gleich den Besten dort, mit welchen du
Nun Troia nehmen und mit Macht verschütten sollst.

Philoktetes.

Niemals, und wenn ich jedes Leid erdulden muß,
Solang die jähe Stufe dieses Lands mir bleibt.

955 — 974.

Odysseus.

Und was gedenkst du?

Philoktetes.

Dieses Haupt hier alsobald
Von Fels zu Felsen stürz' ich blutgefärbt hinab.

Odysseus.

Ergreift ihn eilig; Dieses stehe nicht bei ihm.

Philoktetes. (Wird festgehalten.)

O Hände, was erduldet in Entbehrung ihr
Der theuren Sehne von dem Mann in's Netz gejagt!
O der du nichts Heilsames, nichts Freiherz'ges denkst,
Ha wie erjagtest, wie beschlichst du mich, und nahmst
Zum Schirme diesen Jüngling, der mir unbekannt,
Nicht würdig deiner, aber mein wohl würdig war,
Der Nichts gewußt hat, als der Weisung nach zu thun,
Und deutlich jetzt schon reuerfüllt zu sehen ist,
Durch was er selbst gefehlet, und ich leiden muß.
Dein böses Herz, stets aus den Winkeln lauernd, hat
Den nicht dazu Geschaffnen und nicht Wollenden
Wohl unterrichtet, in dem Bösen klug zu sein.
Und nun, o Unglücksel'ger, denkst du bindend mich
Vom Strand zu führen, wo du hier mich ausgesetzt,
Freundlos, verlassen, heimathlos, dem Leben todt!
Ha!
Fluch dir! Und oft schon sprach ich über dich ihn aus.
Allein die Götter theilen mir nichts Holdes zu,
Du freust des Lebens dich, und mir ist schmerzlich Dieß
Selbst, daß ich lebe, jammervoll, in jeder Noth,
Von dir verspottet und den zween Gebietenden,
Den Söhnen Atreus, denen du Dieß ausgeführt.
Und du mit Trug doch und mit Zwang wardst eingejocht
Zu ihrer Heerfahrt; aber mich Unseligsten,
Der willig mitfuhr, sieben Schiff' in seinem Zug,
Verstießen schnöd sie, wie du sagst; sie aber, du.

975 — 1003

14*

Und jetzt, was führt ihr, fahrt ihr mich hinweg? Wozu?
Der ich ein Nichts bin, und für euch schon lange todt.
Wie, o du Gottverhaßter, bin ich jetzo nicht
Mißriechend, lahm dir? Wie, von mir begleitet, wollt
Ihr Göttern Opfer zünden, wie noch Sprenge weihn?
Mit diesem Vorwand stießest du mich doch hinaus.
Fluch euch und Noth! Fluch trifft euch, die ihr ungerecht
An mir gethan habt, denkt ein Gott des Rechtes noch.
Und ja, er denkt noch seiner. Nie sonst wäret ihr
Des Wegs gesegelt nach dem mühbeladnen Mann,
Wenn nicht ein Stachel Gottes euch hertrieb um mich.
O Vatererde, Götter, die ihr niederschaut,
Bestraft, o strafet endlich doch nach langer Zeit
Sie all mit einmal, wenn ihr mein euch auch erbarmt.
Ich lebe kläglich; aber säh' ich ihren Sturz
Geschehn, ich glaubte meiner Qual entflöhn zu sein.

Chor.

Es zürnt und hat ein zornbeladnes Wort der Mann
Gesagt, Odysseus, das dem Uebel nicht sich beugt.

Odysseus.

Mir bliebe viel zu sagen auf desselben Wort,
Wär's unverwehrt mir; jetzt vermag Ein Wort ich nur.
Wo Solcher man bedarf, da bin ein Solcher ich;
Doch wo es edel und gerechte Männer gilt,
Da triffst du Keinen über mich gewissenhaft.
Zu siegen freilich wünschet stets in mir das Herz,
Nur gegen dich nicht; jetzt vor dir gern tret' ich weg.
So lasset los ihn, und berührt ihn weiter nicht.
Er möge bleiben. Deiner nicht bedürfen wir,
Da dieß Geschoß wir haben; denn es bleibet uns
Im Heere Teukros, welcher diese Kunst besitzt,
Und ich auch, der ich schlechter nicht als du es wohl
Zu führen denke, noch zum Ziel zu richten es.
Was braucht es deiner? Leb' auf Lemnos wandelnd wohl.
1004 — 1035.

Wir jetzo gehen. Und es wird dein Schmuck vielleicht
Die Ehre mir ertheilen, die für dich gesollt.

Philoktetes.

Weh, was beginn' ich ärmster Mann? Du dorten willst
Mit meinen Waffen prangen im Argeierheer?

Odysseus.

Entgegne mir Nichts weiter, denn ich gehe schon.

Philoktetes.

O Sohn Achilleus, auch von dir nicht soll ich mehr
Ein Wort des Zuspruchs hören, nein so gehst du hin?

Odysseus.

Geh, sieh zurück nicht, will es auch dein edles Herz,
Damit du nicht uns noch das Glück zu nichte machst.

Philoktetes.

Und auch von euch nun, Freunde, soll ich einsam hier
Verlassen werden, und ihr fühlt Erbarmen nicht?

Chor.

Der Jüngling hier ist unser Schiffesherr, und was
Dir Dieser saget, solches ist auch unser Wort.

Neoptolemos.

Vernehmen werd' ich, daß ich voll Mitleides sei,
Von Diesem; gleichwohl bleibet, wenn es ihm gefällt,
So lange Zeit noch, bis die Schiffer nur das Schiff
Gerüstet haben, und den Göttern wir gefleht.
Und Dieser fasset einen Sinn vielleicht indeß
Für uns erwünschter. Wir nunmehr erheben uns;
Doch ihr, sobald wir rufen, macht euch eilig auf.

(Ab mit Odysseus.)

Philoktetes.   **Chor.**

Philoktetes.

Strophe 1.

O mein Fels, du hohles Gewölb,
Heiß' und eisigt du, von dir

1636 — 1657.

Sollt' ich also, ich armer Mann,
Nie mehr scheiden, du wirst vielmehr
Noch im Tode mir beistehn.
O weh, weh mir!
O unselige Grotte du,
Die mein Jammer bis oben füllt,
Woher nehm' ich des Tages
Nothdurft? Wo nun erbeut sich, welch
Speißegewährende Hoffnung dem Zagenden?
Daß in den Aether doch
Sausend im Sturm mich enträfften die Flüchtigen
Hinauf! Ich wehr' es nicht mehr.

Chor.
Strophe 2.

Du selbst, du selbst fürwahr erkorst es,
O Armer, nicht andersher
In dieß Geschick schlug dich ein Größerer.
Als frei dir stand Erwägung,
Für bessern Stern ließest du da willig dir näh'n das
Schlimmre.

Philoktetes.
Antistrophe 1.

O ich unglückseliger Mann,
Vom Elende gebeugt, ich soll,
Abgeschieden von aller Welt
Nun fortan, ich Unsel'ger, hier
Einsam wohnen und sterben;
O weh, weh mir!
Nicht mehr Speiße mir tragend ein,
Nicht durch meine beschwingte Wehr
In siegfertiger Hand sie
Haltend. Nein ungeahnt beschlich
Täuschendes Wort der betrüglichen Seele mich.
O dürft' Ihn ich doch,

Der es ersonnen, von meiner Bekümmerniß
Die gleiche Zeit gequält seyn!

Chor.

Antistrophe 2.

Geschick, Geschick der Götter war es,
Und nicht Betrug gab dich hin
Unserer Hand. Richte den düsteren
Unsel'gen Fluch auf Andre.
Ich ja besorgt mahne dich, daß Liebe du nicht verstoßest.

Philoktetes.

Strophe 3.

O weh, weh! Und sitzend vielleicht
Am graufarbigen Sand des Meers
Lacht er meiner, des Armen
Speiße schwingend in seiner Hand,
Die kein Anderer je geführt.
O mein Bogen, dem Freunde du
Aus den Händen gewundner Freund,
Wohl mit Erbarmen, belebet Empfindung dich,
Des Herakles Genossen
Siehest so traurig du
Deines Gebrauches beraubt in das künftige.
Im Tausch nun von anderm Herrn,
Von dem Listenerfinder regieret,
Erblickst du schmachvollen Betrug,
Und ihn, den haßwürdigen Feind,
Mehrend in's Endlose die Noth, welche mit Schmachthaten
er mir erweckt hat.

Chor.

Strophe 4.

Mannhaft ist es, Gerechtes frei zu sagen;
Doch Dieß sagend, stoße der Mund
Niemals aus neidsüchtigen Schmerz.
Er denkt; Einer aus Vielen

Gewählt, führt' auf ihren Befehl
Dieß aus, Freunden zur allgemeinen Wohlfahrt.

Philoktetes.

Antistrophe 3.

O, hochschwebend Volk, o Geschlecht
Augenfunkelnder Thiere, die
Hier in Bergen das Land hegt,
Nicht mehr flüchtig aus Höhlen mir
Naht ihr, denn in der Hand ist mir
Nicht wie sonst der Geschoss' Abwehr,
O ich Jammerbeladner nun!
Lässig ist hier das Gebiete vertheidiget,
Nicht mehr von euch zu fürchten.
Kommt, nach Gelüsten nun
Dürft für den Mord ihr den Rachen euch sättigen
Durch mein buntgeflecktes Fleisch;
Mich verlässet zur Stunde das Leben.
Woher auch soll Leben gedeihn?
Wer nährt im Lufthauche sich so,
Steht zu Gebot ihm kein Geschenk, wie sie hervortreibt die
lebend'ge Erde?

Chor.

Antistrophe 4.

Bei Gott, achtest du deinen Gast, so nah' ihm,
Der dir nur wohlmeinend sich naht.
Aber denk', wohl denk', es ist dein,
Dieß Gebrechen zu fliehen.
Leidvoll ist sein pflegen, es trägt
Nicht noch tausend Beschwerden, wem es beiwohnt.

Philoktetes.

Zurück, zurück den alten Schmerz
Wiederum rufst du, o
Bester, der mir noch erschien!
Was tödtest du? Was quälst du mich?

1114 — 1141.

Chor.

Wie thät' ich Dieses?

Philoktetes.

Wenn du hin

Zum Troischen, mir

Feindlichen Land mich hoffest zu führen.

Chor.

Ich erachte Dieß das Beste.

Philoktetes.

So verlasset nun mich jetzo!

Chor.

Ein erwünscht, ein erwünschtes Gebot

Gibst du, und gerne befolg' ich's.

Wir gehen, wir gehen,

Wo in dem Schiff unser Ort ist.

(Will gehen.)

Philoktetes.

Bleibe, beim fluchhörenden Zeus

Fleh' ich dich an!

Chor.

Mäßige, Freund, dich...

Philoktetes.

Fremdlinge!

Bleibet, bei Gott!

Chor.

Welches Geschrei?

Philoktetes.

O weh, o weh! Schicksal, Schicksal!

Ich vergehe vor Schmerz!

Fuß, o Fuß, in dem Leben was

Soll ich Armer hinfort mit dir?

Fremdlinge, kommet, o wendet zurück euch!

Chor.

Was nach anderm Rath zu thun,

Als was früher du schon mir kund gabst?

1142 — 1161.

Philoktetes.

Zu zürnen ist dem nicht,
Der, im Sturm des Grames umher
Wogend, ohne Besinnung schreit.

Chor.

Wandle nun, wie wir es wollen, Beladener!

Philoktetes.

Nimmer und nimmer, das wisse du festiglich,
Nicht, wenn feuerbeladen der Donn'rer
Kommt mit dem Blitzstrahl mich zu versengen!
Nieder mit Ilion, und den Belag'rern
Allen, die frech das Gelenke des Fußes mir
Stießen in's Elend! — Aber, o Fremdlinge,
Eines, o reichet das Eine dem Flehenden!

Chor.

Sage, was willst du?

Philoktetes.

Ein Schwerd, ist zu finden es,
Oder ein Beil, ein Geschosse, das bringet mir!

Chor.

Was für ein Anschlag, der dich beschäftiget?

Philoktetes.

Nacken und alle Gebeine zerhau' ich mir;
Nach Mord, nach Morde begehr' ich!

Chor.

Warum?

Philoktetes.

Den Vater suchend.

Chor.

Wohin?

Philoktetes.

Zu Hades.

Nicht im Lichte wohnt er mehr. —
Stadt, o geliebte heimische Stadt,

1162 — 1181.

Könnt' ich doch dich sehen, ich gequälter Mann!
Der ich ließ dein heiliges Naß,
Und den verhaßten Danaern ging
Zu helfen; ich bin ein Nichts nun.

(Geht in die Höhle.)

Chor.

Ich wäre nun schon lange meinem Schiffe wohl
Von hinnen gehend beigesellt, wenn nahe nicht
Wir dort Odysseus kommen, und nicht minder auch
Den Sohn Achilleus gegen uns herschreiten säh'n.

Odysseus.   Neoptolemos.   Chor.

Odysseus.

Und willst du nicht mir sagen, was du umgewandt
So schnell mit Eifer abermals den Weg betrittst?

Neoptolemos.

Zurückzunehmen Alles, was ich erst gefehlt.

Odysseus.

Du redest Hartes. Welches war der Fehl jedoch?

Neoptolemos.

Womit ich dir gehorchend und dem ganzen Heer

Odysseus.

Was hättest du begangen, das dir nicht geziemt?

Neoptolemos.

Mit niedrer Täuschung und mit List den Mann ergriff.

Odysseus.

Wen? Weh mir! Doch nichts Unbedachtes willst du thun?

Neoptolemos.

Nichts Unbedachtes; doch dem Sohn des Poias hier

Odysseus.

Was willst du Diesem? Wie ergreift ein Schrecken mich!

Neoptolemos.

Von dem ich diesen Bogen nahm, ihn wiederum —

1223 — 1230.

Odysseus.

O Zeus, was werd' ich hören! Doch ihn geben nicht?

Neoptolemos.

Unedel kam er, ohne Recht in meine Hand.

Odysseus.

O bei den Göttern! Redest du im Scherze Dieß?

Neoptolemos.

Wenn Der im Scherze redet, der die Wahrheit spricht.

Odysseus.

Wie, Sohn Achilleus? Welches Wort hast du gesagt?

Neoptolemos.

Soll ich dasselbe zwei= und dreimal wiederkäu'n?

Odysseus.

Vielmehr ich möchte, daß ich's Einmal nicht gehört.

Neoptolemos.

So sei gewiß nun. Ganz vernommen hast du es.

Odysseus.

Es ist, es ist noch, der es dir verwehren wird!

Neoptolemos.

Wie sagst du? Wer ist, welcher Dieß mir wehren will?

Odysseus.

Das ganze Volk Achaia's, und darunter ich.

Neoptolemos.

Ein Kluggesinnter, sprichst du jetzt nichts Kluges aus.

Odysseus.

Du aber redest weder klug, noch thust du so.

Neoptolemos.

Wenn nur das Rechte, so ist besser Dieß, als klug.

Odysseus.

Wie soll es recht sein, was du nahmst durch meinen Rath,
Dieß wieder hinzugeben?

Neoptolemos.

Was ich erst gefehlt,
Den schnöden Fehltritt streb' ich nun zurückzuthun.
1201 — 1217.

Odysseus.

Das Heer Achaia's scheust du nicht bei dieser That?

Neoptolemos.

Bei gutem Rechte schrecket deine Furcht mich nicht.

Odysseus.

Nicht Troer also, sondern dich bekämpfen wir.

Neoptolemos.

Ich laß' es kommen.

Odysseus.

Siehest hier die Rechte du
Mich an den Schwerdgriff legen?

Neoptolemos.

Auch von mir gewiß
Das Gleiche wirst du sehen, ohne Zögerung.

Odysseus.

Wiewohl ich will dich lassen; doch dem ganzen Heer
Hinkommend sag' ich's, das sich an dir rächen wird.

(Geht ab.)

Neoptolemos.

Du thatest weislich. Und bedenkst du stets dich so,
Dann hältst von Schmerz du unverstrickt dir wohl den Fuß. —
Du, Sohn des Poias, höre, Philoktetes, mich,
Tritt her, verlassend dieses felsgebaute Dach!

Philoktetes. Neoptolemos. Chor.

Philoktetes. (Hervortretend.)

Was vor der Höhle wacht der Lärm von Neuem auf?
Was ruft ihr wieder? Was begehrt ihr, Fremdlinge?

(Erblickt den Neoptolemos.)

O weh, ein schlimm Begehren! Seid erschienen ihr,
Zu meinen Leiden größres Leid mir noch zu thun?

Neoptolemos.

Sorg nicht. Vernimm die Worte, die ich hergebracht.

1218 — 1234

Philoktetes.

Ich fürchte jedes. Auch zuvor bei schönem Wort
Nur übel fuhr ich, da ich deinem Wort vertraut.

Neoptolemos.

Und ist zu ändern seinen Sinn nicht auch vergönnt?

Philoktetes.

Derselbe warst du, als du mir den Bogen stahlst,
In Worten redlich, insgeheim der Tücke voll.

Neoptolemos.

Jetzt aber nicht so. Doch vernähm' ich gern von dir,
Ob dein Entschluß ist, bleibend auszuharren, ob
Mit uns du ziehn willst.

Philoktetes.

Stille; sprich nicht mehr; es wird
Vergeblich Alles, was du sagst, geredet sein.

Neoptolemos.

Ist's so beschlossen?

Philoktetes.

Fester, als ich's sagen kann.

Neoptolemos.

Zwar wollt' ich Dieses gerne, daß du meinem Rath
Gehorchtest; red' ich aber nicht zum Ziel, so ist
Mein Wort gesprochen.

Philoktetes.

Alles sagst du auch umsonst.
Nie wirst du günstig meinen Sinn gewinnen dir,
Der du mit hinterlist'gem Trug das Leben mir
Hinweggeraubt hast, und zurecht mich weisend dann
Erscheinst, des besten Vaters ehrvergessner Sohn.
Fluch euch, des Atreus Söhnen allermeist, und dann
Laertes Sohn, und dir auch!

Neoptolemos.

Keine Flüche mehr!
Nimm hier aus meinen Händen dein Geschoß zurück.

1225—1254.

Philoktetes.

Wie sagst du? Soll ich noch einmal betrogen sein?

Neoptolemos.

Ich schwör's, bei Zeus, des Reinen, höchster Majestät.

Philoktetes.

O theure Worte, wenn du wahrgemeint sie sprichst!

Neoptolemos.

Die klare That schon folget. Reich' entgegen nur
Mit deiner Rechten, und gewinne dein Geschoß.

(Philoktetes nimmt den Bogen.)

Odysseus. *(Im Auftreten.)*

Ich untersag' es, Zeugen sind die Götter mir,
Für Atreus Söhne, wie das allgesammte Heer.

Philoktetes.

Mein Sohn, o wessen Stimme? War's Odysseus nicht,
Den ich vernahm?

Odysseus. *(Ganz hervortretend.)*

Gewißlich; und du siehst ihn hier,
Der dich auf Troia's Boden mit Gewalt entführt,
Und wenn Achilleus Sohn, und wenn er nicht es will.

Philoktetes. *(Legt den Bogen an.)*

Doch nicht zum Heil dir, gehet sicher hier der Pfeil.

Neoptolemos. *(Fällt ihm in den Arm.)*

Ah, nimmer, bei den Göttern nicht, entlaß den Pfeil!

Philoktetes.

Laß los, um Gott, die Hand mir, vielgeliebter Sohn!

Neoptolemos.

Ich lasse nicht sie. *(Odysseus ab.)*

Philoktetes.

Weh, warum den Gegner mir
Und Feind entzogst du vor dem Tod durch mein Geschoß?

Neoptolemos.

Es wäre dieses weder mir noch dir ein Ruhm.

Philoktetes.

So sollst du so viel wissen, diese Ersten dort,
Die Lügenherold' im Achaierheer, sie sind
Feig bei der Lanze, doch in Worten unverzagt.

Neoptolemos.

Es sei. Den Bogen hast du nun, und Nichts, worum
Du Zorn mir trügest, oder Tadel, bleibt dir noch.

Philoktetes.

So ist es. Dein Geschlecht, o Sohn, bewährtest du,
Aus dem du abstammst; nicht ein Sohn des Sisyphos,
Nein aus Achilleus, welcher bei den Lebenden
Einst hieß der Beste, jetzo bei den Todten auch.

Neoptolemos.

Mich freuet, daß zu meines Vaters Ruhm du sprichst,
Und meinem; was von dir jedoch ich fodre nun,
Das höre. Menschen müssen die durch Götterschluß
Verliehne Schickung tragen als Nothwendigkeit;
Doch wer in selbsterwählter Noth darniederliegt,
Wie du, an diesem werde Duldung nicht geübt
Gerechtermaßen, noch ein Mitleid ihm gewährt.
Du bist verwildert, weisest Freundesrath zurück,
Und wer mit wohlgemeintem Wort zurecht dich weist,
Dem zürnst du; achtend einen Feind und Gegner ihn.
Doch will ich reden. Hör' es Zeus, des Eides Gott!
Und wisse dieses, und dem Herzen schreib' es ein.
Du krankst an diesem Leiden durch ein Gottgeschick,
Genahet Chryse's Wächterin, der Schlange, die
Den offenen Hag haushütend ungesehn bewacht.
Und Ruhe, wiss' es, findest nie du aus der Noth
Der schweren Krankheit, weil dieselbe Sonne noch
Sich hier erhebet, und sich hier hinuntersenkt,
Bevor du Troia's Boden willig selbst betratst,
Und findend unter uns die Söhn' Asklepios,
Der Noth gelindert wurdest, und die hohe Burg

1272 — 1301.

Mit diesem Bogen und mit mir verwüstetest.
Wie Dieß ich wisse, daß es sei, das sag' ich dir.
Ein Mann ist uns gefangen aus der Troerstadt,
Ein Meisterseher, Helenos, der deutlich sagt,
Es müsse Dieß geschehen, und auch Dieses noch,
Es sei Verhängniß, daß in dieses Sommers Lauf
Die ganze Troia falle; sonst gibt willig er
Sich selbst zum Tode, täuscht er sich in diesem Wort.
Nun da du Dieß vernommen, tritt willfährig bei.
Denn schön ist dieser Zugewinn, im Heer erwählt

       finden, dann, die vielbeseufzte
        nehmend, höchsten Ruhmeslohn empfahn.

                   ist du hier mich noch
Im Licht, und   Hades Haus mich gehn? —
Weh, was beginn' ich? Wie entzieh' ich mich dem Wort
Des Mannes, der mir wohlgemeint gerathen hat?
So folg' ich also? Aber wie, Dieß thuend, soll
An's Licht ich Aermster treten? In's Gespräch mit wem? —
O Augen, die ihr Alles saht, was mir geschah,
Wie werdet ihr's ertragen, daß gesellt ich sei
Den Söhnen Atreus, welche elend mich gemacht,
Und, wie dem unheilvollen Sohn des Lartios?
Denn Schmerz um Das nicht, was geschehn, verwundet mich,
Nein was ich noch von ihnen dulden soll, bedünkt
Vorher zu sehn mich. Wessen Seele Mutter ward
Des Bösen, alles unterweist zum Bösen sie. —
Und deiner bin ich Dessen voll Verwunderung.
Du solltest selber nimmermehr nach Troia gehn,
Und mir es wehren; welche frech an dir gethan,
Des Vaters Kleinod raubend. Doch für Diese dann
Zu kämpfen gehst du, und du drängst auch mich dazu?
Nicht also, Jüngling; nein sowie du mir es schwurst,

                        1382 — 1384.

Führ mich zur Heimath; bleibend selbst in Skyros auch,
Laß Sie, die Bösen, untergehn in bösem Tod.
So wirst du zwiefach meinen Dank erwerben dir;
Zwiefach des Vaters; und den Bösen wirst du nicht
Beisteh'nd, den Bösen selber gleich geachtet sein.

Neoptolemos.

Du redest würdig. Dennoch aber wünscht' ich es,
Daß Göttern du vertrauend, so wie meinem Wort,
Mit deinem Freunde diesem Land entsegeltest.

Philoktetes.

Hinweg auf Troia's Boden, zu dem verhaßten Feind,
Dem Sohn des Atreus, mit dem unglücksel'gen Fuß?

Neoptolemos.

Zu Denen, welche deinem eingeschwornen Tritt
Die Schmerzen lindern, und der Krankheit dich befrei'n.

Philoktetes.

O Rather schlimmes Rathes, was begehrest du?

Neoptolemos.

Was dir und mir ich sehe schön zum Ziele gehn.

Philoktetes.

Und Dieß zu sagen, schämst du dich vor Göttern nicht?

Neoptolemos.

Wie sollte doch sich schämen, wer auf Hülfe denkt?

Philoktetes.

Ist Hülf' an Atreus Söhnen, oder mir gesagt?

Neoptolemos.

Dir doch ein Freund wohl, red' ich auch ein solches Wort.

Philoktetes.

Wie, der du meinen Feinden hin mich geben willst?

Neoptolemos.

O Guter, lerne, bei der Noth nicht trotzig sein!

Philoktetes.

Verderben sucht dein Wort mir, ich erkenne dich.

1335 — 1355.

Neoptolemos.

Mit nichten; du nur, sag' ich, willst es nicht verstehn.

Philoktetes.

Ich weiß, von Atreus Söhnen ward verstoßen ich.

Neoptolemos.

Die einst verstießen, siehe zu, sie retten nun.

Philoktetes.

Nie, daß mit Willen Ilion mein Aug' erblickt.

Neoptolemos.

Was soll ich noch versuchen, wenn mit Worten ich
Dich Dessen, was ich sage, nicht bereden kann?
Ich thue besser meinem Wort Einhalt, und du
Lebst, wie du jetzo lebst, hülf- und rettungslos.

Philoktetes.

Laß du mich dulden, was ich denn erdulden muß.
Doch was du, fassend meine Hand, mir angelobt,
Mich heimzuführen; Dieß erfülle mir, o Sohn,
Und ohne Säumniß. Ilions nicht werde mehr
Gedacht. Genug schon tönt meinem Ohr das Wort.

Neoptolemos.

Willst du denn, so gehn wir.

Philoktetes.

O ein edles Wort hast du gesagt!

Neoptolemos.

Stütze nun auf deinen Fuß dich.

Philoktetes.

Gern, soviel ich nur vermag.

Neoptolemos.

Doch der Klage wie entflieh' ich vor dem Heer?

Philoktetes.

Verachte sie.

Neoptolemos.

Wie doch, wenn sie mir verwüsten mein Gebiet?

1856 — 1872.

15*

Philoktetes.

Ich komme dann. —

Neoptolemos.

Welche Hülfe mir gewährend?

Philoktetes.

Mit dem Geschoß des He-
rakles

Neoptolemos.

Wirst du, was?

Philoktetes.

Zu nahn sie hindern deinem Land.

Neoptolemos.

Wohl denn, so sei's.
Wenn du thust so, wie du zusagst, geh', und lüff erst dieses
Land.

(Herakles erscheint in der Höhe auf einer Wolke.)

Herakles.   Vorige.

Herakles.

Nicht jetzo, bevor mein Wort du zuerst
Noch höretest an, o Poias Sohn.
Und sprich, daß hier du des Herakles Laut
Mit dem Ohre vernimmst, und den Anblick schaust.
Dir aber zu Lieb' herkommend verließ
Ich den himmlischen Sitz,
Zu verkündigen dir die Beschlüsse des Zeus,
Und zu hindern den Weg, dem du dich anschickst.
So vernimm mein Wort in Gehorsam.
Und zwar zuerst dir sagen will ich mein Geschick,
Wieviel ich kämpfend und des Kampfs durchlaufend erst,
Erlangte Göttertrefflichkeit, wie nun zu sehn.
Auch du, das wiffe, zahlst die Schuld, zu leiden Dieß,
Daß diese Kämpfe dein Geschick verherrlichen.
Gelangt mit diesem Manne vor die Troische
1373 — 1390.

Stadtveste, wirst der düstern Krankheit erst du frei,
Und dann, der Erst' an Trefflichkeit erwählt im Heer,
Den Paris, welcher dieser Noth Ursacher ist,
Mit meinem Bogen trennen von dem Lebenslicht;
Und stürzen Troia, und den Raub zu deinem Haus
Entsenden, nehmend aus dem Heer den besten Preis,
Dem Vater Poias, hin zu Oïta's Vaterhöhn.
Doch welchen Raub du nehmen wirst von diesem Heer
Als meiner Wehr Denkzeichen, bring' an meines Grabs
Brandstätte. Dir auch gilt, Achilleus Sohn, das Wort
Der Mahnung. Denn du selber nicht ohn' ihn vermagst
Zu nehmen Troia's Boden, noch er ohne dich.
Nein, Ein genossam Löwenpaar, bewachet euch,
Er dich, und du ihn. Ich entsend' Asklepios
Als Stiller deiner Krankheit dir nach Ilion.
Zum andernmale muß sie nun durch mein Geschoß
Genommen werden. Dieß jedoch bedenket, bei
Des Lands Verwüstung, fromm zu scheu'n, was Gottes ist.
Denn alles Andre setzet Dem der Vater nach,
Zeus. Gottesfurcht stirbt mit den Menschen nicht dahin;
Sie leben oder sterben, so verdirbt sie nicht.

Philoktetes.

O der du ersehneten Ruf mir gesandt,
Und endlich erschienst,
Nicht unfolgsam will ich dem Wort sein.

Neoptolemos.

Auch ich stimm' ein zu dem gleichen Entschluß.

Herakles.

Säumt endlich nun nicht zu beginnen die That.
Zeitgunst und Fluth
Hier dränget sich gegen das Steuer.

(Verschwindet.)

1391 — 1418.

Philoktetes.   Chor.   Neoptolemos.

Philoktetes.

Auf denn, ich begrüß' abscheidend das Land.
Leb wohl, o Gemach, du mir hütend gesellt,
Und ihr Nymphen der Fluth auf wiesigen Au'n,
Und du kräftiger Hall um den Meervorberg,
Wo oft mir zuvor feucht wurde das Haupt
In dem Winkel der Kluft, von den Stößen des Süds,
Wo oftmals schon mir den eigenen Ruf,
Der Hermäische Berg gab wieder zurück,
Und der stürmischen Brust nachseufzend erscholl.
Jetzt Quellen ihr hier, und du Lykischer Trank,
Euch laß' ich zurück, ich verlaß' euch nun,
Der nie ich so hoch mein Hoffen erhub.
Leb Lemnisches wohl, du umfluthetes Land,
Und in glücklicher Fahrt send' arglos mich,
Wo Moira mich hin, die erhabene führt,
Und befreundeter Rath, und die Göttergewalt,
  Die Dieß allzwingend gefügt hat.

Chor.

Auf laßt uns all im Gedränge nun gehn,
Wenn erst zu den Nymphen der See wir gefleht,
  Als Helfer der Fahrt zu erscheinen.

1419 — 1438.

Anmerkungen

zum

Philoktetes.

Wenn wir die uns erhaltenen Stücke des Sophokles unter einander vergleichen, so ergibt sich, daß das Verhältniß zwischen den Charakteren und der Handlung, oder zwischen den Menschen und Dem was mit und von ihnen geschieht, in allen ein anderes ist; welcher Umstand denn auf die reiche Erfindungskraft des Dichters auch in den verlornen Schauspielen mit Grunde schließen läßt. Im ersten Oidipus sieht man durch ein furchtbares Geschick, als Beispiel des unwiderstehlichen Götterwillens, einen an sich frommen Menschen unwissend in unnatürliche Vergehungen verstrickt, bei deren Entdeckung er sich, nach dem ersten Ausbruche der Verzweiflung, der höheren Macht mit Ergebung unterwirft. Im zweiten wird demselben Dulder von den Göttern Genugthuung gegeben, er folgt ihrer Führung, und erwehrt sich nur Deren, die ihn daran hindern wollen. Die Elektra zeigt die göttliche Gerechtigkeit in der Bestrafung des Verbrechens; die Menschen sind theils ihre gehorsamen Werkzeuge, theils ihre Opfer. Deianeira, an der verwundbarsten Stelle ihres Herzens gefaßt, sucht vergeblich ein drohendes Uebel abzuwenden, und da sie hierdurch ein viel größeres Unheil herbeigezogen, so büßt sie freiwillig die unvorsätzliche Schuld, wodurch sie den Rathschluß der Götter erfüllen muß, mit dem Tode. Aias dagegen führt seinen Untergang selber herbei; gekränkter Stolz verleitet ihn zum Versuch eines Verbrechens, dessen Vollführung ihn eben so sehr entehrt haben würde, als nun seine Vereitelung ihn demüthigt; sein Tod ist unvermeidlich; aber nicht in heftiger Leidenschaft, sondern bei beruhigter Stimmung und nach der edelsten Sinnesänderung wählt er ihn. Antigone endlich folgt mit festem Willen der Stimme ihres Herzens, worin sie Religion und Sitte, der Pflicht des bürgerlichen Gehorsams gegenüber, bestärken, und eine höhere Hand erscheint erst nach ihrem Tode in der Bestrafung und Reue ihres Gegners. In beiden letzteren Fällen ist das Schicksal vornehmlich in der Brust des Menschen, der Ausgang von seinem Willen abhängig, in den übrigen erscheint das Wirken der Gottheit, mit mehr oder weniger erkennbarer Absicht, als ein Nothwendiges verwaltend. Wohin nun nach der hier vorgenommenen Unterscheidung der Philoktetes zu stellen sei, wird eine übersichtliche Betrachtung am Besten deutlich machen.

Philoktetes, eine Zeit lang Begleiter des Herakles (1102), und für das Anzünden des Holzstoßes auf dem Oita von ihm mit dem Bogen beschenkt (776. 705), war, wie die übrigen Freier der Helena, zu dem Kriegszuge verpflichtet. Wenn er daher freiwillig gegangen zu sein behauptet (1002), so geschieht Dieß im Gegensatze mit Odysseus, welcher zur Erfüllung seines Eides gezwungen werden mußte. Bei der Ueberfahrt sollte auf Chryse an dem Altars, wo einst Jason auf der Argonautenfahrt, und dann Herakles bei seinem Zuge gegen Troia geopfert hatte, ein für das Gelingen des Unternehmens nothwendig erachtetes Opfer gebracht werden; Niemand aber wußte den auf der einsamen Insel mit Gebüsch überwachsenen, leicht oder nicht mehr aufzufinden Altar, außer Philoktetes, aus der Zeit seines Umganges mit Herakles. So mußte im Zusammenhange des Geschicks Dieser der einzige Wissende sein, damit er, als Führer das Heiligthum zuerst betretend (1294), verwundet und so bis zum Eintritt der bestimmten Zeit kampfunfähig gemacht würde (197).

Schon dort bei dem Opfer werden sie durch sein Geschrei gestört worden sein, und konnten daraus auf die Zukunft schließen. An der ersten Insel daher, die sie seit Chryse (267), vielleicht nach längerer stürmischer Fahrt (269), wiewohl beide Inseln nahe bei einander lagen, zu erreichen vermochten, an einer unbewohnten Stelle, wie sie sich gerade darbot, oder mit Vorsatz, weil ihn die Einwohner vielleicht nicht aufgenommen hätten, oder er mit ihrer Hülfe ihnen nachkommen konnte, ging Odysseus mit ihm an's Land (5), und da er den Ort durch die einigen Schutz gewährende Höhle geeignet fand, ließ er ihn schlafend (270) dort liegen, zwar den Bogen ihm nicht nehmend, welcher ihn allein vor dem Hungertode schützen konnte, und den er wohl auch im Schlafe zu bewahren wußte, wohl aber seine Schiffe mitführend, und ihm, grausam genug, nur wenig Speiße und Kleidung, und Nichts sonst zur Erleichterung seines Zustandes zurücklassend (271. 277). Daß sie ihn mit Willen ausgesetzt, konnte er eben hieraus erkennen, und daß es wegen seines Schreiens und üblem Geruchs geschehen, wußte er aus den Vorwürfen, die er vorher darüber hören müssen (1009), daß aber auf

Geheiß der beiden Atreiden (264. 999), oder des Agamemnon allein (1343), ging aus dem Oberbefehl hervor; wenn er sie aber beschuldigt, daß Sie es auf Odysseus, Dieser auf Sie schiebe (1005), so ist das eine zornige und falsche Voraussetzung.

So soll er nun dort die langen zehn Jahre (310), von den Achaiern vergessen, für sie und alle Menschen todt (1005. 992), von den Bewohnern des Landes (679) gemieden, von den wenigen Fremden, die nothgedrungen hier landeten, unnütz bemitleidet und gescheut (305), zwei Steine zum ersten Feuerzeug habend (294), mit einem Trinkgeschirr von eigner Arbeit (35) versehen, in welchem er sich das aus der tiefer liegenden Quelle (20) mühsam geholte Wasser (290) aufzuheben pflegte (696), ohne Messer, Beil oder Schwerd (1173), in einer Höhle, die zwar, nach Südost und Südwest offen, einen erquickenden Sitz in der Wintersonne, und im Sommer einen durch den Luftzug gekühlten Ruheplatz gewährt (17), die aber doch nicht, wie eine menschliche Wohnung (524), vor Hitze und Frost (1057), noch vor Sturmregen (1423) schützen kann. Ueber Alles das lahm von einer unheilbar eiternden (1345) Wunde, deren nie abnehmende Schmerzen (311) in wüthenden Anfällen zeitweise wiederkehren (734. 782), und gegen die er kein Linderungsmittel als ein Kraut besitzt, das er sich selber suchen muß (44. 639. 686): Welch ein Gewicht von Leiden (731), welch eine Seelenqual der Sorge und Sehnsucht (186. 481), des Hasses gegen seine Feinde (313) und der Verzweiflung an des Himmels Gerechtigkeit (252. 441); und dennoch eine so starke gesunde Seele, die am Leben fest hält und ihre Noth selbst lieben lernt (528), die in Entbehrung der Menschen sich liebend an die leblose Natur anschließt (910. 1419).

Diesen Helden und Dulder wollen sie jetzt endlich, da sie seiner bedürfen, aus der Verbannung zurückführen. Odysseus, stets für das Allgemeine thätig, hat das Geschäft übernommen, und bringt den Jüngling Neoptolemus als Gehülfen mit. Durch Diesen läßt er die Oertlichkeit ausspähen, und erkennt sie für dieselbe, wo er den Philoktetes einst verlassen hat. Sorgfältig erkundigt er sich, ob Derselbe nicht in der Höhle anwesend sei, aber Nichts als die Zeichen seines armen und traurigen Lebens sind zu sehn, er selber abwesend. Ein Feind wie Odysseus darf sich vor einem so furchtbar bewaffneten Gegner nicht blicken lassen; hierdurch wird es denn auch als nothwendig entschuldigt, daß man ihn mit List in seine Gewalt bringen, sich deßhalb seines Bogens bemächtigen will. Neoptolemos, der redliche Sohn des wahrhaftigsten Vaters, jetzt erst erfahrend (er wäre sonst nicht mitgegangen), daß er einen Betrug spielen soll, weigert sich Anfangs, und leistet eine Zeit lang den Anforderungen des öffentlichen Wohles, nicht aber so beharrlich (denn jedes Alter hat seine Leidenschaften) der Lockung des Ruhmes Widerstand, und bleibt endlich, um den Auftrag auszuführen.

Der Chor, der in der Nähe gestanden hat und etwa auf ein Zeichen von Odysseus hervorgetreten ist, im Allgemeinen von dem Zweck der Reise unterrichtet, fragt sogleich, wie er dem Manne begegnen soll, den er als einen Fremden und Unglücklichen argwöhnisch nennt, und läßt sich von seinem Fürsten (denn, spricht er, mit der Herrschaft ist auch die vollkommene Einsicht verbunden) belehren, wie er sich ihm zur Seite halten und seines Winks gewärtig sein soll, läßt sich sodann, näher tretend, auch die Höhle und ihr Inneres zeigen, und bricht in staunendes Mitleid aus über ein solches Elend, und solchen Muth, es zu tragen. Aber dem edlen Gemüthe seines Herrn geht schon ein Verständniß auf über den höheren Zusammenhang dieses langen Leidens mit den Absichten der Weltregierung. Unterdessen thut der Chor seinen Dienst als Wächter, er hört den Philoktetes kommen; der mühselig hinkende Tritt, die Leidenstöne der Brust lassen nicht zweifeln; und so können sie ihn gefaßt erwarten.

Rührend, wie der Anblick seiner Wohnung, ist auch das Auftreten des Unglücklichen, seine Freude, Menschen zu sehen, sein Glück, daß es Landsleute, ja Freunde sind. Aber das Gefühl seiner Verlassenheit ergreift ihn nun wieder mit neuer Gewalt, da sie thun, als wüßten sie Nichts von ihm. Lebendig, kräftig erzählt er seinen Namen, die Geschichte seiner Aussetzung und langen Einsamkeit, und der vergeblichen Versuche, Befreiung daraus zu finden. Neoptolemos spielt nun seine Rolle auf's Beste weiter. Durch seinen aus Trug und Wahrheit zusammengewebten Bericht erfährt Philoktetes den Stand der Dinge vor Troia, den Fall der edelsten, ihm theuern Helden, während das Glück seiner Feinde, die alle verschont geblieben, seinen Unwillen noch vermehrt und bis zu Zweifeln an den Göttern steigert. Jetzt will Neoptolemos scheinbar gehen; er läßt sich nur mit Mühe erbitten, ihn mit; und vorgeblich nach Hause zu führen; Alles scheint gelungen zu sein; Philoktetes will schon gehen, nur von seiner Wohnung wünscht er nach Abschied zu nehmen.

Da erscheint der als Kaufmann verkleidete, von Odysseus gesendete Schiffer. Derselbe erzählt, ebenfalls halb wahr und halb erdichtet, die angebliche Verfolgung des Neoptolemos, und das wirkliche Vorhaben, den Philoktetes nach Troia zu holen, nebst seiner Ursache. Hierbei wird die Möglichkeit vorausgesetzt, daß sich derselbe gutwillig dazu verstehen werde, wiewohl der, welcher ihn dazu bereden soll, Odysseus, nicht eben in ein günstiges Licht gestellt wird. Jetzt erfahren wir auch zuerst mit Philoktetes, daß der Wunsch, ihn dort zu haben, auf Weissagung, also offenbartem Götterwillen beruht, und zwar auf der Weissagung eines Propheten von der feindlichen Seite, die eben dadurch an Glaubwürdigkeit gewinnt.

Aber weder Dieses, noch die Aussicht auf den verheißenen Ruhm kann den Gekränkten bewegen, sich zum Dienste seiner Beleidiger herzugeben. Er dringt nur eifriger auf die Abfahrt, und mit dem Vorsatze dazu gehn sie jetzt in die Höhle, nachdem vorher noch der Bogen zur Sprache gekommen, und die Berührung desselben dem Jüngling als Lohn seiner Wohlthat verheißen worden ist.

Wozu nun die Episode mit dem Kaufmann, kann man fragen, da Philoktetes mitzugehn ohnehin bereit, eine neue List also nicht nöthig war, um ihn auf das Schiff zu locken. Zur Beantwortung betrachte man die Scene aus doppeltem Gesichtspunkt. Als Wirklichkeit angesehen, haben sie schon ziemlich lange gesäumt, und Odysseus weiß nicht, ob sie ihren Zweck erreichen werden; sodann auch dient die Aussage des Kaufmanns zur Bestätigung Dessen, was Neoptolemos von seinem Weggang von Troia erzählt hat. Aber Dieses genügt nicht. Ein Dichter wie Sophokles häuft nicht unnöthig die Mittel, er braucht ihrer genau so viel, als er bedarf. Von dieser Seite allein betrachtet wäre demnach diese Dazwischenkunft überflüssig, und also fehlerhaft. Aber die andere Seite ist die künstlerische, der Zusammenhang und Fortschritt der Handlung; und hier liegt die Rechtfertigung. Ungerechnet nämlich den erhöhten Antheil, den wir an dem Unglücklichen nehmen, welcher durch eine neue Lüge getrieben wird, mit Ungeduld in die ihm gelegte Schlinge zu gehn, so enthält die Erzählung alle die Umstände, welche bis jetzt noch unerörtert geblieben, mit Philoktetes ist auch der Zuschauer erst jetzt in den ganzen Zusammenhang eingeführt, das Schauspiel hat seine völlige Exposition, und die Mitte erreicht, auf der es sich in der folgenden Scene hält, um dann zur Entscheidung oder Kata-

Strophe überzugehen. Daher bedarf es später nur kurzer Reden des
Neoptolemos, um seine wahre Absicht zu offenbaren, und es gibt
schon die bloße Erscheinung des Odysseus ohne Worte dem Philoktetes den überraschendsten Aufschluß. Wenn aber der Erste später
noch einmal auf den Seher Helenos zurückkommt, so geschieht dieß
kurz, und nur damit wir die Wahrheit des früheren Berichtes hierin
erfahren. Endlich zeigt sich hiebei der entschiedene Wille des Philoktetes, nicht mit nach Troia zu gehn, wodurch Neoptolemos aller
dahin zielenden Ueberredungsversuche fürerst überhoben ist.

Das nun folgende Chorlied, dessen Trefflichkeit der Lobpreisung
nicht bedarf, schildert mit Wärme, in lebhaften Farben das lange
Elend des Mannes, dessen Gleichen nur unter den Verdammten der
Unterwelt zu finden ist. Dennoch läßt der Gesang einen Stachel
zurück, da er am Ende nicht ganz redlich gemeint ist, und er würde
dieß noch mehr, wenn es nicht eigentlich doch darum gälte, die
Noth, freilich wider Willen des darin Befangenen, zu enden, ihn
gesund und zum ruhmgekrönten Sieger zu machen.

Noch aber ist die ganze Höhe seines Leidens nicht offenbar geworden, die Erscheinung seiner leiblichen Schmerzen fehlt noch zur
Vollständigkeit der Anschauung; und diese werden jetzt in aller ihrer
Gewaltsamkeit vorgeführt. Sollen sie Anderen ganz erkennbar werden,
so muß es durch den Mund des Leidenden selber geschehen, und so
hören wir ihn denn jammern, eines Helden der Urzeit keineswegs
unwürdig, auch andere Empfindungen, die Furcht, daß man ihn nun
nicht mitnehmen werde, den Zorn gegen die Urheber seiner Verbannung aussprechen. Wiewohl auch das Uebernatürliche des Leidens
durch die Heftigkeit der Schmerzäußerungen, das Erstaunen des
Neoptolemos, und durch die regelmäßig wiederkehrende, stets gleiche
Gewalt der Krankheit bezeichnet wird. Zwischen den beiden Krank-
heitsanfällen geschieht endlich das Wichtige, worum es sich bei dem
ganzen Unternehmen gehandelt hat, Neoptolemos empfängt den Bogen, seiner Treue übergibt der Kranke sich und sein einziges Gut;
nach einem neuen Sturm entschläft er.

Nun räth der Chor zur Flucht mit dem Bogen. Du siehst was
dir und mir nun zu thun ist; benutzen wir die Gelegenheit mit Umsicht, so ist der Erfolg unser. Aber Neoptolemos weiß, daß Philoktetes nicht fehlen darf, und er will ihn auch nicht zurücklassen.
Nochmals fordert ihn der Chor auf. Du weißt, wen ich meine (er
meint den Schlafenden); wenn es mit ihm deine Absicht ist, ihn

mitzunehmen, sein Erwachen abzuwarten, so wird (durch seinen
Widerstand, sobald er erfährt, was ihm geschehen soll), eine Verwicklung entstehen, aus der uns keine Klugheit retten wird. Jetzt weht
günstiger Wind; jetzt ist der rechte Augenblick, hülflos liegt der
Mann darnieder, und ist ohne Furcht und Gefahr unser Zweck zu
erreichen.

Ehe Neoptolemus noch antworten kann, erwacht Philoktet,
und seine ersten Worte sind eine Danksagung für seine Treue.
Dafür soll er ihn jetzt abermals täuschen, um sie geben wollen, die
frühere Lüge wiederholen. Schon die ersten Wechselreden mit Philoktetes, dessen Liebe zu Achilleus, seine rührenden Bitten, sein Vertrauen, sein Ausspruch, daß dem Edlen alles Ehrlose zuwider sei,
mußte ihn treffen und beschämen; der Anblick seiner elenden Behau-
sung eben, dann seiner Schmerzen und der ängstlichen Hülflosigkeit
im Schlafe hat das ganze Gebäude der ihm unnatürlichen Verstellung umgeworfen, und er ist wieder er selber. So gesteht er ihm
Alles. Nun aber Gewalt zu brauchen, wird er sich auch nicht entschließen; die zwischen Zorn und Bitte, Angst und Jammer hin
und hergetriebene Rede des Philoktetes macht es ihm unmöglich,
und er kann von der Rückgabe des Bogens, womit das ganze Unternehmen vereitelt wäre, nur durch das schnell dazwischentretende,
ihn überraschende Ansehen des Odysseus abgehalten werden.

Nach einem solchen Auftritt ist eine ruhige Verständigung, auch
wenn sie sonst möglich gewesen wäre, undenkbar. Den Odysseus,
der, aufgeregt durch das Vorhergegangene, herrisch gegen Philoktetes verfährt, nöthigt dessen Drohung, sich das Leben zu nehmen,
zu persönlicher Gewalt, und der äußerste Zorn desselben läßt ihm,
da, wider seinen Willen ihn wegzureißen auch selbst für den Gegner etwas Empörendes haben müßte, keine Wahl, als ihn ohne
den Bogen zurückzulassen, damit wenigstens diese Eine Eroberung
gesichert werde. Neoptolemus bleibt dabei unthätig, nur daß er,
seinem Versprechen getreu, den Bogen nicht aus den Händen giebt,
und folgt dem Odysseus, den Chor in der Hoffnung auf einen bessern
Entschluß des Philoktetes zurücklassend.

Der steht nun vor seiner Höhle, von der er eben erst Abschied
genommen, um jetzt noch viel hülfloser, als er vor zehn Jahren
war, wieder in sie einzutreten. Dieß herbe Gefühl und, in seiner
höchsten Steigerung, der Wunsch des Todes (sich selbst das Leben
zu nehmen, hätte ihn nur eine schimpfliche Behandlung vermögen

ruhin), der Gedanke an den Triumph seines Todfeindes Odysseus, in dessen Händen er sich jetzt den Bogen denkt, Sehnsuchtsruf nach diesem seinem treuen Gefährten, zuletzt Erwartung eines kläglichen Endes durch Hunger oder wilde Thiere; das ist der Inhalt seiner rührenden Klagen, ohne daß er auf die Zwischenreden des Chors achtet, der ihm vorhält, daß er sich selber das Uebel zuziehe, wo ihm eine bessere Wahl freigestanden; daß es Wille und Fügung der Götter sei, die ihn in ihre Hand gegeben; daß Odysseus, der in Auftrag Vieler zum gemeinen Besten gehandelt, so schwere Verwünschungen nicht verdiene. An seine Hülflosigkeit möge er denken und wohlgemeinten Rath annehmen. Da scheint er endlich auf die Ermahnung zu hören, allein es ist nur das ängstliche Festhalten der letzten Hoffnung; mitzugehn wird er sich nicht entschließen; er würde sich in der Verzweiflung den Tod geben, wenn er nur eine Waffe hätte. - Damit geht er trostlos in seine Höhle.

Irrig also war Neoptolemos Hoffnung, die Noth werde ihn zur Nachgiebigkeit bringen; es bleibt nun Nichts übrig, wenn er sich nicht selbst verachten will, als ihm den Bogen zurückzugeben. Von diesem Vorsatz ihn abzubringen, wendet Odysseus Bitten und Drohungen an, da aber Alles vergeblich ist, steht er von der Versuche ab, ihn mit Gewalt zu hindern, nach seiner ruhig gefaßten, klugen Weise, nicht als feig weder hier noch in der folgenden Scene sich zeigend, denn die dahin lautenden Zornreden des Neoptolemos wie dann des Philoktetes sind kein gültiges Urtheil. Noch Einmal versucht Jener es, wiewohl umsonst, den Letzteren umzustimmen, und gibt ihm dann den Bogen wirklich zurück, wogegen Odysseus, der in der Nähe verborgen gestanden, mit großer Gefahr für sich, die Neoptolemos noch abwendet, Einspruch erhebt, um dann wegzugehen.

Hiermit ist die ganze Verwicklung abgelaufen, aber auch der Zweck verfehlt. Mit wohlmeinend edlen Worten verfolgt diesen nun noch immer der Jüngling, und wenn Jemand, so hat er ein Recht, seinem neuen Freunde gute Lehren zu geben. Er stellt ihm den wichtigsten Grund zur Nachgiebigkeit, den Willen der Götter, vor Augen, dann sein eignes Wohl, da ihm auf keinem anderen Wege Heilung zu hoffen ist. Das fühlt auch Philoktetes tief, aber der alte Haß, und mehr noch (durch diesen seinen Zug wird aber die Umstimmung vorbereitet) die Furcht vor weitern Kränkungen überwiegen jede andere Betrachtung, und er fordert von Neoptolemos, sein Versprechen erfüllend ihn nach Hause zu führen.

Daß Dieß nicht geschehe, kann nur eine höhere Einmischung bewirken. Es erscheint der frühere Eigner des göttlichen Bogens, von welchem das ganze Kriegsglück abhängt, das Urbild aller durch Leiden zum Ruhme sich durchkämpfenden Helden und Dulder, der Gott gewordene Herakles, als Vermittler zwischen Zeus und den Menschen, und sogleich ist der Streit geschlichtet, alle Ungewißheit gehoben, aller Mißlaut verschwunden, Gefühl und Verstand in ihre Uebereinstimmung hergestellt.

Die Lösung ist die allerschönste, eine gegenständliche Darstellung der Vernunft und des mit ihr gleichen Götterwillens. Die Atreiden vertreten allerdings das öffentliche Wohl; aber geschieht dieses ohne Trübung durch Leidenschaft, Stolz und Eigennutz? Ist es nicht ihre eigene persönliche Sache, der eigne Vortheil, den sie verfolgen? Bleibt es nicht immer eine Gewaltthat, wie sie ihn einst verlassen haben; und nicht minder gewaltthätig die Art, wie sich jetzt Odysseus seiner bemächtigen wollte? Gegen sie selbst ist Philoktetes im Rechte, aller Verbindlichkeit gegen sie selbst enthoben; sein Haß gegen sie, mit denen er ohnehin schon seinem Charakter nach nicht übereinstimmt, ist natürlich und von dieser Seite gerecht. Aber seiner Pflicht gegen die Allgemeinheit wird er dadurch nicht entbunden, der höheren Ordnung, die die Weltbegebenheiten lenkt, soll er seinen Dienst nicht entziehen, das erfordern Vernunft und Religion. Sollte nun diese Erkenntniß in ihm selber sich entwickeln, so entbehrte diese Umwandlung der Anschaulichkeit, der Schein des Unrechts und der Schwäche bliebe leicht auf seiner Seite, des Rechts bei seinen Gegnern, während jetzt beide Theile der höheren, durch die Irrthümer und Leidenschaften der Menschen ruhig hinschreitenden Gewalt folgen, und so Alles mit einem erhebenden Aufblick nach oben ausgeht.

Der Philoktetes hält die Mitte zwischen Charakter= und Schicksalstück. Die Trachinierinnen unterscheiden sich dadurch, daß nur in der Abwehr eines Uebels, dem er sich auch unterwerfen würde, wenn es unvermeidlich wäre, der Charakter sich entfaltet, während im Philoktetes der Wille dem Uebel trotzt, seine Fortdauer wissentlich herbeizieht, dort also mehr Leidendes, hier mehr Thätiges ist, wodurch die Handlung bewegt wird. Da aber hier wieder das erste Unglück ein Geschick ist, das erlittene Unrecht, das erste wie das

lepte, mit jenem Geschick, als einem höheren Allgemeinen, in Verbindung steht, so sind die Factoren fast gleich, wenn schon das Interesse mehr bei der Person des Helden als bei dem Erfolge verweilt.
Es würden sich demnach die sieben Stücke nach dem Vorwalten der
Handlung oder der Charaktere so ordnen: die beiden Oidipus, Elektra, Trachinierinnen, Philoktetes, Antigone, Aias.

Man bemerkt in unserem Drama eine etwas größere Freiheit
in dem Versbau, wie sie bei Euripides noch entschiedener hervortritt und nach der Komödie hinweist. Es wird Dieß wohl mit der
Zeit der Abfassung, 410 vor Christo, in Verbindung gesetzt, als
man schon angefangen, von der alten Strenge abzugehn. Mit eben
so viel Grund jedoch dürfte es bei Sophokles dem mehr sentimen-
talen, zu einem heiteren Schluß bestimmten Gange der Handlung
zugeschrieben werden.

V. 2. Lemnos, eine der größeren Griechischen Inseln, war
dem Feuergott Hephaistos heilig, wie Delos dem Apollon, Rhodos
dem Helios u. s. w., weil sich auf ihr der Vulcan Mosychlos befand (960), der älteste, den die Griechen kannten, denn von den
Ausbrüchen des Aetna erfuhren sie erst um das Jahr 476 v. Chr.
Aus dem Mosychlos holt bei Aischylos Prometheus das Feuer für
die Menschen, und in ihn will Philoktetes (775) geworfen sein.
Ueber Hephaistos vgl. Th. 1. S. 330. — Die Insel war frucht-
bar und versah das Heer vor Troia mit Wein. An einem unbe-
wohnbaren Vorsprung derselben lebte Philoktetes. Die Gegend bezeichnet Sophokles näher durch den Hermesberg (1426), dergleichen es auch anderswo, z. B. in Ithaka gab. Nur von dieser
unwirthbaren Küstenstrecke, welche V. 1 ausdrücklich als solche bezeichnet wird, gilt auch, was Philoktetes V. 298 f., ohne diese
Unterscheidung zu beobachten, von der Insel sagt, die er übrigens
auch nicht anders kennt.

V. 4. Den Melier. Vgl. Trachin. S. 69, zu V. 192.

V. 10. Bei dem Opfer mußte Stille herrschen, wenn es
gültig sein sollte.

V. 11. βοᾶν, στενάζων. Dindorfs und Wunders βοᾶν, ὠζων,
auf Eine Handschrift, mit Berufung auf Trach. v. 784. Herm., ge-

V. 38. Das Zündgeräthe begreift die ganze Vorrichtung, um Feuer anzumachen, wobei man nicht gerade mehr an die ursprünglichen Kiesel (294) zu denken hat.

V. 49. Das zweite Wort ist das V. 24 von Odysseus angekündigte, sobald der Ort erforscht sei.

V. 54. Philoktetes, zu Deutsch Habegern, scheint von der Sage nach seinem Geschick, das durch den Besitz des Bogens bestimmt wurde, benamt zu sein. Als Habegern nämlich bewies er sich, als er für den Bogen sich dazu verstand, den Holzstoß des Herakles anzuzünden.

V. 72. Odysseus war durch seinen an Helena's Vater geleisteten Eid gebunden, er war ferner gezwungen mitgegangen (1000), und war von dem damaligen ersten Zuge her dem Philoktetes verhaßt; er durfte also vor Diesem nicht erscheinen, und konnte ihm nicht glauben machen, daß er das Heer wirklich verlassen habe. Anders aber Neoptolemos. Mit dem Zwange verhielt es sich so. Als der Auszug kam, stellte sich Odysseus, um zu Hause zu bleiben, wahnsinnig, pflügte mit Roß und Stier und säte Salz. Aber Palamedes vereitelte den Betrug, indem er that als wollte er den Telemachos, Odysseus Kind, tödten, wodurch Dieser die Maske abzulegen und mitzuziehn genöthigt wurde. Dafür verfolgte er aber den Palamedes mit unversöhnlichem Haß und richtete ihn endlich durch eine falsche Anklage zu Grunde. Diese wie andere den Homerschen Helden ungünstigen Erzählungen, z. B. von der unächten Geburt des Odysseus, sind jünger als Homer, waren aber der Tragödie sehr brauchbare Motive.

---

stützt, wird durch letztere Stelle eher unwahrscheinlich gemacht, da sich der Dichter nicht zu wiederholen braucht. Aber λίζων steht an sich, als eine speziellere und steigernde Bezeichnung des Begriffs von βοῶν hier, wo keine Beschreibung des Schreiens geliefert werden soll, dem vervollständigenden στενάζων an Werthe nach.

V. 29. Das von Wunder eingeführte und wohl vertheidigte κτύπος, für τόπος, scheint mir allein zum folgenden Verse zu passen. Wenn man keine Fußtapfen gesehen, so hätte dieses gerade vermuthen lassen, daß Philoktetes nicht ausgegangen. Ganz angemessen aber ist es, wenn Neoptolemos, an der Höhle stehend, hineinhorcht, ob sich Nichts darin rege, wofür er sagt, man hört keinen Fußtritt. Nachher geht er noch näher und blickt hinein.

16*

V. 89. Zu der Großheit des Achilleus gehört seine Wahr=
haftigkeit, und er spricht bei Homer:

Denn es ist Der mir verhaßt so sehr wie die Pforten des Ais,
Welcher ein Anderes birgt in dem Inneren, Anderes redet.

V. 133. 4. Hermes (Th. 1. S. 262), als Gott der List,
hat sie hierher geleitet und soll sie weiter anführen. — Die Kriegs=
göttin Athene (das. 236) hat den Beinamen Nike, Sieg (das.
331), und Polias, als Stadtbeschützerin, insbesondere Athens,
aber auch anderer Städte.

V. 140. Des Zeus Zepter, denn von Zeus sind die Könige,
von Gottes Gnaden, ihre Gewalt ein Ausfluß seiner höchsten Macht,
Viele selbst von ihm abstammend.

V. 184. 5. Gefleckt werden gewöhnlich die friedlichen Thiere,
als Hirsche u. dgl. genannt; die zottigen wären dann die rei=
ßenden.

V. 241. Thetis, Achilleus Mutter, seinen hohen Ruhm und
frühen Tod, wenn er in den Krieg zöge, vorauswissend (denn zwischen

---

V. 187 f. βαρεῖα δ᾽ ἀθυρόστομος ἀχὼ τηλεφανὴς πικρᾶς οἰμωγᾶς
ὑπόκειται. Bruncks ὑπακούει wäre wohl nicht allzukühn, wenn es nur
paßte; aber das Zuhören, welches nichts Beschwerliches hat, stimmt nicht
mit βαρεῖα; dieses aber, wie Solger, tieflautend zu übersetzen, wie es
wohl V. 207 heißen kann, geht nicht an, da das Echo nicht tiefer und
nicht höher tönt, als der Schall, den es wiedergibt; βαρεῖα heißt also
belästigend. Und als etwas Schlimmes fährt auch der Chor (680) und
Philoktetes selber (1425) den Widerhall auf. Geschwätzig ist ferner jedes
Echo, da es stets das letzte Wort behält, und weitscheinend oder drin=
gend, denn es trägt die Stimme weiter, wenn es mehrfach ist, wie im=
mer in Bergen. Nun bleibt nur ὑπόκειται zu erklären. Ich denke, es
bedeutet, das Echo lege sich an ihn heran, als eine weitere traurige Ge=
sellschaft neben den wilden Thieren, bei denen er schon liegt; also der
κακογείτων στόνος ἀντίτυπος, die schlimme Nachbarschaft des Widerhalls
seiner Wehklage; ὑπόκειται ungefähr in der Bedeutung von ἐπίκειται,
das man zur Noth auch dafür setzen könnte.

V. 208. διάσημα γὰρ θροεῖ. Dindorfs und Wunders θρηνεῖ paßt
nicht, denn nicht weinen hört man ihn, sondern einen Schmerzenslaut
ausstoßen, wie nachher noch einmal gesagt wird, entweder weil er ange=
stoßen, oder weil ihm der Anblick des Schiffes, als selten an dem un=
wirthlichen Ufer, einen Schrei der schmerzlich frohen Ueberraschung ent=
lockt hat. Der Vers, als ein Glykonischer, steht nicht im Wege.

einem kurzen ruhmvollen und einem langen dunkeln Leben war ihm
vom Geschick die Wahl gegeben), hatte ihn, da der Troische Zug
im Werk war, auf der Insel Skyros bei dem Könige Lykomedes verborgen, unter deffen Töchtern er in Frauenkleidern unerkennbar war, so groß war seine jugendliche Schönheit. Dennoch fand
ihn Odysseus heraus, indem er unter Frauenputz zugleich Waffen in
das Gemach brachte, auch eine Trompete blasen ließ, wobei Achilleus sich verrieth. In dieser Verborgenheit hatte er mit Deida-
meia, einer von Lykomedes Töchtern, den Neoptolemos erzeugt.

V. 262. Kephallenen heißen bei Homer alle Bewohner der
südlichen Jonischen Inseln und der nächsten Küsten, und sie werden
von Odysseus vor Troia angeführt. Der Name ging später auf eine
der größeren Inseln, Same, über, die noch Kefalonia heißt. Diese
Menschen waren thätige Handelsleute, und gelegentlich auch See-
räuber, daher die Benennung des Odysseus nach ihnen, wiewohl
ganz Homerisch, hier etwas Bitteres hat (766).

V. 267. Ueber die Insel Chryse sind wenig Nachrichten übrig.
Sechshundert Jahre nach Sophokles Tode soll sie nicht mehr über
dem Wasser gewesen sein.

V. 307. Einen Theil ihrer vorräthigen Speiße geben sie ihm.

V. 323. Mykene, Agamemnons, Sparta, des Menelaos
Stadt.

V. 226. $\varkappa\alpha\lambda o\acute{\upsilon}\mu\varepsilon\nu o\nu$, anredend, anrufend, mit Auslassung des
Objects, gehört zum Vorhergehenden, nach der alten Interpunction.
Wunders Einwendung gegen diese von Hermann angenommene Bedeutung
fällt dann weg.

V. 264. $\tau\tilde{\eta}\varsigma\delta'$ $\alpha\nu\delta\rho o\varphi\vartheta\acute{o}\rho o\upsilon$ κ. τ. λ.; dafür liest man $\tau\tilde{\eta}\varsigma$. Jenes
ist aber gut, hinweisend zu verstehen, indem Philoktetes dabei auf seine
Wunde zeigt, also wie wenn es hieße $\tau\tilde{\eta}\delta\varepsilon$ $\tau\tilde{\eta}\varsigma$.

V. 267. Stand die Insel noch, oder nennt sie Sophokles mit Be-
zug auf ihr Bedecktsein vom Wasser $\pi o\nu\tau\acute{\iota}\alpha$, wie Pindar Rhodos?
Wiewohl Dieser daffelbe Beiwort auch von Kypros braucht.

V. 314. $\alpha\dot{\upsilon}\tau o\tilde{\iota}\varsigma$, ihnen selbst, im Gegensatz des Philoktetes, wie
man auch im Deutschen mit selbst zurückgibt. Dieß scheint mir nach-
drücklicher, als das angenommene Anakoluth.

V. 315. Zweideutig ist die Rede nicht, denn der Chor gedenkt ihn
nicht, wie die früheren, unthätig zu bemitleiden, sondern ihm, wenn auch
wider seinen Willen, zu helfen; er vergleicht sich mit Denselben nur in
so ferne, als ihn Niemand ohne Mitleid sehen könne.

V. 342. Achilleus Pfleger ist der V. 552 erwähnte Phoinix, der ihn als Kind gewartet hatte, wie er dieß bei Homer sehr liebenswürdig schildert.

V. 345. Die hohe Burg, oder Pergama, ist vorzugsweise die Burg von Troia, wie z. B. die Athenische vorzugsweise Akropolis, Hochstadt, hieß.

V. 353. 4. Das Vorgebirg Sigeion bei Troia heißt traurig, weil dort Achilleus jetzt todt lag. Daselbst hatte er seinen Stand am Flügel (vgl. zu Aias S. 145), dort wurde er auch begraben, und ihm der berühmte Hügel aufgeschüttet, wie dem Aias am Rhoiteion.

V. 367. Vermessner; diese Anrede ist an den Agamemnon gerichtet.

V. 389 f. Die Erde, mit ihrer Tochter Rheia, der Mutter des Zeus, deren Name auch Erde bedeutet, identificirt, und wieder mit der Kleinasiatischen Kybele verwechselt, wurde als Mutter Natur in den Phrygischen oder Mysischen Bergen (dort hatte sie die Kränkung des Neoptolemos gesehen), auf dem Lydischen Berge Tmolos, von welchem der in ältesten Zeiten goldführende Fluß Paktolos herunterkommt, auch in Lemnos selber verehrt. Also schon damals dort, und jetzt hier ruft sie der Chor an. Der Paktolos ist kein großer Fluß, heißt demnach hier nur uneigentlich und zur Erhöhung so. Die Göttin wurde auf einem mit Löwen bespannten Wagen sitzend vorgestellt.

V. 405. Der Telamonische Aias heißt der Große oder Größere zur Unterscheidung von dem kleineren Aias, dem Sohne des Oileus.

V. 410. Philoktetes hört den Tod der beiden besten, biedersten, ihm befreundeten Männer. Hieraus schließt er, was ihm auch die Folge bestätigt, daß gerade die Edelherzigsten gefallen, mit den Politikern aber, den Atreiden und Odysseus, auch ihr Anhang, die ihnen Gleichgesinnten, am Leben geblieben sind, von welchen er des Tydeus Sohn Diomedes nennt, der unter ihnen der Ausgezeichnetste, und als ein Gefährte des Odysseus bekannt ist; wie ihn denn Dieser auch selbst (560), weil es so wahrscheinlich ist, als seinen Begleiter bei der Fahrt nach Philoktetes angeben läßt. Die Freundschaft zwischen Beiden hat man sich nämlich als schon vor dem Kriege bestanden zu denken. Und so wird wohl Sophokles' auch hier, wie sonst, wo man ihn etwa tadeln wollte, Recht behalten.

V. 486. Um Neoptolemos Ausspruch, daß der Krieg keinen Schurken wegräume, zu bekräftigen, fragt Philoktetes nach Thersites, dem Häßlichsten und Frechsten im Heere, und seine Voraussetzung, daß er noch lebe, bestätigt sich. Nach der gewöhnlichen nachhomerischen Ueberlieferung zwar war Thersites von Achilleus mit der Faust todtgeschlagen worden, Sophokles ignorirt Dieß aber für seinen Zweck, oder er folgt einer anderen Sage. Auch unser Deutscher Dichter läßt ihn noch leben, wenn er spricht: Denn Patroklos liegt begraben, Und Thersites kommt zurück.

V. 474. Kein ganzer Tag ist von Lemnos nach Skyros zu fahren; so nahe lag die Möglichkeit seiner Rettung.

V. 483 f. Chalkodon war König in Euboia, sein Sohn kämpfte mit vor Troia. Die weiter genannten Oertlichkeiten sind aus den Trachinierinnen schon bekannt. Der Spercheios ist der südliche Hauptfluß Thessaliens, das aus zwei Stromgebieten besteht, und ergießt sich in den Melischen Meerbusen.

V. 539. Peparethos, eine kleine weinreiche Insel, südwestlich von Lemnos, nördlich von Skyros; heißt jetzt Piperi.

V. 542. Was billig ist, d. h. eine Belohnung. Dergleichen pflegen sich die Boten wohl auszuhalten. S. z. B. Trachin: V. 189.

V. 595. Außer Helenos hatte Priamos unter seinen vielen Kindern noch einen prophetischen Sohn, den Traumdeuter Aisakos, und dann die große Seherin Kassandra. Ihrer aller Wissen aber hielt das vorausgesehene Verderben nicht auf, sondern mußte es, wie hier bei Helenos, wohl gar befördern.

V. 608. Wie Helenos (1308) sein Leben verpfändet hat, so wird dasselbe hier fälschlich von Odysseus gesagt; in der ganzen Rede berührt sich Wahres und Falsches.

V. 615. Sisyphos, der hier wieder als Vater des Odysseus gilt, Gründer von Korinth, hatte eine Entführung des Zeus

---

V. 544. Die Emendation ἀμφὶ σοῦ νέα scheint auch mir so einleuchtend, daß ich sie unbedenklich dem anstößigen ἀμφὶ σοῦνεκα vorgezogen habe. S. Wunder.

V. 661. οὐκ ἄχθομαι σ' ἰδών τε καὶ λαβὼν φίλον. Man lese οὐδ' ἄχθομαι σ', ἰδών τ. κ. λ. φ., das σε als Subjectsaccusativ zu einem aus ἐκτησάμην zu supplirenden allgemeineren Verbum genommen. Ich erwarb ihn, zürne auch nicht, daß du (ihn habest).

verrathen, wofür ihm Dieser den Tod schickt. Den bindet er aber, bis er doch endlich hinunter muß. Vorher aber trägt er seiner Gattin auf, ihm die gebräuchlichen Todtenopfer vorzuenthalten, und da diese nun ausbleiben, erwirkt er sich in der Unterwelt die Erlaubniß zur Rückkehr, um sie deßhalb zu tadeln, bleibt aber dann oben, bis man ihn wieder mit Gewalt hinunterführt. Dort wälzt er seitdem den Stein, wie aus der Odyssee bekannt ist. Theognis sagt:

Reicher an Geist, als selbst Sisyphos, Aiolos Sohn,
Welcher vom Aides auch, der Erfindungsreiche, zurücklam,
    Als Persephonen er gleißnerisch redend gewann,
Welche Vergessen den Menschen erschafft, sie des Sinnes beraubend;
    Nie kein Anderer noch hatte sich Dieses erdacht,
Welchen einmal einhüllte die finstere Wolke des Todes,
    Der zu dem schaurigen Land wallte der Todten hinab,
Und in das dunkele Thor einwandelte, das der Gestorbnen
    Seelen zurück dort hält, sträuben sie Dessen sich auch;
Aber von dort auch fand Held Sisyphos wieder die Rückkehr
    Auf zu dem Lichte des Tags, reich an Erdenkungen er.

V. 658. Zu nehmen, geben. Neoptolemos soll den Bogen einmal nehmen dürfen und ihn wieder zurückgeben. Dieß ist eine Gunst, die noch Niemand erfahren; daher eilt auch Philoktetes nicht damit; eine Veranlassung dazu wird sich noch ergeben.

V. 668. Irion, Vater des Peirithoos (Th. 1. S. 290; welcher letztere für einen ähnlichen Frevel büßen mußte), übermüthig geworden durch die Freundschaft der Götter, erhob seine Augen zu Hera, für welche aber ein Wolkenbild seiner Umarmung untergeschoben wurde. Nun liegt er in der Unterwelt, auf ein sich ewig drehendes Rad geflochten.

V. 703. Der erzschildige Mann ist Herakles (Trachin. S. 66), der in der Nähe des Spercheios aus der Flamme des Holzstoßes zum Himmel auffuhr.

V. 666 — 89. Die Uebersetzung folgt Hermann in mehreren Verbesserungen.

V. 696. 7. λεύσσων δ᾽ ὅπου γνοίη στατὸν εἰς ὕδωρ, αἰεὶ προσενώμα. Man denkt an Wasserpfützen, an die er gehe, um zu trinken, oder zu schöpfen; und da doch V. 21 und 1428 ausdrücklich von Quellen die Rede ist, so soll der Chor von ihnen Nichts wissen und sich ihn noch

B. 706 f. Zum Verständniß der ganzen Scene Folgendes. Den Krankheitsanfall, der sich im Heraustreten bei ihm einstellt, sucht Philoktetes zu verbergen, aus Furcht, von seinen neuen Freunden vor Schrecken und Abscheu verlassen zu werden, bis er endlich den Schmerz nicht mehr bezwingen kann. Die Aeußerung desselben ist aber so plötzlich und außerordentlich, daß Neoptolemos, verwundert und zweifelnd, wiederholt nach der Ursache fragt, worauf ihm Philoktetes erst sanft, dann ungeduldig antwortet, daß er sie schon wisse, unmittelbar darauf von neuen Schmerzen befallen; wie Kranke über Fragen unwillig werden, und wiederum Denen, welche sie pflegen, ihre abgebrochenen Aeußerungen um so eher unverständlich sind, je lebhafter sie zu helfen wünschen. Daß er aber nun die Ursache wisse, spricht Neoptolemos hierauf bestimmt aus. Unterdessen ist Philoktetes mehr zu sich gekommen und übergibt ihm für die Dauer seines Schlafes den Bogen. Nach einem zweiten Anfalle läßt er sich erst versprechen, daß sie bleiben wollen, und wünscht nun, schon von Entkräftung überwältigt, hinauf in seine Höhle gebracht zu sein, um dort ruhig und vom Tageslicht ungestört zu schlafen. Abermals versteht ihn Neoptolemos nicht, hält ihn vielmehr, da er starr nach dem Himmel sieht, für verwirrt, wie er schon einmal geglaubt, und hält seine Hand fest, ungewiß, was er mit ihm beginnen soll. Philoktetes aber, der hierdurch am Niederliegen gehindert wird, entzieht sich ihm mit Heftigkeit. Bei dem Einschlafen hat er vor Schwäche das Gefühl eines Sterbenden, fühlt sich zum Tode ermattet.

---

unglücklicher denken, als er wirklich ist. So etwas könnte man wohl dem Dichter zum Vorwurf machen; denn was soll eine Angabe wirken, die der Zuschauer für irrig erkennt, weil er besser unterrichtet ist? Gerade das Gegentheil von Dem, was beabsichtigt wird. Es ist also der Anstoß dadurch keineswegs gehoben, daß man die Quelle nicht sieht, wie allerdings aus der ersten Scene klar hervorgeht, noch hat dort der Zusatz: ist er nicht versiegt, eine besondere Absicht, sondern ist natürlich, weil sich in zehen Jahren der Felsen schwerlich, leicht aber die Quelle verändert haben kann, ihr Fehlen also der Selbigkeit des Ortes noch nicht widersprechen würde. Nein, das gestandne Wasser steht in seinem Trinkgeschirr, das πῶμα (695) in dem ἔκπωμα (35), denn er kann sich nicht öfters frisches Wasser holen, da auch dieses unter seine Mühseligkeiten gehört (290). Er sah sich also nach seinem Wassergefäß um, wenn er Durst hatte.

B. 714. Gelind; er denkt an seine Schmerzen.

B. 734. 5. 782. 3. Durch zweierlei sucht Philoktetes die Fremden zu beruhigen; erstlich, daß die Krankheit in gleichen, jedoch langen Zwischenräumen zurückkehrt, und zweitens, daß ihre Anfälle zwar heftig, aber kurz sind.

B. 751. Der Neid, in Republiken eine große Macht (Oidip. in K. B. 1215), ist hier als eine Abstraction, eine Gottheit gedacht, deren Amt es ist, alles Außerordentliche in die Gränzen zurückzubringen, überall das Gleichgewicht herzustellen. Ein Besitz wie dieser göttliche Bogen hebt seinen Besitzer so sehr aus den Schranken des gewöhnlichen Menschenthums, daß der Vorzug durch andere Uebel aufgewogen werden muß. So ist es Herakles geschehen, ja durch sein Geschoß hat er sogar den gewaltsamsten Tod gefunden, und Philoktetes setzt mit Recht voraus, wie ihm auch später von Jenem selbst bestätigt wird, daß auch er durch sein Leiden diese Schuld aller Menschen bezahle. Man nennt dieses Naturgesetz auch sonst den Neid der Götter, wie Schiller sagt: Mir grauet vor der Götter Neide.

B. 775. Er will in das schon sonst, wenn er sich den Tod wünschte, von ihm angerufne Lemnische Feuer, den Mosychlos, geworfen sein.

B. 802—7. Ein Schlafgesang für Philoktetes. Dann, da Dieser als eingeschlafen angenommen wird, wendet sich der Chor an seinen Herrn.

B. 713. Für καλῶς liest Wunder mit Dindorf aus einer Handschrift βοᾷς. Aber er schreit nicht, ruft nicht laut zu den Göttern, sondern er ruft sie an, sogar mit halb unterdrückter Stimme.

B. 729 f. Hermanns Anordnung und Erklärung dieser Stelle ist höchst glücklich und verdienstvoll, eine wahre Herstellung.

B. 734. πλάνοις ἴσοις verbessert Wunder sehr gefällig; doch bemerkt wohl Jacobs mit Recht, daß man das handschriftliche πλάνοις ἴσως eben so verstehen könne.

B. 805. 6. ὄμμασι δ' ἀντίσχοις τάνδ' αἴγλαν, ἃ τέταται τανῦν. Hermann (und die Meisten mit ihm) übersetzt es: Halte vor den Augen den Schein, der jetzt über sie gebreitet ist; und dieß soll heißen, halte die Dunkelheit vor den Augen, weil der Schlafende nicht sieht. Ich bezweifle, daß man es ohne künstliche Umwege überhaupt so verstehen kann; wenn aber auch, so ist der Zusammenhang dagegen. Die ersten sechs

V. 882. 3. Abermals arg soll sich jetzt Neoptolemos zeigen, denn bisher hat er nicht nöthig gehabt, seine Lüge zu wiederholen, jetzt aber soll er die Wahrheit verschweigen, und wieder
die Lüge sagen, daß er ihn nach Hause führe.

V. 901. Brand, Feuer, als zerstörendes, verderblich um sich
greifendes Element.

V. 963. Die Herrschaft des Zeus in Lemnos wird nicht der
des Hephaistos entgegen, sondern über sie gesetzt. Wenn Philoktetes
sich als im Schutze des Letzteren betrachtet (sein Element ruft er
statt seiner an), so ist Odysseus nach Zeus Willen gekommen, was
sich nachmals auch bestätigt.

V. 966. Du machst die Götter zu Lügnern, denn ich
gehe nicht mit.

V. 990. Bindend, da sie ihn nicht anders werden wegbringen
können; nicht, als wenn er eben schon gebunden wäre.

Verse nämlich, wie oben gesagt, werden offenbar, was selbst die eigen-
thümlich milden Töne des Gesangs verrathen, dem Philoktetes gesungen,
um sein Einschlafen zu befördern, das Neoptolemos eben ruhig abzuwarten gerathen hat. In einem solchen Gesange aber wäre ein ironischer
Ausdruck, wie der angenommene, nicht am Ort, und er darf nichts
Zweideutiges enthalten, wie alles Folgende ist. Die Uebersetzung nimmt
ἀντέχων, ungefähr wie Buttmann (Camerarius sagt: opponas te huic
luci, quae extenditur et circumfunditur: nam somnus tenebras of-
fundit oculis), in der Bedeutung aushalten: Halte für die Augen aus,
den Augen ab den jetzt verbreiteten Glanz; mit gutem Sinne, da man
bei hellem Tage, unter freiem Himmel, auf dem Rücken liegend, eben
nicht gut und fest schläft; wie denn auch Philoktetes in die Höhle will,
um nicht in der Sonne liegen zu müssen. Was τανῦν betrifft, so heißt
es vom Tage auch im Aias, V. 843 ἡμέρας τὸ νῦν σέλας. Sonst bleibt
noch Welckers Erklärung von ἀγλαΐα als einer Binde, welche freilich einen
einfachen und schönen Sinn gibt, und es wäre dann zu übersetzen:

Halt' um die Augen du
Das Band hier, das sie umbreitet jetzt.

V. 946. 7. νῦν δ' ἄλλοισι δούς, οἷς εἰκός. Dieß soll heißen: widme dich
nun Anderem, das sich ziemt. Einfacher und nachdrücklicher scheint mir
die Erklärung, die schon der Scholiast hat: Anderen es überlassend,
deren es würdig ist, τὰ αἰσχρά nämlich; denn dir, dem Sohne des
Achilleus, geziemt es nicht.

V. 1024. Solche sind die Staatsklugen, bei welchen die Statthaftigkeit des Mittels hauptsächlich nach dem Zwecke beurtheilt wird.

V. 1051. Die Schiffer sind die drei als Wächter bei dem Schiffe zurückgebliebenen (533).

V. 1068. Die Flüchtigen, die Vögel. In alle Lüfte möchte er fortgetragen werden, und so verschwinden. Aehnlich im Aias V. 1170 f.

> Wär' in der Luft Weite doch erst,
> Oder das vieleinende Reich des Hades
> Jener getaucht.

V. 1094 f. Hier, wie vorher, spricht Philoktetes von Odysseus, als dem Urheber des Betrugs, und in dessen Händen denkt er

---

V. 1007. πῶς εὖξεσθε, wie wollt ihr euch anheischig machen? Getraut ihr nun doch Opfer bringen zu können?

V. 1051. τὰ ἐκ νεώς, was von Seiten des Schiffes zur Abfahrt erforderlich ist, also Ruder, Segel u. dgl., denn wir hier unserseits sind fertig.

V. 1057. θερμὸν καὶ παγετῶδες. Man weist zur Erklärung auf V. 17 — 19 hin, worin schon der Scholiast vorangeht, nachdem er vorher auf dem richtigen Wege gewesen. Denn παγετῶδες heißt nicht kühl, sondern eisig, oder eiskalt, und es handelt sich hier nicht um eine Bequemlichkeit, sondern um eine Beschwerde, sodaß vielmehr V. 291 hierher zu ziehen ist. Jede Höhle, wenn sie überhaupt geeignet ist, von Menschen bewohnt zu werden, kann vor der Sommerhitze und der Winterkälte nicht unbedingt schützen. Von dieser Seite betrachtet hier Philoktetes seine Wohnung. Odysseus dagegen am Anfange des Stücks hebt für seinen Zweck, da er doch den Mann hierher gebracht hat, die Wohnlichkeit der Grotte hervor und gedenkt deßwegen auch der Quelle. Ja es liegt eine Schönheit des Gedichts darin, daß uns der Ort anfänglich mit einem gewissen Reiz geschildert wird, bis sich nach und nach das Traurige der Lage herausstellt.

V. 1091. 2. τὰν στυγερὰν ἔχε δύσποτμον ἀρὰν ἐπ' ἄλλοις. Die Anordnung dieser Strophe ist meistens nach Wunder. Zur Vervollständigung des ersten der beiden Verse ist τὰν von mir hinzugesetzt worden. Richte den Fluch auf Andere, d. h. nicht auf Den, welchem du jetzt fluchst, wie auch wir im Deutschen; z. B. das mußt du Andere fragen, statt, das frage mich nicht. Hier bliebe dann Niemand als die Götter übrig, und denen wird er wohl nicht fluchen wollen.

sich jetzt auch den Bogen. Von ihm ist auch allein in dem Folgenden die Rede, wenn B. 1110 f. der Chor zur Rechtfertigung des-

---

B. 1105. Es ist nach Hermann ἄλλου δ᾽ für ἀλλ᾽ gelesen.

B. 1109. κἀκ᾽ ἐμήσατ᾽ οὗτος. Das letzte Wort nach Wunder
zugesetzt.

B. 1110 f. ἀνδρός τοι τὸ μὲν εὖ δίκαιον εἰπεῖν · εἰπόντος δὲ μὴ
φθονερὰν ἐξῶσαι γλώσσας ὀδύναν. Hermann übersetzt: Es kommt dem
Manne zu, das Nützliche gerecht zu nennen, wegen Dessen aber, der es
so nennt, nicht mit Neid (Haß) und Schmähungen seinen Schmerz zu
äußern. Andere mehr oder weniger anders; Niemand ist aber sicher.
Und was ist das auch für ein Gedanke: Man soll das Nützliche gerecht
nennen, aber Den nicht schelten, der es so nennt? Das versteht sich
von selbst, denn sonst müßte man sich selber zuerst schelten. Dieß soll
dann aber wohl eine Verwahrung des Chors sein, daß ihn Philoktetes
wegen des Folgenden nicht schelten möge, der doch bisher auf seine Worte
gar nicht geachtet hat. Hierbei ist außerdem εὖ in einer ganz eigenen
Bedeutung genommen, nicht das Gute, Rechte, Tüchtige, sondern speciell
das Nützliche, gewissermaßen im Gegensatze zu dem Gerechten. Und ist
denn das wirklich dem Manne zuzumuthen? Man sollte denken, nur so
viel, daß er das (allgemein) Nützliche nöthig nenne. — Die Sache
wird nicht gebessert, wenn man mit Beziehung von εἰπόντος auf ἀνδρός
das Wort δίκαιον als Adverbium nimmt, wie Buttmann thut; gesetzt
auch, daß es die Sprache erlaube. Und hier und dort ist außer dem
Sinn auch der Zusammenhang mit dem Folgenden mangelhaft. — Diese
Anstöße verschwinden bei der Auffassung der Stelle, wie sie die Uebersetzung enthält. Es ist zu construiren: τὸ μὲν εἰπεῖν εὖ δίκαιον, der
Artikel gehört zum Verbum, und so entsprechen sich εἰπεῖν μὲν und εἰπόντος δέ, welches letztere recht wohl durch Attraction für εἰπόντα stehn,
wenngleich auch durch ἐστὶ erklärt werden kann. Nun ist der Sinn:
Der Mann soll zwar was recht ist, d. h. die Wahrheit, wohl, brav,
gerade heraussagen; wenn er Dieß aber thut, so gehe er in der Leidenschaft nicht weiter, und lasse sich zu verkleinernder Ungerechtigkeit hin-
reißen. So thust du. Du hast Ursache, dich über den Betrug zu bekla-
gen, aber du darfst deßhalb nicht gegen Odysseus ungerecht sein, ihn als
den Inbegriff aller Verworfenheit hinstellen, da du hinlänglich weißt,
daß er nicht aus Bosheit oder Eigennutz, sondern im Auftrage der Gesammtheit gehandelt hat. B. 1114 lese man dann τῶνδε für τοῦδε,
wodurch, auch abgesehen von dem Vorstehenden, der Anstoß gehoben wird,
den Wunder wohl empfunden hat, weil er einsah, daß alles Frühere auf
Odysseus geht.

felben fagt, daß er es in Auftrag Bieler gethan habe. Er nämlich ift beauftragt, nicht Neoptolemos, der nur als Helfer oder Diener ihn begleitet (53).

V. 1273. Lügenherolde heißen fie, als die Lügen ankündigen, wie die Verheißung des Odysseus (605. 956.) den Philoktetes nach Troia zu bringen.

V. 1291. Von dem Eide, und Zeus als Gott des Eides siehe Th. 1. S. 324. 241.

V. 1294. Schlangen wurden öfters als Wächter von Heiligthümern gedacht. So z. B. auf der Athenischen Akropolis.

V. 1134. 35. ἀλλὰ γνῶθ', εὖ γνῶθ', ὅτι σὸν (für σοὶ), κῆρα τάνδ' ἀποφεύγειν· οἰκτρὰ γὰρ βόσκειν κ. τ. λ. Die Partikeln ἀλλά und γὰρ find ganz paffend. Komme mir mit Vertrauen entgegen, wie ich dir mit Wohlwollen. Indeffen (denn ich kann dir nicht weiter als durch Rath helfen) ift es deine Sache, diefer Krankheit zu entfliehen, Dieß erkenne wohl (erwäge es wohl, es ift der Erwägung werth), denn fie ift an fich bejammernswürdig genug, wenn man fie nähren (haben) muß, und wem fie beiwohnt, der kann nicht taufend Uebel darneben tragen, wie fie dir jetzt ohne den Bogen bevorftehn.

V. 1219. Den hierauf folgenden Vers, ἀλλ' οὐδέ τοι σῇ χειρὶ πείθομαι τὸ δρᾶν, habe ich geftrichen, da er die Wechfelrede daneben macht und an diefer Stelle unbedeutend ift. Die feinetwegen von Hermann vorgenommene Veränderung der Perfonenfolge fcheint auch mir ganz unftatthaft und von Wunder hinlänglich widerlegt zu fein.

V. 1297. 8. ὡς ἂν αὐτὸς ἥλιος ταύτῃ μὲν αἴρῃ, τῇδε δ' αὖ δύῃ πάλιν. Dieß ift die handfchriftliche Lesart. Schon Brunck hat ἐς τ' ἂν οὗτος, und Mehrere nach ihm; die Ueberfetzung gibt ἐς τ' ἂν αὐτὸς wieder; Andre wollen ὡς ἂν durch fo lange als überfetzen. Brunck's Veränderung ift an fich nicht groß, und fehr gefällig. Er vergleicht Arifteides Antwort an die Perfer: So lange die Sonne denfelben Weg geht, wird zwifchen uns und euch Krieg fein; d. h. fo lange die Welt nicht aus ihren Fugen geht, ihren Gang behält. Indeffen fcheint mir eine folche Verficherung, die dort die Feftigkeit und gewiffermaßen Natürlichkeit des Entfchluffes und der Gefinnung fehr wohl ausdrückt, doch bei unfrer Stelle nicht ganz angemeffen, in Rückficht auf die Ueberzeugung des Neoptolemos die Betheuerung zu groß, und in Bezug auf den Willen der Götter unnöthig, da von ihrer Seite auf einen hartnäckigen Widerftand des Philoktetes nicht wird gerechnet werden, wie ihm auch nachher Herakles nicht droht, und er mit Freuden Gehorfam leiftet. Aber auch das Geläugnete zugegeben, fo würde, fcheint es mir, die Ebenheit des

V. 1315 f. Man bemerke, wie Philoktetes Reden in dieser Scene von der Rührung allmälig wieder zum Zorne übergehen, bis er, seines Wunsches gewährt, Freude und Zufriedenheit ausspricht.

Gedankens immer noch erfordern, nicht, so lange die Sonne ihren Gang geht, sondern, so gewiß sie stets ihren Gang gehn wird, zu sagen. — Es fragt sich daher, ob nicht in dem handschriftlichen ὡς eine Vergleichung zu suchen ist: Wie dieselbe Sonne, d. h. die Sonne stets, dort auf und da untergeht, so wird auch deine Krankheit in ihrem periodischen Gange nie ruhen, ehe du u. s. w., also auf παῦλαν zurückgehend. Der Conjunctiv wäre dann in den Indicativ zu verwandeln. Nur scheint ἄν nicht ganz zu passen.

V. 1332. πατρὸς γέρας συλῶντες. (οἳ τὸν ἄθλιον Αἴανθ᾽ ὅπλων σοῦ πατρὸς ὕστερον δίκῃ Ὀδυσσέως ἔκριναν.) Brunck, nach seinem feinen Gefühl, hat die eingeschlossenen Worte zuerst ausgestoßen; seitdem streitet man für und wider. Allerdings muß Philoktetes glauben, daß Aias vor Achilleus gestorben sei, und Brunck irrt nur darin, daß er annimmt, Dieß sei in unserm Stücke die wirkliche Voraussetzung, weßhalb Buttmann meint, Sophokles sei hier anderen Sagen gefolgt. Allein auch ohne das ist der Zusatz noch immer verdächtig: Welche den armen Aias im Rechtsstreite über deines Vaters Waffen dem Odysseus nachsetzten; denn von einem Rechtsstreite wenigstens weiß er Nichts; und selbst wenn er davon wüßte, so wäre es hier müßig, zu sagen: Wie, du willst zu Denen gehen, die dir deine Waffen raubten, die sie dem Odysseus statt des Aias gaben? Denn die schlechte Satzverbindung gar nicht gerechnet, so zürnte Neoptolemos nicht darüber, daß gerade Odysseus, sondern daß sie überhaupt ein Anderer empfangen (367), und er hätte also auch zürnen müssen, wenn sie Aias erhielt. Wie wäre endlich das Weggeben ein Raub zu nennen, wenn sie blos nicht an den rechten Mann gekommen wären? Von allen diesen Zweifeln ist durch Hermanns Vertheidigung der Aechtheit keiner gehoben, denn der Nothbehelf, eine Nachlässigkeit des Dichters vorauszusetzen, wird wohl nicht für ein Argument gelten können. Bis auf bessere Beweise muß demnach die Stelle für unächt gelten.

V. 1350. πῶς γάρ τις αἰσχύνοιτ᾽ ἂν ὠφελούμενος; Nach den Auslegern spricht Neoptolemos von seinem eignen Vortheil; also: Was brauche ich mich zu schämen, wenn ich Vortheil habe? Dazu führt dann Wunder V. 111 unsres Stücks und Elektra V. 61 an. Aber Ersteres sagt Odysseus, ganz im Widerspruch mit Neoptolemos Gesinnung und Thun, und mit Letzterem beruhigt sich Orestes über die Bedenklichkeit, sich selbst für todt auszugeben. Neoptolemos kann nach seinem Charakter und dem

V. 1404. Asklepios, Apollons Sohn (Th. 1. S. 233), Gott
der Heilkunst; seine Söhne, Podaleirios und Machaon, die Aerzte
vor Troia. — Es scheint sich übrigens zu widersprechen, wenn
Neoptolemos (1300) dem Philoktetes die Heilung durch die Asklepi-
den verspricht, hier sie ihm durch Asklepios selbst angekündigt wird.
Jenes indessen setzt Neoptolemos nur voraus, da sie keine anderen
oder besseren Aerzte haben, und sagt deßwegen sehr angemessen: du
findest dort, d. h. dort sind, die dich heilen können. Am Ende aber
muß der Gott ihn doch durch einen seiner Söhne geheilt haben, da
er wohl nicht als selbst Hand anlegend gedacht werden kann.

V. 1410. 1. Die edle Lehre zum Schluß, daß sie in Troia
die Religion achten sollen, welche nicht mit der Stadt untergehe,
kann man auf Neoptolemos und den kleinen Aias beziehen, welche
bei der Eroberung in den Heiligthümern Mord und Gewaltthat
verübten.

---

ganzen Zusammenhange nur von Philoktetes Nutzen reden, und das Me-
dium muß also als activ genommen werden.

V. 1368. Ich lese mit Hermann τεθρύλληται λόγοις, auf dessen
Rechtfertigung der Lesart ich auch verweise.

V. 1374. 5. Das im Texte Fehlende ist in der Uebersetzung nach
Hermanns Vermuthung ergänzt.

V. 1387. Ueber das Wort ἀρετή kann besonders Theognis zu
Hülfe genommen werden, und was Welcker S. XXIX und XXXI seiner
Ausgabe darüber sagt.

V. 1410. 1. ἡ γὰρ εὐσέβεια συνθνήσκει βροτοῖς· κἂν ζῶσι, κἂν
θάνωσιν, οὐκ ἀπόλλυται. Das Erste widerspricht nach gewöhnlichem
Sprachgebrauche dem Zweiten. Daher hat man, mit richtigem Gefühl,
εὖ für ἡ gesetzt; Andre haben zu einer andern Erklärung des Worts
συνθνήσκει ihre Zuflucht genommen, sodaß es heiße: Die Gottesfurcht
geht mit den Menschen in die Unterwelt; worin dann die höhere Ansicht
des Sophokles vom Tode sich verrathen soll. Man könnte also das
biblische: Ihre Werke folgen ihnen nach, damit vergleichen. Daß aber
der Dichter dann seinen Gedanken wenigstens unbequem ausgedrückt habe,
wird man wohl nicht läugnen können. Uebrigens ist bei allen Erklärungs-
versuchen, mit und ohne Negation, meines Wissens die Hauptfrage nirgends zur Sprache gekommen. Jede Auslegung einer Stelle bei einem
guten Autor muß nämlich nicht nur einen an sich richtigen Sinn geben,
sondern dieser Sinn muß auch mit dem Uebrigen in guter Verbindung
stehen. Nun spricht hier der Dichter von Mitsterben der Frömmigkeit,

V. 1428. Ueber die Lyfifche Quelle ift Nichts mehr befannt; der Name fcheint auf den Lyfifchen Apollon (Th. 1. S. 234) hinzudeuten, wie vorher ein Berg von Hermes genannt ift.

V. 1433. Moira, das perfonificirte Schickfal oder Verhängniß, insbefondere des einzelnen Menfchen, die Lateinifche Parce.

V. 1434. Die Göttergewalt ift die des Zeus, deffen Wille zwingend ift. Er wird durch Theilung feiner Attribute neben Moira genannt, da fonft fein Wille und das Schickfal für Sophofles religiöfe Anficht identifch find.

***

entweder bejahend, oder verneinend. Wer aber foll fterben?. Ohne Zweifel die Troer, gewiß nicht Philoftetes und Neoptolemos. Ginge demnach die Frömmigkeit mit in die Unterwelt, fo wäre es nicht mit Letzteren, und diefe follen doch fromm fein, fondern von den Troern müßte es gefagt werden. Und hier liegt die Löfung, und mit οὐ ift Alles flar: Gottesfurcht ftirbt nicht mit, wenn die Menfchen fterben, in der untergehenden Troia feyd ihr derfelben nicht überhoben, das Heilige müßt ihr auch dort ehren. Der folgende Vers aber wiederholt und erweitert den Satz, und fchließt die ganze Rede mit Nachdruck.

V. 1134. 5. Schon das Wort ἐπέκρανεν läßt nicht an Herafles denfen, der ausdrücklich fremde, des Zeus Befehle überbringt.

Elektra.

„Es sollte Dieses Allen gleich die Strafe sein,
Wer über Ordnung und Gesetz zu thun begehrt,
Der Tod. Des Frevels wäre dann wohl nicht so viel."

Die Vergeltung.

Bald nachdem Philoktetes vor Troia angekommen war, wurde die Stadt erobert; aber nicht unmittelbar durch seinen Bogen; sondern was die Kraft des Achilleus nicht vermochte, was selbst das wunderbare Geschoß der Götter nur vorbereitet hatte, das gelang endlich durch eine Kriegslist. Von den Besiegten aber, nachdem sie nicht mehr waren, wandte sich der Zorn des Geschicks seitdem gegen die Sieger, und der von Aias über das ganze Heer ausgesprochne Fluch ging nur zu sehr in Erfüllung, indem die Einen schon bei der Abfahrt umkamen, wie der kleinere Aias, Andre, wie Teukros, zu Hause nicht aufgenommen, eine andre Heimath suchen mußten, Andre, wie Menelaos, vor Allen Odysseus, viele Jahre lang in der Welt umherirrten. Der Anführer des ganzen Heers hatte das schrecklichste Schicksal. Ohne Unfall zu Hause angelangt, wurde Agamemnon von seiner Gemahlin Klytaimnestra feierlich, ja ehrerbietig empfangen, aber an demselben Tage bei dem Festmahl von ihr und ihrem Buhlen Aigisthos, dem Bruderssohne seines Vaters Atreus, ermordet.

Diesem hatte sich das Weib während der Abwesenheit ihres Gatten ergeben, zum Vorwand ihrer bösen Lust die Opferung ihrer Tochter Iphigenia nehmend, welche Agamemnon schon vor der Abfahrt nach Troia in dem Hafen von Aulis zur Versöhnung der Artemis hatte gestatten müssen·

Seine übrigen Kinder waren Elektra, Chrysothemis, Iphianassa und der Sohn Orestes. Diesen Letzteren, damals einen etwa zwölfjährigen Knaben, welchem die Mörder, um sich vor künftiger Rache zu schützen, auch den Tod zugedacht hatten, rettete Elektra, indem sie ihn, schnell entschlossen, gleich in der ersten Verwirrung nach dem Morde des Vaters, durch seinen Aufseher oder Pfleger ihrem Oheim Strophios, König von Krisa in Phokis, sendete.

Acht Jahre verweilte er hier und wuchs mit Strophios Sohne Pylades in der innigsten Freundschaft auf, während in seinem väterlichen Hause in Mykenai Elektra sehnsüchtig auf seine Rückkehr wartete, um endlich die Mörder bestraft und sich von ihrem langjährigen Drucke befreit zu sehn. Dazu hatte sie ihn bei den Botschaften, die zwischen ihnen wechselten, stets aufgefordert und er auch sein Kommen verheißen; er zögerte aber so lange, bis er von dem Delphischen Orakel bestimmte Weisung erhalten hatte, als Erbe des Reichs und als Sohn den Tod des Königs und Vaters an den Thätern zu rächen. Wie er diesen Befehl vollzogen und dadurch der göttlichen und menschlichen Gerechtigkeit Genüge geleistet, ist in der Tragödie dargestellt.

Perſonen.

Pfleger.
Oreſtes.
Pylades.
Elektra.
Chor. Jungfrauen aus der Stadt.
Chryſothemis.
Klytaimneſtra.
Aigiſthos.

Scene: Freier Platz vor dem königlichen Palaſt in Mykenä.

Orestes. Pylades. Pfleger.

Pfleger.

O Sohn des Feldherrn, der in Troia einst gebot,
Agamemnons Erbe, nun ist endlich dir vergönnt,
Zu schau'n mit Augen, was du stets zu schau'n begehrt.
Das alte Argos, deiner Sehnsucht Ziel, ist hier,
Der Hain der wuthgeschlagnen Tochter Inachos;
Dieß hier, Orestes, ist des Gotts, des Wölfefeinds,
Lykei'scher Marktplatz; aber hier, zur Linken hin,
Der Hera prächt'ger Tempel; doch wohin wir nahn,
Sprich, daß Mykene's golderfüllte Stadt du siehst,
Und hier der Pelopsenkel toderfülltes Haus;
Von wo dereinst ich aus dem Mord des Vaters dich
Durch deiner Schwester mitgeborne Hand empfing,
Und rettend trug von hinnen, und zu solcher Blüth'
Aufzog, dem Vater Rächer seines Mords zu sein.
Nun denn, Orestes, und du vielgeliebter Gast,
Was nun zu thun sei, Pylades, berathet schnell.
Da uns der Sonne leuchtend aufgegangner Glanz
Der Vögel Morgenstimmen schon helltönend weckt,
Und bin der Sterne schwarze Nacht geschwunden ist.
Bevor ein Mensch denn wandelt aus dem Dach hervor,
Verständigt euch mit Worten. Denn wir stehen da,
Wo nicht zu zögern Raum ist, nein die Zeit der That.

Orestes.

O du, der Diener liebster Mann, wie läßt du klar

I   23.

Die Zeichen deiner Treue gegen uns mich sehn.
Denn wie ein Streitroß edler Art, wenn auch betagt,
Nicht in den Gefahren seines Muths vergessen hat,
Nein hoch das Ohr aufrichtet; so bist du es auch,
Der, uns ermunternd, selber mit den Ersten folgt.
Drum will ich offenbaren, was mir dünkt, und du,
Zu meinen Worten wendend hin ein scharf Gehör,
Gib, wenn ich nicht das Rechte traf, uns andern Rath.
Nachdem ich also hingelangt zum Pythischen
Orakelsitz, zu fragen, wie dem Vater ich
Vergeltung nähm' an Denen, die ihn mordeten,
Weissagte Dieß mir Phoibos, was du gleich vernimmst:
Daß selber ohne Rüstung ich von Schild und Heer
Mit Trug erliste meines Arms gerechten Mord.
Da nun wir hörten solche Gottverkündigung,
So gehe du, sobald Gelegenheit dich führt,
In dieses Haus ein, Alles, was geschieht, zu sehn,
Damit du wissend Sichres uns verkündigest.
Sie werden dich durch Alter und die lange Zeit
Nicht kennen, noch in diesem Schmuck argwöhnen dich.
Doch solches Wort gebrauche, daß du fremde seist,
Ein Phoker, her von Phanoteus gesandt; er ist
Von Gastverwandten diesem Haus der wertheste.
Und sprich, mit Eide zugefügt, gestorben sei
Dahin Orestes durch gewaltsam schnell Geschick,
In Pyth'schen Kämpfen aus dem radgetriebenen
Fuhrsitz geschleudert; also soll das Wort bestehn.
Doch wir, des Vaters Hügel, wie uns aufgelegt,
Zuerst mit Weihguß und dem Haupt entschnittnem Schmuck
Bekränzend, kehren wieder dann von dort zurück,
Ein hohles Erzgebilde tragend her im Arm,
Das im Gesträuche du mir auch verborgen weißt.
Damit, in Worten täuschend, solch ein hold Gerücht
Wir ihnen bringen, wie dahin mein Leib zerrann,

Nun schon verlodert und zur Kohle ganz verglüht.
Denn was betrübt mich Dieses, wenn, im Worte todt,
Ich leb' in Wahrheit, und mit Ruhme geh' hervor?
Wohl keine Rede mit Gewinn dünkt übel mir.
Denn schon gesehen hab' ich oft die Weisen auch
Im Worte fälschlich sterben; wenn nach Hause dann
Sie wieder kehrten, waren mehr sie noch geehrt.
So rühm' ich auch mich, hinter diesen Ruf deneinst
Den Feinden schauend als ein Stern zu leuchten noch.
Doch du, o Vatererd', und Landesgötter ihr,
Empfanget glücklich hier auf diesen Wegen mich;
Und du, o Haus der Väter, denn ich komme hier
Mit Recht ein Sühner, durch die Götter selbst erweckt.
Und nicht geächtet lasset aus dem Land mich ziehn,
Nein Herr des Reichthums und dem Haus ein Gründer sein.
Gesprochen hab' ich Dieses. Du nunmehr, o Greis,
Laß dein Geschäft dir dorten wohl befohlen sein.
Wir gehen. Denn die Zeit ist da, sie welche stets
Die höchste Lenk'rin jeder That den Menschen ist.

Elektra. (drinnen.)

O weh, weh mir!

Pfleger.

Sieh da, mir dünket drinnen einer Dienerin,
Wehklageruf zu hören durch die Thür', o Sohn.

Orestes.

Ist nicht Elektra Dieß die Aermste wohl? Gefällt's
Daß hier wir bleibend horchen ihrem Klaggestöhn?

Pfleger.

Nicht also. Nichts laß vor dem Wort des Loxias
Zu thun versucht uns, und damit begonnen sein,
Des Vaters Weih'n zu sprengen. Denn es bringet Dieß
Zu uns den Sieg her und die Kraft in unserm Thun.

(Gehn ab. Elektra tritt auf.)

58 — 85.

Elektra. (Allein).

Systema.

O heiliges Licht,
Und Luft, mit der Erde du gleich, wie ward
Oft schon mein harmvoll Klaglied,
Oft schon euch kund, anstoßend
Im Schwunge, der Schlag auf die blutende Brust,
Wenn finstere Nacht zu entweichen beginnt.
Und die Wachen sodann in der Nacht, sie kennt
Mein düsteres Bett in dem Jammerpalast,
Wie viel um den Vater ich wein' harmvoll,
Den unseligen; der nicht in dem Fremdland
Bei'm blutigen Ares als Gast einging,
Nein dem sein Weib, und der Jagergenoß
Aigisthos, sowie Holzhauer den Baum,
Aufspalten das Haupt mit dem mordenden Beil.
Und Niemand trägt Wehklage darob,
Als ich, mein Vater, um dich, der so
Voll Schmach und Jammer du starbest.

Antisystema.

Doch niemals soll
Mein Klaglied ruh'n und der düstere Gram,
Weil noch, lichtreich herfunkelnd,
Sternglanz mein Aug' und den Tag sieht,
Daß, wie Philomel' um der Kinder Verlust,
Nicht schluchzend ich hier an des Vaterpalasts
Vorthüren hinaus tön' Allen den Ruf.
O Aides du und Persephone's Haus,
O Hermes der Nacht, und Ara, geehrt,
Und Erinnyen, hehr göttliche Jungfrau'n,
Die ihr die schuldlos Hinsterbenden seht,
Und welchen der Trug
In das Ehbett schleicht, kommt, o ihr Helfrinnen,
Nehmt Rache des Mords, an dem Vater verübt,

Und den Bruder mir führt, den geliebten zurück.
Denn nicht mehr kann ja allein ich des Grams
　　Aufwiegende Schwere bewegen.

(Der Chor, aus der Stadt kommend, ordnet sich vor dem Palast.)

　　Chor.　　　　　　Elektra.

Strophe 1.

Chor.

Kind vom unglückseligsten Weib,
　Was doch stets, Elektra, dahin
　　Schmilzt dein Herz, unersättlich wehklagend
Um Agamemnon, den längst von der listigen
Mutter verruchtester Tücke gefallenen,
In Frevlerhand gegebenen? — Es verderbe so,
　Wer Dieß that, darf das Wort ich sagen.

Elektra.

O du Geschlecht aus Edeln,
Tröstend erscheint ihr der Leidenermatteten.
Ja ich erkenn' es, ich weiß, es entgeht mir nicht.
Aber ich will es, ich werde der Klage mich
Nie um den Vater entziehn, den unseligen.
Ihr, die vielfach nun ihr mit liebender Treue vergeltet mir,
　O laßt mich so verzagen,
　Ach, ach! ich fleh' euch!

Antistrophe 1.

Chor.

Nie doch vom allfassenden See
　Hades wird' dein Vater an's Licht
　　Durch Wehklag' und Gebet zurückkehren.
Doch aus erträglichem Schmerz in unheilbares
Uebel mit ewiger Trauer versinkest du.
Wo keine Lösung von der Bedrängniß ist zu ersehn,
　Warum hingeben dich dem Harme?

117 — 141.

Elektra.

Der ist ein Thor, der elend
Niedergegangener Aeltern vergessen kann!
Meinem Gemüthe gemäß ist die seufzende,
Itys, und immer den Itys bejammernde
Botin des Zeus, die geängstete Sängerin.
O Allduld'rin, du, du bedünkest, o Niobe, Göttin mir,
Die noch im Felsengrabe,
Ach, ach! du weinest.

Strophe 2.

Chor.

Nicht du, mein Kind, allein nur
Siehst ja in dem Leben Schmerz,
Dem du dich ergibst mehr denn Die im Hause,
Die dir an Geschlecht blutverwandt und nah sind,
Wie Chrysothemis noch hier lebt und Iphianassa;
Und schmerzgeborgen blühend,
Der Sel'ge, den einst wird
Mykene's ruhmreich Land,
Seinen Erlauchten, empfahn, mit gewogenem
Göttlichem Geleit dem Land genaht: Orestes.

Elektra.

Sein ja unermüdlich harrend ich, die Unsel'ge,
Stets Kinderlos', Gattenlose, wandl' ich,
Immer von Thränen getränkt, auf unendlichen
Pfaden des Jammers, doch Er, er vergisset es,
Was ich ihm that, ihm entbot. Und ergehet mir
Anders als täuschend ein Wort der Verkündigung?
Denn Sehnsucht fühlt er stets,
Doch sehnsuchtsvoll zu nahn verschmäht er.

Antistrophe 2.

Chor.

Sei muthvoll, Kind, sei muthvoll,
Groß ja in dem Himmel ist

Zeus, und er beschaut Alles und beherrscht es.
Ihm deines Zornes großen Schmerz befehlend,
Sollst den Geschieden zu sehr nicht grollen du, noch es vergessen.
Die Zeit ist will'ge Gottheit.
Nicht ja an dem Strand'nachbar
Krissischen Gestad wird seit,
Den Agamemnon erzeugt, unbeweglich sein,
Noch die an dem Acheron gewalt'ge Gottheit.

Elektra.

Doch ist mir geschwunden schon ein langes Leben
So hoffnungslos, länger nicht ertrag' ich's;
Die ich der Aeltern beraubt mich verzehre so,
Mangle des liebenden Manns, des beschirmenden,
Und in dem Hause zur Fremden erniedriget,
Bin in des Vaters Gemach ich die Schafnerin,
In solch unwürd'gem Kleid,
Und muß hinstehn zu leeren Tischen.

Strophe 3.
Chor.

Trau'rbotschaft, als in der Heimkehr,
Trau'rvoll, als dort in dem Ruhbett die
Von des Beils Erzwucht gradher im Schwung
Auf den Vater der Mordstreich herdrang.
List war in dem Rath, Lust, die ihn erschlug,
Aufzeugend an's Licht graunvolle Gestalt
Graunvoll, ob Gott nun, oder ein Mensch
Diese That gethan hat.

Elektra.

Oh, Tag damals, der mehr als sonst
Kein Tag mir haßwerth aufging!
Oh, Nacht, oh, unaussprechbar Mahl,
Voll Schmerz und Graus!
Wo er, der Vater, sah
Unwürdigen Tod von den Händen der Zween,

Die mir mit Verrath nahmen mein
Leben, die mich mordeten;
Die von des Olympos großem Gott
Räch'rische Vergeltung treffen soll.
Möge Zufriedenheit nie sie beseligen,
Die solche Thaten übten.

Antistrophe 3.
Chor.

Hab Acht, ruf nicht fortan mehr.
Siehst du's nicht ein, wie durch solch Thun
Du in Unheil, das dich selbst nur trifft,
So hinsinkst dein ganz unwerth?
Denn viel noch schufst du des Leids dir dazu,
Weil stets dein Herz, voll Unmuth, neu
Unfrieden gebiert. Den Gewaltigen ist
Nicht zu nahn mit Hader.

Elektra.

Die Gewaltthat zwingt zur Gewaltthat mich;
Ich weiß, nicht täuscht mein Zorn mich.
Doch diese Gewalt läßt niemals auch
Dieß Unheil ruh'n,
Weil ich am Leben bin.
Denn sage, von wem, o geliebtes Geschlecht,
Hört' ich zu Gewinn einen Rath?
Welcher weiß ein frommend Wort?
Laßt o mich ihr Tröster, lasset mich!
Sei's ein unerrettbar Leid genannt.
Nimmer beschwichtigen soll sich der Jammer mir,
So in ungemessnem Weinen.

Epodos.
Chor.

Aus Sorgsamkeit doch red' ich,
Gleichwie treuliebende Mutter;
Weck' Unheil nicht zum Unheil.

Elektra.

Ist denn ein Maß der Erniedrigung? Sage mir,
Wie zu vergessen geziemt's der Gestorbenen?
Wer ist der Mensch, aus dem Dieß aufkeimt?
Ihm sei nie beifallswerth mein Thun,
Und nie, wenn Glück noch bei mir wohnt,
Mir's friedvoll nah, daß achtend ich nicht
Kindsehrfurcht, hemmte des Fittiges Schwung
    Schallendem Klageruf.
Wenn ja der Todte nun, Staub und zu nichte ganz,
    Traurig liegen soll,
    Aber Sie dafür
    Nicht mordbüßende Rache trifft;
    Hinsänke Scheu dann
Und Frommsinn unter allen Menschen.

Chor.

Ich bin, o Jungfrau, so besorgt für Dich zugleich,
Wie für mich selbst, gekommen. Ist nicht recht jedoch
Mein Wort, so gelte deines. Dir ja folgen wir.

Elektra.

Beschämend ist es mir, o Frau'n, erschein' ich euch
Von meines Schmerzes Ungeduld zu sehr beherrscht;
Doch da Gewaltthat zwingend so mich treibt zu thun,
Vergebet. Wie auch sollte wohl ein edles Weib,
Des Vaters Leiden schauend, nicht Dasselbe thun,
Wie ich es täglich und der Nächte Zeit hindurch
Stets mehr im Wachsen als Vergehn erblicken muß?
Die erst ich von der Mutter, die geboren mich,
Den größten Haß erfahre; dann in diesem Haus,
In meinem eignen, bin des Vaters Mördern ich
Gesellt, von ihnen ganz beherrscht, von ihnen mir,
Was hin ich nehmen, was entbehren soll, gesetzt.
Dann, welche Tage dünket dich, die mir vergehn,
Wenn auf dem Thron Aigisthos nun ich sitzen seh',
Auf meines Vaters? Sehe mit den Gewändern ihn,
220 — 209.

Die Jener trug, bekleidet, und am Heerde da
Trankopfer sprengen, wo er Jenen mordete?
Und seh' ich ihres Uebermuthes Gipfel dann,
Den blut'gen Mörder in des Vaters Lagerstatt.
Ruhn mit der unsel'gen Mutter, wenn noch Mutter man
Sie darf benamen, die mit Ihm das Lager theilt?
Sie ist so elend, daß sie zu dem Verbrecher sich
Gesellt, von keiner Rachegöttin Zorn geschreckt.
Nein wie noch triumphirend zu dem Geschehenen,
Sobald sie jenen Tag erreicht, an welchem einst
Sie meinen Vater trügerisch ermordete,
An diesem stellt sie Reigen, und bringt Schafe dann
Hülfreichen Göttern als ein Monatsopfer dar.
Doch ich, die Aermste, seh' ich Dieß im Haus geschehn,
Vergehe, wein' und jammre zum unseligen
Gastmahl des Vaters, das von ihm benamet ist,
Ich selbst mir selber. Denn zu weinen auch ist nicht
So viel vergönnt mir, als das Herz Genüge bringt.
Denn Diese, die in Worten hochgesinnte Frau,
Ruft solche Schmähung scheltderebend dann mir zu:
O gottverworfner Haß du, starb nur dir allein
Der Vater, und sonst Keiner ist, der trauerte?
Verdirb in Elend, und von diesen Thränen soll
Der unterird'schen Götter Macht dich nie befrei'n!
So spricht sie frevelnd. Nur sobald sie wo vernimmt,
Es komm' Orestes, dann von Raserei erfüllt
Nahtretend schreit sie: Bist hieran nicht du mir schuld?
Ist dieses Werk nicht deines, die Orestes du
Aus meinen Händen diebisch mir entwendetest?
Doch wisse, büßen sollst du nach Verdienst dafür.
So bellt ihr Ingrimm. Und zugleich nahstehend reizt
Der hochgerühmte Bräutigam dazu sie an,
Er dieser ganz Kraftlose, ganz Verderben, er,
Der nur mit Weibern seine Schlachten kämpfende.

261: — 284

Doch ich, des Bruders harrend stets, daß Dieses er
Zu enden nahn soll, zehre jammervoll mich auf.
Denn stets verheißend eine That, vernichtet er
Mir so die nahen wie die fernen Hoffnungen.
In diesem Schicksal, Freundin, ist nicht Mäßigung,
Noch Ehrerbietung möglich; nein das Niedrige
Drängt hin gewaltsam, auch zu thun, was niedrig ist.

Chor.

Sag an mir, ist Aegisthos nah, indessen so
Du mit uns redest, oder aus dem Haus entfernt?

Elektra.

Gewißlich: Glaub' es, wär' er nah, ich würde nicht
Hier frei umhergehn. Auf dem Lande weilt er jetzt.

Chor.

Auch ich in Wahrheit würde mehr mit Zuversicht
In dein Gespräch eingehn, wenn ihm also ist.

Elektra.

Wie jetzt er fern ist, frage nur, was dir gefällt.

Chor.

So will ich fragen, was du von dem Bruder sagst,
Sein Kommen oder Weilen. Dieses wüßt' ich gern.

Elektra.

Er sagt's; doch sagend thut er nicht so, wie er spricht.

Chor.

Es liebt zu zaudern, wer ein großes Werk beginnt.

Elektra.

Und doch errettet' ich ihn nicht durch Zaudern einst.

Chor.

Getrost, er hilft den Seinen, wie er edel ist.

Elektra.

Ich glaub' es, denn ich lebte sonst nicht lange mehr.

Chor.

Nun rede Nichts mehr, denn vom Hause seh ich dort,
Die deine Schwester von demselben Vater ist,
305 — 319.

Chrysothemis, und der Mutter, Grabesweihungen
Hertragen, wie es Brauch ist für die Gestorbenen.

Chrysothemis.   Vorige.
Chrysothemis.

Was führst du wieder, kommend an des Vorpalasts
Ausgänge, lautes Zwiegespräch, o Schwester, hier?
Auch durch der Zeiten Länge willst du lernen nicht,
Unnützem Zorne nicht umsonst willfährig sein?
Wohl bin ich Dessen auch mir selbst bewußt, wie sehr
Mich schmerzt das Gegenwärt'ge; so daß, wenn die Kraft
Mir würd', ich zeigte, wie gesinnt ich ihnen sei;
Doch mahnt die Noth mich jetzt, die Segel einzuziehn,
Den Schein vermeidend, wo die Kraft zu schaden fehlt;
Und wie so gerne säh' ich dich das Gleiche thun.
Wohl, weiß ich, ist das Rechte nicht wie ich es will,
Nein so wie du wählst. Aber wenn in Freiheit ich
Soll leben, muß den Mächt'gen ganz gehorchet sein.

Elektra.

Schmach dir, des Vaters Tochter, dessen Kind du bist;
Daß, sein vergessend, nur der Mutter du gedenkst!
Sind doch mir alle deine Unterweisungen
Nach ihrer Lehre, keine von dir selbst gesagt.
Dann wähl dir Eines: ob du niedern Sinnes sein,
Ob, weise, deiner Freunde nicht gedenken willst;
Die du so eben zwar gesagt, gewännst du nur
Die Kraft, sie sollten deinen Haß erkennen wohl;
Mir aber, die ich Rache nur dem Vater will,
Versagst du Beistand, und verwehrst es mir zu thun.
Ist Dieses zu dem Bösen nicht auch feige noch?
Denn laß vernehmen, oder hör von mir, wieviel
Es mir Gewinn sei, stell' ich diese Klagen ein.
Noch leb' ich. Elend zwar, ich weiß; doch mir genug;

Und Jene kränk' ich, also, daß dem Todten so
Ich Ehr' erweise, wenn ein Dank noch dorten ist.
Doch du, die Hassrin, hassest hier mit Worten sie,
In Werken hältst du zu des Vaters Mördern dich.
Ich nun, ich werde nimmer, wollt' auch Einer mir
Herbringen diese Gaben all, worin du prangst,
Mich ihnen unterwerfen. Du laß reichlich dir
Den Tisch gestellt sein, und Genuß umströme dich;
Denn meine Labung sei es, nur mich selber nicht
Zu kränken; beines Ehrentheils begehr' ich nicht;
Noch du auch, wärst du weise. Nun, da dir's vergönnt,
Des besten Vaters Kind genannt zu sein, so sei
Der Mutter. Allen zeigst du so dein niedres Herz,
Dem todten Vater und den Freunden ungetreu.

Chor.

O nur Erbittrung nicht, um Gott! Ist doch Gewinn
In euer Beiden Rede, wenn die ihre nur
Du weißt zu nutzen, und auch sie die deinige.

Chrysothemis.

Mir, o ihr Weiber, ist es wohl nicht ungewohnt,
Sie so zu hören. Und ich dachte seiner nicht,
Wenn durch ein größtes Uebel ich nicht nah bedroht
Sie wüßte, das den weiten Ruf ihr wehren wird.

Elektra.

Auf, sage mir das Schreckniß. Wenn ein größres du
Als hier mir ansagst, folg' ich ohne Widerspruch.

Chrysothemis.

Ich will dir Alles sagen, wie ich selbst es weiß.
Sie wollen, stellst nicht dieses Klaggeschrei du ein,
Dahin dich senden, wo du nie der Sonne Licht
Erblicken, nein, lebendig in bedecktem Haus,
Fern diesem Lande, dein Geschick verwünschen wirst.
Erwäge darum, und hernach nicht table mich
In deinem Leiden. Noch ist klug zu sein vergönnt.

347 — 376.

Elektra.

Dieß haben wirklich sie zu thun beschlossen mir?

Chrysothemis.

Gewiß, sobald Aigisthos nur zurückgekehrt.

Elektra.

So mög' er kommen, immerhin auf's Eiligste.

Chrysothemis.

Was, o Unsel'ge wünschte da dein Wort herbei?

Elektra.

Daß Jener komme, wenn er Dieß zu thun gedenkt.

Chrysothemis.

Damit dir widerfahre? — Wo geräthst du hin?

Elektra.

Damit ich fliehe weg von euch auf's Weiteste.

Chrysothemis.

Und deines jetz'gen Lebens nicht gedenkest du?

Elektra.

Ist herrlich doch mein Leben zur Bewunderung.

Chrysothemis.

Es wär' es, hättest weise du zu sein gelernt.

Elektra.

Du lehre nicht mich ungetreu den Meinen sein.

Chrysothemis.

Ich lehr' es nicht; doch vor der Macht zu beugen dich.

Elektra.

So schmeichle du ihr; meinen Sinn sprichst nicht du aus.

Chrysothemis.

Gleichwohl geziemt's zu meiden unbedachten Fall.

Elektra.

Ich falle, muß ich, meines Vaters Rächerin.

Chrysothemis.

Doch, weiß ich, hat der Vater hier Vergebung uns.

Elektra.

Solch eine Rede mag ein Feiger billigen.

Chrysothemis.

Du aber schenkst mir nicht Gehör und Billigung?

Elektra.

Mit nichten. So noch sei ich nicht verstandeslos.

Chrysothemis.

So will ich wandern, wo ich hingesendet bin.

Elektra.

Und wohin gehst du? Wem die Opfer trägst du hier?

Chrysothemis.

Die Mutter schickt mich mit den Weih'n zu Vaters Grab.

Elektra.

Wie sagst du? Ihm, der Menschen Allerfeindlichstem?

Chrysothemis.

Den sie ermordet. Dieses willst du sagen doch.

Elektra.

Von welchem Freund bewogen? Wem gefiel es so?

Chrysothemis.

Von einem Schreckbild dieser Nacht, bedünket mich.

Elektra.

O Vatergötter, stehet endlich denn mir bei!

Chrysothemis.

Hat diese Furcht dir eine Zuversicht erweckt?

Elektra.

Ich kann's dir sagen, wenn ich dein Gesicht vernahm.

Chrysothemis.

Doch weiß ich's nicht zu melden, als mit Wen'gem nur.

Elektra.

Sag' immer Dieß auch. Oft ja war ein kleines Wort
Zum Fall und zur Erhebung schon den Sterblichen.

Chrysothemis.

Es ist die Sage, daß sie mit dem Vater sich,
Dem dein' und meinen, wiederum vereinet sah,
Der an das Licht kam. Und er nahm und pflanzete
Am Heerde dann den Zepter, den getragen einst

391 — 412.

Er selbst, und nun, Nichtbot, und aus ihm empor

Wuchs üppig auf ein Spreffe, der mit seinem Grün

Der Mykenaier ganzes Land beschattete.

Dieß hört' ich Einen, sagen der, als Helios

Den Traum ihr offenbarte, gegenwärtig war.

Doch mehr, als Dieses weiß ich nicht, nur daß, hierauf

Mich Jene wegen dieser Furcht gesandt, bald.

Nun bei den Göttern unsers Stammes, beschwör' ich dich,

Sei mir gehorsam, falle nicht durch Unbedacht.

Verschmähst du jetzt mich, in der Wiederkehr sucht es dich.

Elektra

Wohl, o Geliebte. Dessen, was die beinahst, dieß

Den Hügel Nichts berühren. Unrecht wär' es,

Und Sünde, vom verhaßten Weib, Bestattungsweihn

Zu setzen und zu träufen auf des Vaters Grab.

Vielmehr in Lüften, oder tiefgegrabenem Staube

Verbirg es, da wo Nichts davon die Ruhestatt

Des Vaters je erreiche. Nein, wenn selbst sie Liebe

Soll ihr zum Schatze munter. Dieß bewahret sehr

Sie hätte schon, wenn nicht die unglückseligste

Der Frau'n sie wäre, diese feindgesinnten Weihn

Nie Dem gewidmet, den sie selbst ermordete.

Denn prüf' es, ob dir selber dünkt, daß liebevoll

Im Grab der Todte dieß Geschenk aufnehmen werd',

Von der mit Schmach gestorben, einem Feinde gleich

Er ward verstümmelt, und zur Sühnung mit dem Haupt

Hinweg die Flecken wischte. Nicht doch wähne du

Für Sie Befreiung von dem Mord zu tragen, hier?

Nicht also. Aber lasse Dieß, und schneide du

Die letzten Kräusel von des Hauptes Locken, dir

Und auch von mir, der Armen, gib zwar Kleinigkeiten

Doch was ich habe, dieses ungesalbte Haar.

Und meinen Gürtel, nicht zum Prunk gefertigt.

Und niederfallend fleh' ihn, aus der Erde Schooße

Uns mild ein Retter vor der Feinde Macht zu nahn;
Bis daß Orestes durch die Kraft des Siegerarms
Auf seine Feinde lebend seinen Fuß gesetzt;
Damit hinfort mit gabenreichern Händen wir
Ihn kränzen mögen, als er jetzt beschenket wird.
Mir dünket nun, mir dünket, Er auch war bedacht,
Ihr herzusenden dieses Grau'n des Traumgesichts;
Gleichwohl, o Schwester, diene du dir selber so
Und mir mit Beistand, und dem vielgeliebtesten
Der Menschen, unserm Vater, der bei Hades ruht.

Chor.

Zu frommer Liebe spricht die Jungfrau Dieß, und du,
O Theure, wenn du weise bist, wirst folgen ihr.

Chrysothemis.

Ich will es. In dem Gerechten beut nicht Grund sich dar
Für Zween, zu streiten, sondern rasch das Werk zu thun.
Doch wenn ich Dieß versuchen soll, bei Gott, so muß
Von euch Verschwiegenheit mir sein, o Freundinnen.
Denn wenn die Mutter Dieß vernimmt, so dünkt mir, wird
Ein bittres Wagniß mein Versuch mir werden noch.

(Sie schneidet von ihrem Haar ab, empfängt Haar und Gürtel der
Elektra und geht ab.)

Elektra.   Chor.

Chor.

Strophe.

"Wenn nicht ahnender Sinn
Irre mich leukt, und Einsicht,
Weise, mir nicht gebricht;
Schreitet ahnungsvoll schon
Die Räch'rin Dike mit der Gewalt
Des Rächerarms, sie schreitet nach,
Tochter, nicht in langer Zeit.
Mich faßt ein still Vertrau'n,

Seit ich das holde Wehen
    Dieses Traumgesichts vernahm.
Uneingedenk bleibt nicht der Vater,
    Er der Hellenen Fürst,
Noch auch das weiland erzgetriebne,
    Das zweischneid'ge Beil,
    Das Jenen mit mörderisch
    Schmachvollster Grauenthat schlug.

Antistrophe.

    Bald vielfüßig und viel-
    händig erscheint, aus furchtbar
    Lauerndem Hinterhalt,
    Eh'rnen Schritts Erinnys.
Denn lagerschändend böse Lust
Nach blutbeflecktem Ehebund
    Faßte, die es nicht gedurft.
    Darum erfüllt es mich,
    Nimmer erschein', erschein' uns
    Dieses Zeichen sonder Arg
Für Thäter und Mitthäter. Wahrlich
    Nicht Vorahnung ist
Den Menschen aus furchtbaren Träumen,
    Aus Gottsprüchen nicht,
    Wenn dieses Gebild der Nacht
    Zum guten Ziel nicht geht.

Epode.

    O Pelops weiland einst
    Leidvolle Roßwettfahrt,
    Wie kamst du trübsalreich
      Diesem Land.
    Denn seit der Meerabgrund
    Myrtilos zur Ruh' aufnahm,
    Aus goldnem Fuhrsitz ihn
    Unsel'ger Grauenthat Schuld

472 — 505.

Entwurzelt stürzt' hinab,
Lässet nicht
Von diesem Haus mehr ab
Leidvoller Graunthat Fluch.

(Klytaimnestra tritt auf, begleitet von Dienerinnen, welche Opfergaben tragen.)

Klytaimnestra. Vorige.

Klytaimnestra.

Der Hut entlassen, seh' ich frei dich wieder gehn,
Denn nah ist nicht Aigisthos, der dir stets verwehrt,
Daß nicht du draußen Schande bringst den Deinigen.
Doch nun im Abseyn Jenes hast du Achtung nicht
Vor mir, und oft doch hast du schon vor Vielen mich
Beschuldigt, wie ich trotzig und mit Ungebühr
Regiere, dich verhöhnend und das Deinige.
Ich aber hege keinen Hohn, nur Böses dir
Entgegn' ich, oft mit bösem Wort von dir geschmäht.
Der Vater, und nichts Andres wendest stets du vor,
Er sei von mir gestorben. Ja von mir. Gewiß,
Ich weiß es. Abzuläugnen Diß, ist ferne mir.
Denn Dike hat ihn hingerafft, nicht ich allein,
Der noch du helfen mußtest, wenn du weise wärst;
Da dieser Mann, dein Vater, den du stets beweinst,
Den Göttern deine Schwester, die im Heer allein,
Zu opfern wagte, nicht mit mir gleich leidend, als
Er sie erzeugte, wie mit Schmerz ich sie gebar.
Es sei. So laß nun hören, wenn zu Gunst, warum
Er sie geopfert. Sagst du, für's Argiverheer?
Die konnten niemals tödten, die die Meine war.
Doch wenn er statt des Bruders, für Menelaos schlug
Das Meine, mußt' er diese Schuld nicht büßen mir?
Und waren Jenem selber nicht der Kinder zwei,
Für die der Tod sich mehr geziemt, des Vaters sie,

504 — 532.

Und einer Mutter, der zu Gunst die Fahrt geschah?
Empfand nach meinen Kindern Hades mehr Gelust,
Zum Mahl sie hinzunehmen, als die ihrigen?
War in dem verderbten Vater keine Neigung mehr,
Für meine Kinder, für Menelaos hegt' er sie?
Ist nicht ein thöricht arggesinnter Vater dieß?
Ich mein' es, red' ich anders auch, als dir gefällt.
Doch wohl die Todte sagt' es, hätte Sprache sie.
Ich also fühle Dessen, was geschehen ist,
Nicht Reue schein' ich aber thöricht dir zu sein,
Mit rechter Meinung, tadle deinen Nächsten denn.

Elektra.

Nicht sagen wirst du jetzo, daß mit Knüpfung ich
Zuerst beginnend, Dieses dann von dir vernahm.
Doch wenn du's gönnest, will ich von dem Gestorbenen,
Und auch der Schwester, reden mit Wahrhaftigkeit.

Klytaimnestra.

Und wohl vergönn' ich's. Wenn du so die Rede stets
Begännest, kann wohl hört' ich ungekränkt dich an.

Elektra.

Und schon beginn' ich. Du gestehst des Vaters Mord.
Ist wohl ein Wort noch, mehr als dieß der Schande werth?
Geschah's mit Recht nun, oder nicht. Doch sag' ich dir,
Daß du mit Unrecht ihn erschlugst. Es riß dich hin
Des bösen Manns Verführung, der nun bei dir ist.
Und frage bei der Jäg'rin Artemis, um welch
Vergehn die vielen Winde sie in Aulis hielt.
Sonst hör's von mir, da Jene du nicht fragen darfst.
Mein Vater, so vernehm' ich, durch der Göttin Hain
Sich einst vergnügend, trieb vor seinen Füßen auf
Den bunten hochgehörnten Hirsch, ob dessen Fall
Sich rühmend, ihm von ungefähr ein Wort entfiel.
Seitdem, entrüstet, hielt die Letotochter nun
Zurück das Kriegsheer, daß ihr zum Ersatz des Thiers

Der Vater bracht' als Opfer dar sein eignes Kind.
So war's mit ihrer Opfrung; kein Befreien war
Dem Volke sonst nach Hause noch nach Ilion.
Darum, gedrängt vielfältig, schwer, mit Widerstand
Sie opfern ließ er, nimmer des Menelaos halb.
Doch wenn — ich red' in deinem Sinn — er Jenem nun
Zu helfen wünschend so gethan, deßwegen mußt'
Er selber sterben dann von dir? Nach welchem Recht?
Sieh zu, erschaffend solch ein Recht den Sterblichen,
Daß du dir selbst nicht Schaden so und Reue schaffst.
Denn wenn wir tödten Einen für den Andern, dann
Stirbst du zuerst wohl, wenn Gerechtigkeit dich trifft.
Doch siehe zu, daß eitlen Vorwand nicht du schaffst.
Denn sage, wenn es dir gefällt, warum du jetzt
In schandevollstem Wandel so begriffen bist,
Die du im Lager bei dem Mörder liegst, mit dem
Du meinen Vater einst vereint erschlagen hast,
Und Kinder zeugest, doch die ersten, reinen und
Aus reiner Eh' entsproßnen, als Verstoßne hältst.
Wie soll ich Dieses loben? Oder sagst du auch
In Diesem, daß du Rache für die Tochter nimmst?
Schmach aber, wenn du auch es sagst. Denn nicht geziemt's,
Der Tochter wegen einem Feind vermählt zu sein.
Nicht aber darf man tadeln dich, denn ungehemmt
Ergeht sich deine Zunge, daß die Mutter wir
Boshaft verleumden. Und du dünkst Gebieterin
Nicht minder mir als Mutter gegen uns zu sein;
Wie ich in Gram hinlebe, lang mit jeder Noth
Durch dich vertraut geworden, und den Ehgenoß.
Der Andre, draußen, deiner Hand mit Noth entflohn,
Der arm' Orestes, bringt ein Trauerleben hin;
Den ich zum Rächer nähre dir, wie du mich oft
Schon hast beschuldigt; und gewiß, vermöcht' ich nur,
Ich thät' es, glaube sicher. Darum immerhin
504 — 507.

Ruf' aus mich unter Allen, muß als arg es sein,
Als lästerzüngig, als von Schamgefühl entblößt.
Denn wenn ich dieser Dinge wohl erfahren bin,
Dann dürft' ich deinem Blute nicht zur Schande sen.

Chor.

Ich sehe Zorn sie athmen; ob das Recht jedoch
Ihr folge, Dieses seh' ich nicht beachtet mehr.

Klytaimnestra.

Was soll mir gegen Diese noch beachtet sein,
Die solchermaßen ihre Mutter höhnen darf,
Und das in solchem Alter? Ist dir's zweifelhaft,
Daß ohne Scham sie jede That versuchen wird?

Elektra.

Nun sollst du wissen, daß mich Dieß mit Scham erfüllt,
Und zweifelst du auch. Ich erkenn's, daß so zu thun
Nicht meinem Alter, noch mir selbst geziemend ist.
Doch dieser Feindeshaß von dir, und alles dein
Beginnen reißt mich so zu thun gewaltsam fort.
Schmachvolle Thaten lehren schmacherfülltes Thun.

Klytaimnestra.

Schamloses Kind! Ich freilich und mein Reden und
Mein Thun verstattet nur zu viel zu sagen dir.

Elektra.

Du sagst es selber, ich es nicht; denn du begehst
Die That; die Thaten finden ihre Worte dann.

Klytaimnestra.

Nein, bei der Herrin Artemis! der Kühnheit sollst
Du nicht entrinnen, kehrt Aigisthos nur zurück.

Elektra.

Sieh, wie der Zorn dich nun entführt. Du gönntest mir
Nach Wunsch zu reden; doch du weißt zu hören nicht.

Klytaimnestra.

Wirst du mir nicht gestatten, mit andächt'gem Ruf
Zu opfern, da ich jedes Wort dir erst vergönnt?

596 — 623.

Als Er gekommen zu der vielgerühmten Pracht
Des Kampfes Hellas um der Delph'schen Preise Lohn,
Und nun des Mannes lauten Heroldsruf vernahm
Zum Laufe rufen, der zuerst entschieden wird;
Da trat er glänzend, Allen dort ein Staunen ein;
Und seinem Wuchse machend gleich des Laufes Ziel,
Trat mit dem Sieg er ehrenreich geschmückt hinaus.
Und bei so Vielem weiß ich nicht, wie kurz ich dir
Solch eines Mannes Kraft und Thaten sagen soll.
Doch Eins. In Allem, was das Kampfgericht entbot,
Im Lauf, der Zwiebahn, in des Fünfwettkampfs Gebrauch,
In diesem tragend jedes Siegskleinod davon,
Pries man ihn glücklich, rufend als Argeier aus,
Sein Nam' Orestes, jenes Agamemnons Sohn,
Der Hellas vielgerühmtes Heer einst sammelte.
Und Dieses war nun also. Wenn ein Gott jedoch
Uns täuscht, so mag ein Starker wohl auch nicht entfliehn.
Auch Er, am andern Tage, da des Rosselaufs
Eilfüß'ger Wettstreit mit dem Sonnaufgang geschah,
Trat unter vielen Wagenlenkern mit herein.
Von Sparta Einer; Einer aus Achaia; Zween,
Auf angeschirrten Wagen stehnd, aus Libya;
Und Jener unter Diesen, mit Thessalischem
Gespann, der Fünfte; Sechster aus Aitolia,
Mit gelben Füllen; siebter Mann Magnesier;
Der Achte, weißberosset, Ainianerstamm;
Der Neunt' Athenai's gottgebauter Stadt entsandt;
Das zehnte Fuhrwerk macht' ein Mann Boiotiens voll.
Sie standen, wo die obgesetzten Richter sie
Durch's Loos gewürfelt, und den Wagenzug gestellt,
Bis nun die Erzdrommete klang; da flogen sie,
Den Rossen laut zurufend, und in Händen all
Geschwenkt die Zügel; ganz erfüllet ward der Plan
Von rasselnd lautem Wagenschall; Staub wölkte sich.

673 — 706.

Empor; zusammen Alle sie in Eins gemengt;
Vergaß des Stachels Keiner, vorzudrängen sich
Mit seinen Achsen und dem Braus des Roßgespanns.
Denn allzumal die Schultern und der Räder Kreis
Mit Schaum bedeckend, drängte nach der Rosse Hauch.
Doch Jener, grad der letzten Säule zugelenkt,
Ließ hart die Nabe streifen stets, und gebend nach
Dem rechten Leinroß, hielt er an das innere.
Und recht gerichtet standen erst die Wagen all;
Bis dann des Ainian'schen Manns unbändiges
Gespann den Herrn entführte, von der Wendung aus,
Vollendend schon den sechsten und den siebten Lauf,
Stirnwärts zusammenrannte mit dem Barkaiersitz.
Und Einer traf den Andern nun, durch Einen Fehl,
Zerschmetternd und hinstürzend; ganz von scheiternder
Fuhrwerke Trümmern wurde Krissa's Plan erfüllt.
Das nahm Athenai's kühner Roßezügler wahr,
Und lenkend auswärts, legt er bei, die Reiterfluth
Vorüberlassend, die sich in der Mitte wühlt.
Noch trieb zuletzt, doch mit zurückgehaltenem
Gespann, Orestes, auf das Ende sein Vertrau'n.
Der aber, als er ihn allein noch übrig sieht,
Schwingt einen gellend lauten Schall dem raschen Zug
In's Ohr, und folgt ihm; und mit gleichen Jochen trieb
Das Paar dahin, bald Einer, bald der Andere
Voran die Spitze seines Roßfuhrwerks gedrängt.
Und all die andern Läufe richtet unversehrt
Der Arme, aufrecht in dem aufrechtstehn'den Sitz;
Darauf, den Zügel lassend nach, als ihm das Roß,
Zur Linken einbog, traf er unvermerkt den Rand
Der Säul'; er brach die Nabe seines Rads entzwei,
Und glitt vom Kranz des Wagens; auch verwirrt' er sich
Im Zeug der Riemen; aber wie er niederfiel,
Fuhr auseinander durch die Bahn das Roßgespann.

707 — 740.

Als Er gekommen zu der vielgerühmten Pracht
Des Kampfes Hellas um der Delph'schen Preise Lohn,
Und nun des Mannes lauten Heroldsruf vernahm
Zum Laufe rufen, der zuerst entschieden wird;
Da trat er glänzend, Allen dort ein Staunen ein;
Und seinem Wuchse machend gleich des Laufes Ziel,
Trat mit dem Sieg er ehrenreich geschmückt hinaus.
Und bei so Vielem weiß ich nicht, wie kurz ich dir
Solch eines Mannes Kraft und Thaten sagen soll.
Doch Eins. In Allem, was das Kampfgericht entbot,
Im Lauf, der Zwiebahn, in des Fünfwettkampfs Gebrauch,
In diesem tragend jedes Siegskleinod davon,
Pries man ihn glücklich, rufend als Argeier aus,
Sein Nam' Orestes, jenes Agamemnons Sohn,
Der Hellas vielgerühmtes Heer einst sammelte.
Und Dieses war nun also. Wenn ein Gott jedoch
Uns täuscht, so mag ein Starker wohl auch nicht entfliehn.
Auch Er, am andern Tage, da des Roßlaufs
Eilfüß'ger Wettstreit mit dem Sonnaufgang geschah,
Trat unter vielen Wagenlenkern mit herein.
Von Sparta Einer; Einer aus Achaia; Zween,
Auf angeschirrten Wagen stehnd, aus Libya;
Und Jener unter Diesen, mit Thessalischem
Gespann, der Fünfte; Sechster aus Aitolia,
Mit gelben Füllen; siebter Mann Magnesier;
Der Achte, weißberoßt, Ainianerstamm;
Der Neunt' Athenai's gottgebauter Stadt entsandt;
Das zehnte Fuhrwerk macht' ein Mann Boiotiens voll.
Sie standen, wo die obgesetzten Richter sie
Durch's Loos gewürfelt, und den Wagenzug gestellt,
Bis nun die Erzdrommete klang; da flogen sie,
Den Rossen laut zurufend, und in Händen all
Geschwenkt die Zügel; ganz erfüllet ward der Plan
Von rasselnd lautem Wagenschall; Staub wölkte sich
673 — 706.

Empor; zusammen Alle sie in Eins gemengt;
Vergaß des Stachels Keiner, vorzudrängen sich
Mit seinen Achsen und dem Braus des Roßgespanns.
Denn allzumal die Schultern und der Räder Kreis
Mit Schaum bedeckend, drängte nach der Rosse Hauch.
Doch Jener, grad der letzten Säule zugelenkt,
Ließ hart die Nabe streifen stets, und gebend nach
Dem rechten Leinroß, hielt er an das innere.
Und recht gerichtet standen erst die Wagen all;
Bis dann des Äinian'schen Manns unbändiges
Gespann den Herrn entführte, von der Wendung aus,
Vollendend schon den sechsten und den siebten Lauf,
Stirnwärts zusammenrannte mit dem Barkaiersitz.
Und Einer traf den Andern nun, durch Einen Fehl,
Zerschmetternd und hinstürzend; ganz von scheiternder
Fuhrwerke Trümmern wurde Krissa's Plan erfüllt.
Das nahm Athenai's kühner Rossezügler wahr,
Und lenkend auswärts, legt er bei, die Reiterfluth
Vorüberlassend, die sich in der Mitte wühlt.
Noch trieb zuletzt, doch mit zurückgehaltenem
Gespann, Orestes, auf das Ende sein Vertrau'n.
Der aber, als er ihn allein noch übrig sieht,
Schwingt einen gellend lauten Schall dem raschen Zug
In's Ohr, und folgt ihm; und mit gleichen Jochen trieb
Das Paar dahin, bald Einer, bald der Andere
Voran die Spitze seines Roßfuhrwerks gedrängt.
Und all die andern Läufe richtet unversehrt
Der Arme, aufrecht in dem aufrechtstehn'den Sitz;
Darauf, den Zügel lassend nach, als ihm das Roß,
Zur Linken einbog, traf er unvermerkt den Rand
Der Säul'; er brach die Nabe seines Rads entzwei,
Und glitt vom Kranz des Wagens; auch verwirrt' er sich
Im Zeug der Riemen; aber wie er niederfiel,
Fuhr auseinander durch die Bahn das Roßgespann.

737 — 740.

Dir widerfahren, nach des Freundes, der dich schickt.
Nein tritt in's Innre: Diese laß hier außen schrei'n
Um ihre eigne, wie um ihrer Freunde Noth.

(Mit dem Pfleger ab.)

Elektra. Chor.

Elektra.

Dünkt euch als eine kummervoll Leidtragende
Trostlos zu weinen dieses unglücksel'ge Weib,
Und weh zu klagen um den Sohn, der so verdarb?
Nein triumphirend ging sie. Weh, o wehe mir!
O mein Orestes, wie verdarb dein Sterben mich!
Denn mit dir rissest du hinweg aus meiner Brust
Die noch allein gebliebne meiner Hoffnungen,
Des Vaters Rächer werdest du einst lebend nahn,
Und mein, der Armen. Nun wohin bleibt mir zu gehn?
Denn einsam bin ich, deiner nun beraubet und
Des Vaters. Eine Sclavin muß ich wieder sein
Den unter allen Menschen mir Verhaßtesten,
Des Vaters Mördern. Wäre so mir recht geschehn?
Doch nein, ich will mit ihnen nicht hinführo mehr
In Einem Hause weilen; nein vor diesem Thor,
Dahin mich gebend, ohne Freund verschmachten hier.
Dann mag mich Einer tödten, wem Beschwerde Dieß
Im Hause sein wird. Freude, wer den Tod mir gibt,
Gram, wenn ich lebe; meines Lebens Lust dahin.

Strophe 1.

Chor.

Wo ist nun des Zeus Donner und wo
Leuchtender Gott Helios, wenn
   Dieses sie schauend
   Sich ruhig verbergen?

Elektra.

O o, o weh!

Chor.

O Tochter, was weinst du?

Elektra.

Weh!

Chor.

O jammre so sehr nicht.

Elektra.

Es ist Tod! —

Chor.

Wie?

Elektra.

Wenn sichtbar hinab Aïdes sie
Nahm, und du willst Hoffnung mir noch
Geben, die Hinsterbende nur
Tiefer hinab trittst du.

Antistrophe 1.

Chor.

Weiß doch ich den Herrn, Amphiaras,
Unter dem goldschließenden Fraun=
Netze verschwunden;
Und unter der Erd' itzt —

Elektra.

O weh, o weh!

Chor.

Voll Leben, gebeut er.

Elektra.

Weh!

Chor.

Ja weh! Die Verderb'rin —

Elektra.

Sie erlag.

Chor.

Ja.

820 — 836.

Elektra.

Weiß, weiß es. Ein Fürsorger erschien
Ihm in dem Gram; aber für mich
Ist er dahin; welcher es war,
Weg mir gerafft ward er.

Strophe 2.

Thor.

Jammer ward, Jammervolle, dir!

Elektra.

Ich weiß Dieß selbst, weiß es zu sehr nur,
So furchtbar stets durch Mond und Jahr
Häuft graunvoll Schmerz auf Schmerz sich.

Thor.

Kund ist mir, was du klagst.

Elektra.

Lenke denn ferner mich
Nicht ab, wo doch nicht —

Thor.

Und was?

Elektra.

Mir blieb der Hoffnung mehr,
Der verbrüderten und
Edelerzeugten Beistand.

Antistrophe 2.

Thor.

Allen Sterblichen erwuchs der Tod.

Elektra.

Auch so bei'm eilhufigen Wettkampf,
Dem Dreimalunglückseligen gleich
In des Riemwerks Züge zu fallen?

Thor.

Ein unerdenkbar Leid!

Elektra.

Wie auch nicht? Wenn er mir

837 — 856.

Im Fremdlande fern. —

Chor.

O Gram!

Elektra.

Versank, und nicht ein Grab
Er gefunden, und nicht
Klage von uns, den Seinen.

Chrysothemis.   Vorige.

Chrysothemis.

Es jagt die Freude mich hieher, Geliebteste,
Und schneller, als sich ziemet, eil' ich hier zu sein;
Denn Freude bring' ich und Genesung her von all
Der erst getragnen und von dir beseufzten Noth.

Elektra.

Von wannen fändest du für meine Leiden noch
Errettung, wo nicht Heilung mehr zu sehen ist?

Chrysothemis.

Orestes ist gekommen, glaube, was von mir
Du hörst, lebendig, wie du mich vor Augen siehst.

Elektra.

Befiel dich Wahnsinn, und du treibst, Unselige,
Mit deinen eignen und mit meinen Leiden Spott?

Chrysothemis.

Bei unserm väterlichen Heerd, ich sag' es nicht
Zum Hohne, nein daß Jener uns zurückgekehrt.

Elektra.

O weh mir Armen! Und von wem auf Erden doch
Vernahmst du Dieses, dem du nur zu sehr vertraust?

Chrysothemis.

Ich von mir selber, Keinem sonst, untrügliche
Wahrzeichen sehend, hege diesem Wort Vertrau'n.

Elektra.

Was sahst du, Arme, daß du so vertraust? Auf was

Hinblickend, brennst du so von unheilbarer Gluth?

Chrysothemis.

Nun, bei den Göttern, höre; daß, vernähmst du mich,
Fortan ich klug dir, oder thöricht sei genannt.

Elektra.

So rede, wenn dir Freude durch das Wort erwächst.

Chrysothemis.

Schon sag' ich an dir Alles, was ich dort gesehn.
Als an des Vaters alte Grabesstatt ich kam,
Da sah ich frischvergossen von des Hügels Haupt
Milchquellen fließen, und im Kreis umher bekränzt
Mit allen Blumen, welche blüh'n, des Vaters Sitz.
Und schauend hatt' ich's Wunder, und ich späht' umher,
Ob nicht ein Mensch sich nah zu mir hereingedrängt.
Doch als in Frieden rings erschien der ganze Ort,
Zum Male ging ich näher, und sah oben auf
Dem Hügel eine Locke, frisch vom Haupt getrennt.
Und gleich mir Armen, da ich's sah, tritt wohlbekannt
Ein Bild vor meine Seele, vom geliebtesten
Der Menschen, von Orestes sei ein Zeichen dieß.
Und auf es nehmend, bleib' ich stumm in frommer Scheu,
Doch Freude füllt mir schnell den Blick mit Thränen an.
Und jetzo, wie schon dorten, weiß ich Dieß gewiß,
Daß dieser Schmuck von Keinem als von Jenem sei.
Wem käme sonst noch, außer mir und dir, es zu?
Ich aber hab' es nicht gethan, Dieß weiß ich doch,
Noch du. Wie könnt' es? Da du auch zu Göttern nicht
Aus diesem Haus dich ungestraft entfernen darfst.
Die Mutter aber weder treibt ihr Sinn, zu thun,
Wie hier geschehn ist, noch sie that es unbemerkt.
So hat Orestes dargebracht die Huldigung.
Drum fasse Muth, Geliebte. Nicht Denselben ja
Wird stets desselben Gottes Schutz zur Seite stehn.
Uns war er vormals feindlich; doch der heut'ge Tag

673 — 903.

Wird nun vielleicht uns vieles Heils Begründung sein.

Elektra.

Ach, deine Thorheit lange schon bejammer' ich!

Chrysothemis.

Was hast du? Sag' ich Dieses nicht zur Freude dir?

Elektra.

Nicht weißt du, wo du selber, noch dein Sinn dir ist.

Chrysothemis.

Wie weiß ich Das nicht, was ich sichtbar doch gesehn?

Elektra.

Er ist gestorben, Aermste. Hülf' und Trost von ihm
Ist dir zerronnen. Wende nicht nach ihm den Blick.

Chrysothemis.

O weh, ich Arme! Doch von wem vernahmst du es?

Elektra.

Von Einem, der's gesehen, als er unterging.

Chrysothemis.

Und Der, wo ist er? — Staunen wahrlich faßt mich an.

Elektra.

Im Haus, ein holder, nicht der Mutter läst'ger Gast.

Chrysothemis.

O weh, ich Arme! Wessen denn der Menschen sind
Die reich an Vaters Grabe dargebrachten Weihn?

Elektra.

Mir dünket Das am meisten, zur Erinnerung
Dem todten Bruder bracht's ein Unbekannter dar.

Chrysothemis.

O schwer Geschick! Ich eile freudenvoll hieher
Mit dieser Botschaft, ohne Ahnung ganz, wie tief
Wir sind im Elend. Aber nun hieher gelangt,
Die alte find' ich, und hinzu noch andre Noth.

Elektra.

So ist's geschehen. Aber wenn du mir gehorchst,
Wird aus des nächsten Leidens Last Befreiung sein.

Chryſothemis.

Kann ich die Todten auferwecken aus der Gruft?

Elektra.

Nicht Dieſes ſagt' ich. Solche Thörin bin ich nicht.

Chryſothemis.

Was denn befiehlſt du, welches ich verbürgen kann?

Elektra.

Ein Werk zu wagen, welches mir das beſte dünkt.

Chryſothemis.

Doch wenn darin ein Frommen, werd' ich's nicht verſchmäh'n.

Elektra.

Sieh aber, ohne Mühe wird kein Glück erreicht.

Chryſothemis.

Ich ſeh' es. Helfen will ich, was die Kraft vermag.

Elektra.

Wohlan, ſo höre, wie zu thun ich nun beſchloß.
Hülfreiche Nähe weißt du ſelbſt daß uns gebricht
Von Solchen, die uns lieben; nein der Hades nahm
Sie raubend von uns, und allein ſind wir zurück.
Doch ich, ſolang den Bruder noch am Leben ich
Und jugendkräftig wußte, trug die Hoffnung ſtets,
Des Vaters Blut zu fordern, werd' er kommen einſt.
Nun, da's um ihn geſchehen, blick' ich hin auf dich,
Damit des väterlichen Mords Vollbringer du
Mit dieſer Schweſter ohne Zögerung erſchlägſt,
Aigiſthos. Nichts ja darf ich dir verbergen mehr.
Was harrſt du noch leichtſinnig, welche Hoffnung ſiehſt
Du noch dir feſtſtehn? Der der Schmerz beſchieden iſt,
Des Vaterreichthums Eigenthum geraubt zu ſehn,
Der Gram beſchieden, bis zu ſolcher Zeit hinaus
Ehlos dahin zu altern und vermählungslos.
Und Dieß in Wahrheit hoffe nicht daß je du noch
Erlangeſt. Nicht iſt ſolch ein rathverlaſſner Mann
Aigiſthos, daß er deines je, noch mein Geſchlecht

939 — 955.

Aufwachsen ließe, zweifellos zum Schaden sich.
Doch wirst du folgen meinem Rath, dir ich ersann,
So trägst du fromme Liebe bei den Todten erst,
Dem Vater drunten und dem Bruder die davon;
Und dann, geboren wie du bist, ein freies Weib
Auch künftig heißt du, und gelangst zu würdigem
Ehbunde. Gern schaut Jeder nach dem Edlen aus.
Und Ruhm im Mund der Menschen, siehst du nicht, wie groß
Du dir und mir ihn schaffen wirst, gehorchst du mir?
Denn welcher Bürger, welcher Gast, der uns erblickt,
Und nicht mit solchem Lobe dann uns grüßen wird?
O sehet, Freunde, dieses Paar der Schwestern hier,
Die ihrer Väter altes Haus erretteten,
Die an den Feinden, als im Glück sie wandelten,
Ihr Leben wagend einen Mord man sah bestehn.
Sie liebe Jeder, achte sie ein Jeder hoch,
Sie bei den Festen und in allem Volk der Stadt
Verehre Jeder, ihrem Männermuth zum Lohn.
So wird von uns dann reden jeder Sterbliche,
Daß todt und lebend unser Ruhm nicht enden wird.
So folge denn, Geliebte, steh dem Vater bei,
Hilf deinem Bruder, setze meiner Noth ein Ziel;
Ein Ziel der deinen, Dieses wohl erkennend, daß
In Schmach zu leben, Schmach dem Hochgebornen ist.

Chor.

In solchen Thaten muß mit weisem Vorbedacht
Der welcher redet, welcher hört, im Bunde sein.

Chrysothemis.

Bevor sie mir gesprochen, wenn, o Frau'n, sie nicht
Von unverständ'gem Sinne war, bewahrte sie
Die kluge Vorsicht, die sie nicht bewahret hat.
Wo weilen deine Blicke, daß mit Kühnheit so
Du selbst dich rüstest, und auch mich zur Hülfe rufst?
Erkennst du nicht? Ein Weib ja bist du, nicht ein Mann,
956 — 987.

Und minder mächtig, als der Widersacher Arm.
Und Götterbeistand, ihnen hold an diesem Tag,
Ist uns dahin zerronnen und vernichtet ganz.
Wer also, wenn er solchen Mann zu stürzen denkt,
Wird vom Verderben ungekränkt von dannen gehn?
Sieh zu, so sehr wir leiden, daß nicht größres Leid
Wir noch uns schaffen, hört ein Zeuge dieß Gespräch.
Denn nicht Erlösung kann es uns noch Hülfe sein,
Mit schönem Rufe schmählich in den Tod zu gehn.
Denn Sterben ist das Herbste nicht, doch wer den Tod
Begehret, und dann diesen auch nicht finden kann.
Drum bitt' ich flehend, eh zu Grund gerichtet ganz
Wir untergehen, und der Stamm verödet wird,
Bezähm den Unmuth. Und das jetzt Geredete
Sei ungesprochen, wirkungslos bei mir bewahrt;
Selbst aber endlich lerne du nach langer Zeit,
In deiner Schwäche vor der Macht zu beugen dich.

Chor.

Gib nach. Die Vorsicht hat der Mensch als edelsten
Gewinn dahin zu nehmen, und ein weises Herz.

Elektra.

Nichts hast du unerwartet mir gesagt. Zu wohl
Wußt' ich's, verwerfen würdest mein Entbieten du.
So muß mit eigner Hand ich und allein die That
Vollbringen; niemals geb' ich unversucht sie auf.

Chrysothemis.

Ach!
Daß eine Solche doch an Sinn gewesen du
Bei'm Tod des Vaters; Alles führtest dann du aus.

Elektra.

Ich war's von Denkart, doch die Einsicht noch zu schwach.

Chrysothemis.

An solcher Einsicht halte fest dein Leben lang.
968 — 1015.

Elektra.

Die Weigrung deiner Hülfe sagt der Tadel mir.

Chrysothemis.

Denn billig, wer beginnet, der fährt übel auch.

Elektra.

Die Klugheit preis' ich, doch der Feigheit bin ich gram.

Chrysothemis.

Geduldig werd' ich hören, auch wenn Lob du sprichst.

Elektra.

Doch glaube, niemals wird dir Dieß von mir geschehn.

Chrysothemis.

Noch lange zur Entscheidung ist die Folgezeit.

Elektra.

Geh hin. In dir ist keine Hülfe doch zu sehn.

Chrysothemis.

Sie ist es; aber dir Erkenntniß nicht verliehn.

Elektra.

Geh nur, und sag' es alles deiner Mutter an.

Chrysothemis.

Nicht mit so großem Hasse wieder haß' ich dich.

Elektra.

Doch mußt du wissen, wie du mich zur Schande führst.

Chrysothemis.

Zur Schande nicht, doch zur Bedachtsamkeit für dich.

Elektra.

Was also Dir recht dünket, muß befolgen ich?

Chrysothemis.

Wo du die Klügste bist, da gehest du voran.

Erektra.

O Schmach, bei schönen Worten so verkehrt zu thun!

Chrysothemis.

Du sagtest richtig, welches Uebel dich befiel.

Elektra.

Wie? Schein' ich nicht dir nach dem Recht zu sagen Dieß?

1016 — 1082.

Chrysothemis.

Doch auch geschieht es, wo das Recht uns Schaden bringt.

Elektra.

Nach solchen Regeln sollst du nie mich leben sehn.

Chrysothemis.

Doch wenn du Dieses thust, so wirst du loben mich.

Elektra.

Und ja ich thu' es, nicht von dir zurückgeschreckt.

Chrysothemis.

Und Dieß in Wahrheit, und du gehst nicht neu zu Rath?

Elektra.

Den Rath der Feigheit, über Alles haß' ich ihn.

Chrysothemis.

Bedenken, scheint es, willst du Nichts von meinem Wort.

Elektra.

Schon lang beschlossen ist es, nicht von eben her.

Chrysothemis.

Ich geh' hinweg denn. Du gewinnst es nicht von dir,
Mein Wort zu loben, noch auch ich, was du erwählst.

Elektra.

Geh immer. Niemals folge deiner Führung ich,
Wie heftig du auch Dieß begehren magst. Es jagt
Nur große Thorheit unerreichbarn Dingen nach.

Chrysothemis.

Wenn du dir selber weise dünkst zu sein, so sei
Denn also weise. Einstens, wenn dich in die Noth
Dein Schritt geführt hat, lobst du meine Worte noch.

(Ab.)

Elektra.   Chor.

Chor.

Strophe 1.

Wenn über uns wir die verständ'gen Vögel anschau'n,
Zu ernähren Die besorgt,

1583 — 1650.

Welchen Entstehung sie und Wohl-
thaten verdanken, sollten wir
Gleiches mit ihnen zu thun verschmähen?
Doch, beim Donnergeschoß des Zeus,
Und bei Themis, der himmlischen,
    Nicht lang ohne Bestrafung!
Sage der Menschen, durch den Erdschooß
In die Tiefe rufe leidvoll
Den Atreiden hin die Botschaft
Von der traurigen Schmach des Hauses.

Antistrophe 1.

Wie dieses schwer schön in sich selber krank dahinliegt,
Und den beiden Kindern nicht
Ihre Befehdung sich in Ein-
klang des befreundten Lebens ausgleicht.
In den Wogen, verlassen, einsam,
Treibt Elektra, den Vater so,
Gleich wehmüthiger Nachtigall,
    Unablässig beklagend.
Nicht in den Tod zu gehn erbebt sie,
Von dem Lichte scheidend freudvoll,
Ist der Doppelfluch vertilgt nur.
O des Kindes erlauchter Ahnherrn!

Strophe 2.

    Nicht wer edel ist will,
Lebt er elend, seines Namens schönen Ruhm
    Schänden, o Kind, mein Kind;
Wie du dir auch wähltest thränreiches niedres Dasein,
Die Ungebühr in Waffen rufend, dir zu vereintem Zwiege-
        winn:
Ein weis' und hochherzig Kind zu heißen.

Antistrophe 2.

    Leb' einst über dem Haupt
Deiner Feind' in Macht und Reichthum hoch, wie jetzt

1051 — 1080.

Ihre Gewalt dich beugt.
In einem Schicksale, nicht einem guten, fand ich
Dich wandeln, doch in höchster Pflichten Uebung trugest du
dir davon
Den Preis mit frommtreuer Gottverehrung.

(Orestes und Pylades nebst Gefolge mit der Urne treten auf.)

Orestes. Pylades. Vorige.

Orestes.

Sagt an, o Frauen, haben recht gehöret wir,
Und gehn des rechten Weges hier nach unserm Ziel?

Chor.

Und welches suchst du, welch Begehren führt dich her?

Orestes.

Aigisthos, wo er wohne, forsch' ich lange schon.

Chor.

So kommst du recht, nicht ist zu schelten, wer dich wies.

Orestes.

Wer unter euch nun meldet drin von unseres
Vereinten Kommens hocherwünschter Gegenwart?

Chor.

Hier Diese, wenn der Nächste soll der Bote sein.

Orestes.

Geh denn, o Weib, und sage drin im Haus es an,
Aus Phokis fragen Männer nach Aigisthos hier.

Elektra.

O weh mir! Und sie bringen doch zum Worte nicht,
Das wir vernahmen, sichtbar nun die Zeichen her?

Orestes.

Nicht weiß ich deine Kunde; mich hat Strophios,
Der Greis, mit Botschaft von Orestes hergesandt.

Elektra.

Was ist es, Fremdling? Bange Furcht ergreifet mich.

1081 — 1099.

Orestes.

Mit seinen kleinen Resten, hier im engen Raum
Der Todtenurne, wie du siehst, erscheinen wir.

Elektra.

Weh, weh mir Armen! Also hier unzweifelhaft
Vor meinen Augen seh' ich jene Trauerlast.

Orestes.

Wenn diese Thränen um Orestes Loos du weinst,
So wisse, daß die Urne seinen Leib bedeckt.

Elektra.

O Fremdling, gib denn, o um Gott, wenn dieß Gefäß
Ihn in sich schließet, gib es in die Hände mir,
Damit ich hier mich selber und den ganzen Stamm
Mit diesem Staube weinen und bejammern kann.

Orestes.

Gebt, wer sie sein mag, bringet her. Nicht scheinet es,
Daß sie in Feindessinne Dieß von uns begehrt,
Nein eine Freundin, oder durch das Blut ihm nah.

Elektra. (Die Urne umfassend.)

O einzig Denkmal, von des vielgeliebtesten
Orestes Leben übrig, wie so anders nun,
Als meine Hoffnung dich entsandt, empfang' ich dich!
Denn nun vernichtet trag' ich dich in meiner Hand,
Und glänzend sandt' ich dich, o Sohn, vom Haus hinweg.
O wohl mir, wenn ich früher aus dem Leben schied,
Bevor ich in die Fremde dich, mit dieser Hand
Entwendend, aussandt', und der Mordgefahr entriß;
Damit du, todt hinliegend dort an jenem Tag,
Am Grab des Vaters mit ihm deinen Theil empfingst.
Nun fern der Heimath, flüchtig in dem fremden Land,
Verdarbst du elend, von der Schwester weit getrennt;
Und nicht in treuen Händen durft' ich Arme dich
Mit Bad beschicken, noch aus flammenvoller Gluth
Erheben, wie ich sollte, dich, ein arm Gewicht.

1100 — 1127.

Nein, unter fremden Händen, ach, zur Gruft beschickt,
In kleinem Raume kommst du her ein kleiner Rest.
O weh um meine Pflege mir aus alter Zeit,
Die unbelohnte, die ich einst so oft an dich
Mit süßer Arbeit wandte. Denn du warest nie
Von deiner Mutter höher als von mir geliebt,
Und Sie im Haus nicht waren, ich die Pflegerin,
Und ich, die Schwester, angeredet stets von dir.
Nun ist verschwunden Alles dieß an Einem Tag,
Mit dir gestorben. Alles mit dir reißend hin
Gleich einem Sturme, gingst du. Vater ist hinab;
Ich bin gestorben; todt und hin du selber auch;
Die Feinde jubeln; und vor Freude raset sie,
Die Mutter, nicht mehr Mutter, die du mir geheim
Durch deine Boten oft gelobt zu strafen einst,
Selbst hier erscheinend. Doch der unglückselige
Nachdaimon, dein' und meiner, nahm von hinnen es,
Der so dich mir gesendet, statt der theuersten
Gestalt, den Staub und Schatten ohne Nutz und Kraft.
 Weh, weh mir!
 O Jammergestalt!
 Ich, ach!
 O Pfade des Grauns —
 Weh, weh mir! —
Gesendet, o du Theurer, gabst den Tod du mir,
Ja gabst den Tod mir, o geliebtes Bruderhaupt!
So nimm auch mich denn zu dir auf in dieses Haus,
In's Nichts die Nichtsgewordne, daß ich drunten dir
Fortan vereint sei. Da du noch hier oben warst,
Da theilt' ich mit dir Gleiches, und nun sehn' ich mich,
Von dir, gestorben, auch im Grab nicht fern zu sein.
Denn sie, die Todten, seh' ich nicht von Schmerz gequält.
   Chor.
Ein Mensch bedenk, Elektra, daß dein Vater war,
1128 — 1160

Ein Mensch Orestes.   Darum weine nicht zu sehr.
Denn Alle zahlen wir die Schuld, zu leiden Dieß.

Orestes.

Weh, weh, was sag' ich? Ohne Rath, wo wend' ich hin
Mein Wort? Gebieten kann ich nicht der Zunge mehr.

Elektra.

Was macht dir Schmerzen? Warum sprichst du dieses Wort?

Orestes.

Ist dein', Elektra's herrlich edle Bildung dieß?

Elektra.

Ja diese ist es, und beklagenswerth genug.

Orestes.

O weh mir denn um dieses unglückfel'ge Loos!

Elektra.

Nicht über mich doch seufzest du, o Fremdling, so?

Orestes.

O Leib, du wider Ehr' und Gott verwüfteter!

Elektra.

Kein Loos als meines wohl, o Gast, verwünschest du.

Orestes.

O deiner ehlos, freudenleer verlebten Zeit!

Elektra.

Warum, o Fremdling, blickst du so mich seufzend an?

Orestes.

So wußt' ich also keines noch von meinen Wehn.

Elektra.

Aus welchem meiner Worte hast du Dieß erkannt?

Orestes.

Ich seh's aus deiner Leiden schrei'ndem Uebermaß.

Elektra.

Und dennoch siehst du wenig nur von meiner Noth.

Orestes.

Ist Etwas abscheuwerther noch als Dieß zu schau'n?

1161 — 1178.

20*

— **Elektra.**

Das, daß den Mördern zugesellt ich leben muß.

Orestes.

Doch wessen? Welcher Uebelthat gedenkest du?

Elektra.

Des Vaters. Ihnen muß ich dann noch Sclavin sein.

Orestes.

Und wer auf Erden leget diesen Zwang dir auf?

Elektra.

Sie heißet Mutter; doch sie ist nicht Müttern gleich.

Orestes.

Und wie? Gewaltsam, oder durch des Darbens Noth?

Elektra.

Gewaltsam, und durch Darben, und mit jeder Pein.

Orestes.

Und nicht ein Helfer, Keiner, der es wehrt, ist da?

Elektra.

Nicht. Den ich hatte, brachtest du als Staub hieher.

Orestes.

O Aermste, lang schon seh' ich dich erbarmend an.

Elektra.

Allein auf Erden, wisse, fühlst Erbarmen du.

Orestes.

Allein auch komm' ich mitgequält von deiner Noth.

Elektra.

Nicht doch verwandt uns kommst du wohl von wannen her?

Orestes.

Ich möcht' es sagen, wenn uns Die wohlwollend sind.

Elektra.

Wohlwollend sind sie, und du sprichst zu Treuen nur.

Orestes. (Die Urne anfassend.)

Laß dieß Gefäße nun, damit du Alles hörst.

Elektra.

Nein, bei den Göttern, thue Dieß mir nicht, o Gast.

1179 — 1195.

Orestes.

Folg meinen Worten, und du wirst nicht irre gehn.

Elektra.

Bei deinem Antlitz, nimm mir nicht mein Theuerstes.

Orestes. (Die Urne nehmend.)

Nicht werd' ich's dulden.

Elektra.

Weh mir Armen nun um dich,

Orestes, soll ich deines Grabs beraubet sein.

Orestes.

Sprich bessre Ahnung. Nicht mit Recht erseufzest du.

Elektra.

Wie, um den todten Bruder seufz' ich nicht mit Recht?

Orestes.

Es ziemet deinem Munde nicht ein solches Wort.

Elektra.

Verachtet also bin ich von dem Gestorbenen?

Orestes.

Von Keinem du verachtet; doch nicht Dein ist Dieß.

Elektra.

Wenn doch Orestes Asche mir in Händen ruht.

Orestes.

Doch nicht Orestes, als im Wort erfunden nur.

Elektra.

Wo aber ist nun sein, des Mitleidswürd'gen, Grab?

Orestes.

Ist nirgends. Vom Lebend'gen sieht man nicht ein Grab.

Elektra.

Wie sprachst du, Jüngling?

Orestes.

Keine Lüge sagt' ich dir.

Elektra.

Es lebt der Mann noch?

Orestes.

Wenn ich selbst beseelet bin.

1196 — 1210

Elektra.

Du also bist es?

Orestes.

Sieh und laß belehren dich
Des Vaters Siegel, ob ich Wahrheit dir gesagt.

Elektra.

O holder Lichtstrahl!

Orestes.

Holder, ja ich zeug' es dir.

Elektra.

O Stimme, kamst du?

Orestes.

Hör' es nicht von Andern mehr.

Elektra.

Ich halt' im Arm dich.

Orestes.

Wie du stets mich halten sollst.

Elektra.

O vielgeliebte Weiber, Stadtgenossinnen,
O sehet hier Orestes, erst durch kluge List
Gestorben, nun durch kluge List erhalten mir.

Chor.

Wir sehn's, o Jungfrau, und es rinnt um dieß Geschick.
Freudvoll die Thräne von dem Auge mir herab.

Strophe.

Elektra.

O holder Zweig,
O Zweig jenes Leibes, hochtheuer mir,
Nun ja erschienest du,
Du fandest, kamest, sahest, wen dein Herz begehrt.

Orestes.

Da bin ich; aber schweigend nun verharre du.

Elektra.

Was ist es?

1211 — 1226.

Orestes.

Gewinn, zu schweigen, eb' es drin ein Ohr vernimmt.

Elektra.

Doch nein, bei Artemis,
Der unbezwungnen stets!
Ihm zu erbeben, acht' ich nicht würdig mehr
Den überschweren Frau'ndruck,
Der stets drin mir auflag.

Orestes.

Bedenke dennoch, wie auch Weibern Ares wohl
Inwohnet; selbst ja weißt du durch Erfahrung Dieß.

Elektra.

O Götter, Götter ach!
Du zeigst unbewölkt den unvertilgbarlichen,
Immer unvergessen in Erinnerung mir,
Wie ich ihn litt, den Schmerz.

Orestes.

Auch Dieses weiß ich; und sobald die Gegenwart
Es räth, so werde Dessen dann von uns gedacht.

Antistrophe.

Elektra.

O jede doch,
O jedwede Gegenwart, daß ich Dieß
Sag', ist die rechte Zeit.
Denn kaum gewann ich eben wieder frei den Mund.

Orestes.

Ich stimme bei dir. So erhalte dir das Gut.

Elektra.

Wie soll ich's?

Orestes.

Wo nicht die Zeit ist, meide lang zu reden nun.

Elektra.

O wer mit Rechte wohl,
Da du erschienen bist,

1227 — 1249.

Tauscht' an der Rede'Statt nun Stillschweigen ein?
Nachdem ich sonder Ahnung
Und Hoffnung dich hier sah.

Orestes.

Du sahst mich, als die Götter mich zu gehn gemahnt.

Elektra.

Noch immer kündest du
Mir innigere Lust, sandt' ein Unsterblicher zu
Unseren Behausungen dich; segenlicher
Dann mir erscheint es noch.

Orestes.

Ungerne setz' ich deiner Freud' ein Ziel, und doch
Besorg' ich dich zu sehr von ihr bewältiget.

Epodos.

Elektra.

Du der nach langer Zeit endlich werth mich hielt,
Auf holden Pfaden also hier zu nahn mir,
Nicht wolle, die im Schmerz du sahst

Orestes.

Was soll ich nicht dir?

Elektra.

Nicht mich so berauben,
Daß deines Anschauns Wonne mir gewehrt sei.

Orestes.

Fürwahr von Andern würd' ich's auch unwillig sehn.

Elektra.

Gewährst du's?

Orestes.

Warum nicht?

Elektra.

Theure Frau'n,
O ich vernahm die nicht gehoffte Stimme,
Die voll Verzweiflung verklungen,
Ohne Laut verstummt ich hörte,

1250 — 1270.

Ich Arme.
Nun dich hab' ich, du erscheinst mir
Mit dem vielgeliebten Anblick,
Dessen auch im Leid ich nicht vergäße.

Orestes.
Des Uebermaßes deiner Red' enthalte dich,
Und nicht die Mutter sage mir, wie arg sie ist,
Noch wie des Hauses Vätergut Aigisthos uns
Erschöpft, verschwendet und gedankenlos zerstreut;
Die Gunst des Augenblickes nur verdrängt das Wort.
Doch was mir dienet in der nächsten Gegenwart,
Bedeut' uns, wo verborgen oder offen wir
Der Feinde Jubel stillen jetzt mit diesem Gang.
So aber, daß die Mutter nicht erkenne dich
Am heitern Antlitz, nun wir hergekommen sind.
Nein wie im Unglück, das mit Trug gemeldet ward,
Wehklage. Wenn wir erst das Glück erreicht, sodann
Wird Freu'n und Jubeln unbeschränkt gewähret sein.

Elektra.
Wohl denn, o Bruder, so allein, wie dir gefällt,
Soll auch von mir geschehen, die ich diese Lust
Von dir dahinnahm, und sie nicht mir selbst erwarb.
Und nicht betrübend möcht' ich auch nur leise dich,
Selbst großen Vortheil finden; denn unwürdig dann
Dem Gotte dient' ich, der uns jetzt zur Seite steht.
Doch wie es drinnen, weißt du. Sollt' es nicht? Nachdem
Du hörtest, daß Aigisthos nicht im Hause sei,
Die Mutter aber. Und sie wird, besorg' es nicht,
Von Lächeln niemals dieses Haupt erheitert sehn.
Denn tief ist langgenährter Haß mir eingeprägt;
Und nun ich dich sah, hör' ich Freudenthränen nicht
Mehr auf zu weinen. Sollt' ich auch nicht weinen sie,
Da ich in Einem Wege so gestorben dich
Gesehn und lebend? Mir geschah Undenkliches;

1271 — 1302.

Daß wenn der Vater lebend käm', ich achtet' es
Nicht mehr ein Blendwerk, sondern glaubt' ihn selbst zu sehn.
Nun da Du solches Weges mir gekommen bist,
Geh selbst, nach deinem Sinn, voran. Ich hätt', allein,
Zwei Ziele nicht verfehlet: selbst gewann mit Ruhm
Ich meine Rettung, oder fand mit Ruhm den Tod.

Orestes.

Zu schweigen mahn' ich, denn ich hör' heran zum Thor
Von drinnen Jemand schreiten.

Elektra. (Laut.)

Geht, o Gäst', hinein,
Zumal ihr bringet, was im Hause Keiner wohl
Wird von sich stoßen, noch sich freu'n, empfängt er es.

Pfleger.   Vorige.

Pfleger.

O größte Thoren, und der Besinnung gänz beraubt!
So tragt ihr um das Leben keine Sorge mehr,
Sagt, oder Klugheit mangelt euch von Anbeginn,
Daß nicht ihm nah, nein mitten in dem Uebel ihr,
Dem allergrößten schwebet, und erkennt es nicht?
Und hätt' an diesen Pfosten ich nicht lange schon
Zur Hut gestanden, in dem Hause waren dann
Wohl eure Thaten früher als die Leiber schon;
Nun wandte Vorsicht ich für euch dem Werke zu.
Und jetzo eure langen Reden endigend,
Und diesen unersättlich lauten Freuderuf,
Geht ein in's Innre. Zögern ist in solcher That
Verderblich, und die Stunde da zur Endigung.

Orestes.

Wie find' ich's, eingegangen in das innre Haus?

Pfleger.

Gut. Eines ist dir sicher, unerkannt zu sein.
1308 — 1337.

Orestes.

Ich sehe, Botschaft brachtest du von meinem Tod.

Pfleger.

Ein Bürger Habes wisse daß alhier du bist.

Orestes.

Sie freu'n sich Dessen? Oder welches ist ihr Wort?

Pfleger.

Am Ziele will ich's sagen. Wo wir jetzo sind,
Ist gut bei ihnen Alles, auch was übel ist.

Elektra.

Wer ist der Mann, o Bruder? Bei den Göttern, sprich.

Orestes.

Erkennst du nicht ihn?

Elektra.

       Nicht zu Sinne bring' ich es.

Orestes.

Nicht weißt du, wem du einst mich in die Hände gabst?

Elektra.

Wem? Was mir sagst du?

Orestes.

        Der mit seinen Händen mich
Durch deine Vorsicht in das Phokerland entführt.

Elektra.

Ist er es wirklich, den ich unter Vielen einst
Allein getreu erfunden bei des Vaters Mord?

Orestes.

Er ist es. Prüfe weiter nicht mit Fragen mehr.

Elektra. (Die Hände des Pflegers fassend.)

O holder Lichtstrahl! Einz'ger Retter du dem Haus
Agamemnons, wie doch kamst du? Bist du wirklich es,
Der mich und Diesen rettet' aus so vieler Noth?
O vielgeliebte Hände, du mit holdestem,
Willfähr'gem Dienst der Füße, wie warst unvermerkt
So lang du nah mir, und verbargst dich, tödtetest

                    1325 — 1346.

Mich hin mit Worten, da du holde Thaten bringst?
Willkommen, Vater; ja ein Vater scheinst du mir;
Willkommen. Wisse, daß ich von den Menschen dich
Gehaßt am meisten und geliebt an Einem Tag.

Pfleger.

Genug bedünkt mir's. Denn der Zwischenzeit Bericht,
Es drehn im Kreise viele Tag' und Nächte sich,
Die Dieß, Elektra, trau dir noch zu wissen thun.
Euch aber sag' ich, die ihr hier noch steht, es ist
Jetzt Zeit zu handeln; jetzo Klytaimnestr' allein;
Jetzt drin der Männer Keiner. Aber steht ihr an,
So denket, daß mit Diesen, und mit Klügeren
Noch andern, mehr als Diesen, dann zu kämpfen ist.

Orestes.

Nicht lange Reden wird es mehr, o Pylades,
Bei unserm Werk nun gelten, nein daß eilig wir
Eingehn, die Vätersitze dieser Götter all
Anbetend, die des Vorpalasts Bewohner sind.

(Sie knieen Alle am Altar des Apollon nieder.)

Elektra.

O Fürst Apollon, höre sie genädig an,
Und höre mich mit ihnen, die ich oft, soviel
Ich sein vermochte, vor dich trat mit äms'ger Hand.
Nun, o Lykeier Phoibos, wie ich jetzt vermag,
Anbetend, knieend ruf' ich dich, sei freundlich nun
Mit uns ein Helfer in der vorbedachten That,
Und laß es sehn die Menschen, welche Züchtigung
Verruchte Thaten aus der Götter Hand empfahn.

(Alle bis auf den Chor in den Palast.

Chor. (Allein.)

Strophe

Siehe wohin er sich bewegt,
Der den ergrimmten Mord, der Gott Ares, schnaubt!

1847 — 1872.

Es gingen eben unter dieses Hauses Dach
    Witternde Hunde, nicht entrinnbar, der Spur
    Der Greulthaten nach.
    Und lange nicht verharret mir
Der Traum der Seele schwebend in der Erwartung mehr.

Antistrophe.

    Denn es erhebt in den Palast
    Der die Gestorbnen rächt den trugvollen Schritt;
Zu seines Vaters altem reichen Königssitz,
    Und in den Händen, frischgeschärft, trägt er Mord.
    Es führt Hermes ihn,
    Der Maia Sohn, den Trug in Nacht
Verhüllend, grad zum Ziele, nicht mehr säumet er.

Elektra. (Eilig auftretend.)   **Chor.**

Strophe.

Elektra.

O vielgeliebte Frauen, eben endigen
Das Werk die Männer. Aber still verharret hier.

Chor.

Und wie? Was thun sie jetzo?

Elektra.

        Sie zum Grabe jetzt
Beschickt den Erzkrug, und die Beiden stehn ihr nah.

Chor.

Und du, was eilst heraus du?

Elektra.

        Hier zu wachen, daß
Aigisthos nicht uns unvermerkt das Haus betritt.

Klytaimnestra. (Hinter der Scene.)

  Oh, oh! Wehe, Haus,
Von Freunden öde, von den Mördern ganz erfüllt!

Elektra.

Es rufet drinnen. Hört ihr nicht, o Freundinnen?

1378 — 1383.

Chor.

Das Ungeheur' hör' ich Unsel'ge, daß mir schaudert.

Klytaimnestra.

Ich Arme, weh! Aigisthos, o wo weilest du?

Elektra.

Sieh da, es rufet wieder.

Klytaimnestra.

O mein Kind, o Kind,
Erbarme dich der Mutter!

Elektra.

Doch von dir empfing
Erbarmen Er nicht, noch der Vater, der ihn schuf.

Chor.

Wehe, o Stadt! O Geschlecht, unsel'ges, heute
Tilgt dich des Tages Geschick dahin, dahin!

Klytaimnestra.

Weh mir, verwundet!

Elektra.

Kannst du, triff zum zweitenmal.

Klytaimnestra.

Weh mir, noch einmal!

Elektra.

Wär' es doch Aigisthos auch!

Chor.

Vollbracht der Fluch; lebend sind,
Die im Erdgrunde ruhn.
Im reichen Strom das tiefste Blut
Entziehen ihren Mördern
Die vorlängst Gestorbnen.

(Orestes und Pylades erscheinen.)

Antistrophe.

Chor.

Doch sieh, da sind sie wieder, und der blut'gen Hand
Entrieset Ares Opfer. Mir versagt das Wort.
1394 — 1410.

Orestes.　Pylades.　Vorige.

Elektra.

Wie ist geschehn, Orestes?

Orestes.

In dem Haus geschah
Nach Rechte, wenn Apollon recht weissaget hat.

Elektra.

Es starb die Unglückfel'ge?

Orestes.

Fürchte ferner nicht,
Daß dich der Mutter frecher Muth entehren wird.

Chor.

Verstummet; denn deutlich dort
Seh' ich nahn Aigisthos.

Elektra.

Jünglinge, nicht von hinnen?

Orestes.

Wo erblicket ihr
Den Mann? Nach uns gerichtet?

Elektra.

Von der Außenstadt
Herkommt er freudvoll.

Chor.

Tretet nun hinter das Thor zurück in Eile,
Wie euch das Erste gelang, so Dieses auch.

Orestes.

Getrost, wir enden's.

Elektra.

Eile denn, wohin du denkst.

Orestes.

Ich bin hinweg schon. (Geht mit den Uebrigen ab.)

Elektra.

Hier denn sei die Sorge mein.

1411 — 1423.

Chor.

Zum Ohre nun Wen'ges nur,
Wie aus friedfert'gem Sinn,
Dem Mann zu sagen, frommte wohl,
Damit er blind hineinstürm'
In des Rächers Angriff.

Aigisthos. Elektra. Chor.

Aigisthos.

Wer weiß von euch mir, wo die Gäst' aus Phokis sind,
Die von Orestes, sagen sie, gemeldet uns,
Daß bei der Wettfahrt scheiternd er sein Leben ließ?
Dich, dich befrag' ich, dich zuerst, die du bisher
So kühn gewesen. Denn es trifft vor Allen dich,
Dünkt mir, vor Allen weißt du denn zu sagen es.

Elektra.

Ich weiß; wie sollt' ich anders? Fremd ja wär' ich sonst
Dem Loos der Meinen, welchen ich die Nächste bin.

Aigisthos.

Wo also sind die Fremden nun? Das sage mir.

Elektra

Drin; eine liebe Wirthin dort erreichten sie.

Aigisthos.

Und melden ihn gestorben als unzweifelhaft?

Elektra.

Nein; sondern auch sie zeigen's, nicht im Wort allein.

Aigisthos.

So ist er gegenwärtig, zur Bestätigung?

Elektra.

Ja, und der Anblick wahrlich nicht beneidenswerth.

Aigisthos.

Du sagst mir viel zur Freude, wie nicht sonst du pflegst.

Elektra.

So freu dich Dessen, wenn es dir erfreulich ist.

1424 — 1444.

Aigisthos.

Schweig, ich gebiet' es, und das Thor sei aufgethan
Zur Schau den Mykenaiern und Argeiern. all',
Damit von ihnen, wer mit leerer Hoffnung sonst
Auf diesen Mann sich wiegte, nun den Todten seh',
Und mein Gebiß annehme, wenn mit Zwang ihm nicht,
Durch meine Zucht erst, kluger Sinn erwachsen soll.

Elektra.

Und schon geschieht das Meine. Ward ich endlich doch
Des Sinnes, mich zu halten zu den Stärkeren.

(Sie öffnet das Thor und man sieht die verdeckte Leiche der Klytaimnestra.)

Orestes. Pylades. Pfleger. Vorige.

Aigisthos.

O Zeus, ich seh' ein Zeichen, nicht ohn' euern Neid
Geschehen; doch ist's Sünde, dann sei's ungesagt.
Entziehet ganz die Hülle vor dem Blick, damit
Dem Nahverwandten auch von mir die Trauer sei.

Orestes.

Enthebe selbst sie; mein ist nicht es, sondern dein,
Dieß anzuschauen und zu grüßen liebevoll.

Aigisthos.

Du mahnest recht so, und ich folge dir; doch du,
Wenn Klytaimnestra ist im Haus, so rufe sie.

Orestes.

Sie ist dir nahe. Suche sie nicht anderswo.

Aigisthos. (Die Decke aufhebend.)

Weh mir, was seh' ich!

Orestes.

Was erschreckt, was irret dich?

Aigisthos.

In welcher Männer Netze mitten bin hinein
Gestürzt ich Armer!

1445 — 1464.

Orestes.

Und du wardst nicht längst gewahr,
Daß mit Lebend'gen Todten gleich du redest hier?

Aigisthos.

Weh mir, das Wort versteh' ich. Denn kein Andrer ist's,
Als nur Orestes, welcher Dieses zu mir spricht.

Orestes.

Du, solch ein guter Seher, wardst so lang getäuscht?

Aigisthos.

Es ist um mich geschehen. Doch vergönne mir
Ein kurzes Wort noch.

Elektra.

Bruder, laß nicht weiter ihn,
Bei allen Göttern, dehnen noch das müß'ge Wort.
Denn welchem von den nothumstrickten Sterblichen,
Wenn sein der Tod harrt, wäre noch die Zeit Gewinn?
Nein ohne Zögern tödt' ihn, und den Todten gib
Den Todtengräbern, deren Er sich werth gemacht,
Fern unserm Anblick. Denn es mag nur Dieses mir
Für all die Leiden langer Zeit Vergütung sein.

Orestes.

Geh eilig in das Innre; denn mit Worten nicht
Ist unser Kampf nun, nein um deines Lebens Preis.

Aigisthos.

Warum in's Haus mich führen? Wie, wenn recht du thust,
Bedarf's des Dunkels, und du bist nicht gleich bereit?

Orestes.

Gebiete nicht; geh dahin, wo den Vater du
Mir hast erschlagen; daß am selben Ort du stirbst.

Aigisthos.

So ist es denn Nothwendigkeit, daß dieses Dach
Jetzt und zukünftig schaue der Pelopiden Noth?

Orestes.

Die deine sicher; Dieß genau weissag' ich dir.
1464 — 1498.

Aigisthos

Doch nicht vom Vater rühmst du dich mit dieser Kunst.

Orestes.

Viel Gegenreden; doch den Weg verzögerst du.
Hinein denn!

Aigisthos.

Führe.

Orestes.

Dir ist hier voranzugehn.

Aigisthos.

Daß nicht ich fliehe?

Orestes.

Daß nach Wohlgefallen nicht
Du stirbst; bewahren muß ich dieses Herbe dir.
Es sollte Dieses Allen gleich die Strafe sein,
Wer über Ordnung und Gesetz zu thun begehrt,
Der Tod. Des Frevels wäre dann wohl nicht so viel.

(Ab mit Aigisthos. Die Uebrigen folgen nach.)

Chor.

O Atreus Stamm, aus Leiden wie viel
Gingst mühsam du in der Freiheit hervor,
Durch rüstige That nun am Ziele.

1487   1497.

Anmerkungen

zur

Elektra.

Der glückliche Umstand, daß neben der Elektra des Sophokles noch

aufgefordert, und in der That sieht man ohne Mühe ein, wie ein

einmal vorkommen wird. Das Stück des Aeschylus bildet die Mitte der einzigen, uns übrig gebliebenen Trilogie, oder Dreieinheit von

seinem Auftreten abging, und jenes Dichters ganze Eigenthümlichkeit und Vermögen ist in diesem Werke zu erkennen, wohingegen Euripides in seiner Elektra hinter sich selbst zurückgeblieben sein dürfte. Auch von uns soll auf eine Vergleichung eingegangen, und die zwischen den Dreien bestehende Verschiedenheit zwar nur aus Einem, jedoch einem wichtigen, die Anlage des Ganzen mit bedingenden Gesichtspunkte betrachtet werden. Bei Aeschylus nämlich, wiewohl auch hier die That von Apollon geboten ist, erscheinen dem Orestes nach vollbrachtem Muttermorde die Furien, vor denen fliehend er die Scene verläßt. Dieß bildet nun einerseits für die Dichtung selbst den Verbindungsknoten zwischen diesem und dem Endstück und ist ein Hauptmoment des Ganzen, das auf die äußerlich dargestellte Versöhnung collidirender Pflichten hinausläuft; anderseits aber ist eine solche Fiction, wie sie mythisch überliefert war, auch dem Dichter selbst sehr entsprechend, indem Dieser, seinem Genius wie seiner Bildung und Denkart nach, geneigt ist, die Fragen, welche Natur und menschliches Herz darbieten, den ursprünglich in beiden gesetzten Widerstreit, durch personificirte Kräfte darzustellen und, da nach einer solchen Ansicht nicht ein Niedrigeres dem Höheren untergeordnet wird, gleichsam vertragsweise auszugleichen. Der Mensch, dessen Geschick oder That einen solchen Conflict hervorruft, erscheint, wenn nicht wie ein Sclave, doch wie ein Unterthan, um welchen zwei Herren streiten, und der vor ausgemachter Sache Keinem von beiden ohne Gefahr gehorchen wird; wie denn auch Orestes nicht auf eine einfache Weisung Apollons, vielmehr mit den härtesten Strafen von ihm bedroht, nach Mykenä gekommen ist. Bei Euripides wird zwar auf Apollons Befehl der Mord von Orestes, sogar mit Beihülfe Elektra's, ohne Anstand vollzogen, nach geschehener That aber sind Beide untröstlich, Orestes fürchtet sich vor den Erinnyen, die nun kommen werden, und seine Oheime Kastor und Pollux, während sie ihn in Athen Lossprechung von der Blutschuld suchen heißen, stehen nicht an, den Ausspruch des weisen Phöbos einen unweisen zu nennen; der Gott muß also diesmal nicht in Zeus Namen gesprochen haben, sonst würden dessen Söhne seinen Worten mehr Achtung schuldig sein. Wie Sophokles auch in diesem Punkte weise und folgerecht verfahren, und daß bei ihm der Erinnyen nicht gedacht werden könne, Dieß wird sich aus der nunmehr zu versuchenden übersichtlichen Würdigung des vorliegenden Stücks mit Anderem ergeben.

Der Tod Agamemnons steht im Zusammenhange mit einer früheren Verschuldung desselben, da er (558) einen Hirsch, der dem luftwandelnden im Haine der Göttin Artemis aufstieß, erlegt und, als weiteres Vergehn, sich dazu ein unfrommes Wort hatte entfallen lassen, wofür ihm dann als Buße eine zweite Uebelthat, die Opferung seiner Tochter, auferlegt wurde. Unter Vorspiegelung des schönsten Glücks, der Vermählung mit Achilleus, wird sie mit ihrer Mutter nach Aulis gelockt und dort geschlachtet. Daß die Göttin sie dem Tod entrückt und in ihren Tempel in Taurien versetzt hat, ist allen bei dem Opfer Anwesenden verborgen geblieben. Dieses selbst aber scheint Klytämnestra ein hinlänglicher Grund, um damit ihre Untreue gegen ihren Gatten, seine Ermordung, und in Folge davon die unnatürliche Behandlung ihrer rechtmäßigen Kinder vor sich selbst (542) und vor Andern (520) zu rechtfertigen. Ihr Mitschuldiger hat mit seinen Uebelthaten nur die Kette der Verbrechen im Hause des Pelops (496) fortgesetzt. In dieser Kette wird aber Orestes Muttermord den letzten Ring bilden, denn er vollbringt ihn mit reinen Händen, ohne Haß oder böse Leidenschaft, außer dem traurigen unheilvollen Bereiche seines väterlichen Hauses im Genuß edler Freundschaft zum Manne herangereift (155), wo er nur durch

Gedanken, die Ermahnungen seines Führers und seine eigne Geschichte bei der Tat erinnert wurde.

[...] Jüngling tritt er jetzt, in heiter Morgen [...] nach der Weise des Dichters, [...] Geschicke und erschütternde Taten durch den Reiz der Natur zu mildern und ihren Trieb [...] darüber auszubreiten, [...] und begleitet von dem [...] Freunde, vor dem [...] der Väter auf, und bespricht mit ihnen die Tat, die er als [...] und dazu erzogener (70. 14) Rächer eines Vaters, als rechtmäßiger Erbe, von den Göttern in seinem Vorsatz bestärkt und ausdrücklich zur Tötung der Schuldigen angewiesen (32. 1456 [...]), nicht gehindert durch die natürliche Scheu vor der Mutter, [...] sich entfernet worden (768); mit Anwendung der List, [...] nach dem göttlichen Willen, die Strafe dem Vergehen genau entsprechend, eigenhändig vollenden soll. Die List besteht in der [...] Nachricht von seinem Tode, welche außerdem, da auch Elektra [...] getäuscht werden muß, eine höchst wirksame Verwicklung der Fabel herbeiführt, und, durch die Darstellung rührender und zärtlicher Gefühle in ihrer größten Stärke den furchtbaren Ausgang bis zur Entscheidung selbst dem Auge entrückend, sind allgemeine [...] verhütet.

Dennoch hat es der Dichter bei diesen Motiven, den Mutter [...] menschlich begreiflicher zu machen, nicht bewenden lassen. Ein Haupthebel ist noch Orestes Schwester Elektra, die ihn rettete (818), ihn seitdem stets zur Rache anspornte (160 f.), die mit den Mördern ihres Vaters keinen Frieden schließen, dessen Andenken wenigstens durch ihre Trauer ehren und erhalten, nicht durch Unterwürfigkeit ihm und sich selbst untreu werden will, gleich stark in Liebe und Haß, eben so leidenschaftlich in ihren Gefühlen, als unveränderlich in ihrer Gesinnung. Nur die Nächte und der frühe Morgen, wenn Alles noch in Schlaf befangen liegt, sind ihr zum freien Erguß ihres Schmerzes vergönnt, den ihr sonst der Zorn ihrer Gegner verwehrt, und es ist zu denken, daß eben die Härte, womit diese von jeher ihre Trauer nicht dulden wollten, die Feindschaft so unauslöschlich gemacht hat. Auch jetzt hört man ihre Seufzer zuerst im Hause, und, stets vorsichtig, sucht der Pfleger Anfangs den Orestes von dem Gedanken, daß sie es sei, abzulenken, da Jener es aber doch richtig erräth, treibt er ihn zum Orte weg, zu einer .... Zeit, welche das Werk weihen soll, und alsbald ...... sie mit .... Morgenklage, welche sie diesmal vor dem Volke ausschütten darf, jammer- und thränenvoll, vor den Elementen ausweinend, was die Menschen nicht hören wollen, an dieselbe Stelle, die eben der .... Wetter verlassen hat. ....

Bald jedoch gesellt sich ein Tröster zu ihr, der Chor, der in dieser Absicht gekommen ist, Töchter edler Geschlechter, Freundinnen der Königstochter, und in langem Wechselgesang, und darauf folgende der Wechselrede vernimmt man, was Diese fühlt, und leidet, und was Jene Aufrichtendes, Milderndes und Tröstendes zu sagen wissen. Verzehre dich nicht ewig in vergeblicher Trauer, spricht der Chor; aber sie will keinen Trost nicht hören; kann auch die Klage den Todten nicht wieder erwecken, so soll sie doch als Opfer der kindlichen Liebe nicht aufhören; und ihrem Herzen scheint es göttlich ...... Rüste noch im Grabe zu weinen. Wenn sie daran erinnert, würde daß ihre Geschwister gleichen Verlust mit ihr erlitten haben, und mit einer leichten Wendung des Gedankens auf Orestes, deßen Hülfe hingedeutet wird; so macht eben deßen Abwesenheit und langes Zögern nicht den geringsten Theil ihrer Leiden aus, und der Gebrauch, im Vertrauen auf Gott geduldig und mäßig mitzuhalten, nicht aus, gegen die einsame Trostlosigkeit ihrer erniedrigenden Lage, gegen das Entsetzliche, in denselben Gemächern, die .... darin zu sein, die einst ihr ermordeter Vater bewohnte. Dieß vergegenwärtigt dem Chor jenen schrecklichen Tag, als der König, kaum von langer Entfernung heimgekehrt, am Abend in jenen Gemächern festlich froh beim Mahle sitzend, ruchlos erschlagen wurde; da aber nun Elektra in Verwünschungen gegen die Thäter ausbricht, sucht er vergebens den unvorsichtig von ihm erregten Sturm zu beschwören, die Folgen ihrer Feindseligkeit gegen die Machthaber ihr vor Augen zu stellen; sie will, sie kann sich nicht beruhigen, Niemand weiß ihr etwas wirklich Tröstendes zu sagen; ihre eigne Heftigkeit wird durch die Maßlosigkeit der Erniedrigung hervorgerufen, die Trauer selbst aber ist eine heilige Pflicht, eben deßwegen um so heiliger, weil sonst Niemand mehr (100) sie ausüben will, so gewiß bindend, als die Vergeltung für das Verbrechen nicht ausbleiben darf, soll Ehrfurcht und Frömmigkeit auf Erden nicht gänzlich untergehn. ......

Dem lyrischen Erguß folgt eine anschauliche Schilderung ihrer Lage und Stimmung, der Frechheit, Leidenschaft und Gewaltthätig-

Seit ihrer Mutter, die sich nicht scheut, den Todestag ihres Gatten
als ein Freuden- und Dankfest zu feiern, und die nur Eine Furcht
hat, vor Orestes. Des Aegisthos wird dabei nur kurz Erwähnung
gethan; nach Handlung und Charakter tritt er in dem Maße in den
Hintergrund, als seine Bestrafung in dem Gedicht nur Nebensache
zur Haupthandlung ist. Dieses Gespräch wird durch die Ankunft
ihrer Schwester unterbrochen. Wenn jede Erscheinung wie jene Ansicht durch den Gegensatz erst hervorgehoben und geprüft wird, so
wird sich hier Elektra's Charakter dem der Chrysothemis gegenüber
zu bewähren haben.

Daß jene zwar im Rechte sei, die Klugheit aber gebiete, sich
in Umstände zu fügen, die man nicht beherrschen kann, deren gün-
stige Wendung man abwarten muß; daß nicht drohen solle, wer nicht
schaden kann, und daß auch das eine Erniedrigung sei, als Königstochter ein Sclavenleben zu führen (361. 309); daß endlich der gestorbene Vater selbst ein solches Verhalten mit Nachsicht beurtheilen
werde; diese ganze Beweisführung der Klugheit widerlegt Elektra
von ihrem ideellen Standpunkt aus, und mit Leidenschaft, nach ihrer
Weise; und wie sie jetzt von neuem schmerzlich aufgeregt ist, läßt
sie selbst das ihr angekündigte härteste Schicksal, ewigen Kerker,
ruhig, ja gerne kommen. Doch bietet ihr Chrysothemis einen Trost
durch Erzählung des Traums der Klytämnestra, auf den die Erzäh-
lende selbst nach ihrer Denkart keinen Werth legt, von dem sie aber
fürchtet, daß er Elektra zu neuem Widerstande verleiten und so das
ihr drohende Verderben beschleunigen werde. Der Zuschauer freilich
erkennt, daß es mit der Bedeutung des Traumes kein Irrthum ist;
die Götter ihr Gericht ankündigen, nach welchem sich die rechtmäßige
Herrschaft Agamemnons, durch seinen Sohn hergestellt, fortan friedlich wohlthätig über das Reich ausbreiten wird. Die Opfer, welche
seinem so lange verstummten Grabhügel gebracht werden sollen, wird
er nun, als seiner unwürdig, nicht empfangen; Chrysothemis ist nach
gerne bereit, dafür von sich selbst und Elektra eine Gabe darzubrin-
gen. So werden sie die gerechte Sache fördern; es wird die Rache
nicht lange mehr säumen, welche der Chor im Geiste wahr sieht;
gemäß dem forterbenden Geschick von Schuld und Strafe in dem
Hause der Pelopiden.

Außer dem Todtenopfer, das die Königin ihrer Tochter über-
tragen, da sie selbst Scheu und Widerwille davon abhalten muß
(309), will sie selber Apollon an seinem Altar anrufen, der nach der

Sitte vor dem Palast aufgestellt ist. Der Schrecken hat sie milder
gemacht, geneigt, mit der Gegnerin sich in ruhige Wechselrede ein-
zulassen, um vor ihr und vor sich selbst ihre Mordthat zu rechtfertigen; da sie sonst, wohl freilich durch Elektra's Laute und stille
Bejammerung geneigt, sich nur heftig gegen sie auszulassen pflegt (279).
Hierdurch, wie durch die Erwägung von Mutterliebe gegen Orestes
wird ihrem Charakter eine mildernde Beimischung von Güte gegeben, die ihn in die Gränzen des Schönen zurückführt. Iphigeneia's
Opferung ist übrigens der einzige Grund, den sie für sich geltend
macht, jeder Andere würde auch noch weniger Gehalt haben. Mit
ruhig beginnender, von Lebhaftigkeit zur Heftigkeit übergehender,
immer aber bündig treffender Antwort widerlegt sie Elektra, zeigt
ihr, daß jener Grund ein Vorwand ihrer bösen Lust, daß das ihr
angestellte Vergeltungsrecht ihr selbst am gefährlichsten sei, und daß
endlich ihre Moral und das unnatürliche Benehmen gegen ihre Tochter sie an sich selbst schon verurtheile. Auf beiden Seiten durchbricht
das und, Zorn die auf kurze Zeit angenommene Mäßigung, und nur
Klytaimnestra's Anliegen an den Gott hält sie ab, sich ganz ihrem
Grimm zu überlassen. Wie ehrwürdig und edel gehalten, einer
höhern Sache würdig ist ihr Gebet, dem auch durch eine furchtbare
Ironie des Göttergeschicks, wie im Oidipus dem Gebet Jokaste's,
die Erhörung unmittelbar zu folgen scheint, nur daß hier der Zuschauer den Irrthum sieht, in welchem er dort mit den Handelnden
befangen ist.

Sophokles ist überall groß, sein Verfahren immer höchst wirksam und nachdrucksvoll, aber die Erzählungen, neben manchen Mo-
nologen, sind die Glanzpunkte seiner Schauspiele. So ist in der
vorliegenden die Lebhaftigkeit so groß, die Anschaulichkeit so vollkommen, daß der wissende Zuschauer selbst mit hingerissen wird, und
die damit hervorgerufene Stimmung wirkt fort über die folgende
Scene der Täuschung, bis zum endlichen frohsten Wiedererkennen.
Die Theilnahme an Orestes Geschick, wie sie der zuschauenden Menge
zugeschrieben und vom Hörer mitempfunden wird, steigert sich durch
die Erwägung, daß eigentlich die Meisterschaft in der Kunst, ver-
möge welcher er, so erfahren als kühn, Das wagen darf, was Andre
scheuen müssen, ihn zu Grunde richtet. Klytaimnestra's traurige
Empfindung bei dieser Katastrophe, die sie andrerseits als glücklich
sogleich anerkennt, ja deren erste Ankündigung sie schon mit freudiger
Spannung vernimmt, ist nicht erheuchelt, wenngleich sie nicht dabei

verweilt; und das ist es auch, was Elektra der Weggegangenen Schuld gibt: ist das die Trauer der Mutterliebe, deren sie sich gerühmt hat? Es ist der Triumph einer Feindin. Und nun überläßt sich die unglückliche Schwester der trostlosesten Verzweiflung. Der Zuspruch des Chors erhöht nur ihren Schmerz; denn, wenn er auf die einschreitende Rache der Götter hinweisen will, so haben sie ja eben Den untergehn lassen, der diese Rache auszuführen allein geeignet war; wenn er des Amphiaraos lebenvolle Würde noch im Tode ihr vorführt, damit sie eine gleiche Herrlichkeit für ihren Vater hoffe, so war für jenen Seher die größte Genugthuung die, daß sein Sohn ihn rächte, Agamemnons Sohn aber ist nicht mehr. So herrscht in dieser Heldenseele durch alle übrigen Wechsel der Empfindung hindurch unveränderlich der Gedanke der Rache, mit derselben Nothwendigkeit, mit welcher die Vergeltung selbst von den Göttern herbeigeführt wird. Der Chor zeigt ihr noch die allgemeine Schuld des Todes, die wir Alle bezahlen; aber die Art, wie sie hier eingefordert worden, ist so einzig schrecklich, daß er zuletzt, von allem Trösten abstehend, Nichts mehr weiß, als selbst mit ihr zu klagen.

Die nun folgende Scene könnte man im Zusammenhang des Ganzen beim ersten Anblick für entbehrlich halten, von ihrer Schönheit an sich natürlich abgesehen, die sogleich einleuchtet. Aber genauer betrachtet, erkennt man, daß zwar keine neue Verwicklung, auch, außer der Nachricht von Orestes bereits schon vollbrachtem Todtenopfer, nach welchem nun seine Ankunft nah zu erwarten steht, kein eigentlicher Fortschritt der Handlung gewonnen, dagegen aber eine weitere Charakterentwicklung bewirkt wird. Chrysothemis schönes Gemüth offenbart sich jetzt erst vollständig in ihrer innigen Freude, ihrem herzlichen Bezeigen gegen die Schwester, ein Licht zur Erhöhung des Gemäldes. Denn ihm gegenüber steht nun um so dunkler Elektra's Trauer da, welche Empfindung bei Chrysothemis an sich und durch den bald folgenden Streit nicht überwiegend werden kann; um so kräftiger ihr starker Muth, der nun selbst die Rache vollführen will, gegenüber der Vorsicht ihrer Schwester, die sich alsbald in das Unvermeidliche zu fügen weiß, und, auf ihrem Standpunkt ihres Rechtes sich bewußt, sogar mit Nachdruck Elektra's Unwillen abweist. Uebrigens will Diese nur den Aigisthos tödten, nicht ihre Mutter, die wohl mit Jenes Tode wehrlos sein würde, zumal das Geschlecht des früheren Herrschers im Volke noch einen Anhang finden wird (1447). Denn an Klytaimnestra selbst ihre Hand zu legen, darf sie nicht thätig sein, ja der Dichter hat sie nicht einmal bei der That zugegen sein lassen, die sie nur von außen mit ihren Wünschen und ihrem Zurufe begleiten.

Der Chor in seinem Liede billigt nicht gerade ihren Vorsatz; aber hingerissen von so viel Seelengröße, preist er ihre Kindesliebe und wünscht ihr wohlverdiente Tage des Glücks und der Genugthuung. Selbst unter den vernunftlosen Thieren zeigt sich Kindessinn; manche Vögel offenbaren so viel verständige Erwägung, daß sie ihre Aeltern im Alter pflegen; und wir Menschen sollten es unterlassen? Freilich, wo Dieß geschieht, bleibt die Strafe Gottes nicht lange aus. Diese edle Pflicht sollte hier im Hause, das ohnehin so schwer heimgesucht ist, nicht Anlaß zur Entzweiung der Geschwister geben, in deren Folge nun Elektra ganz allein steht, aber um so großherziger, ganz ihrer edlen Abkunft würdig. Denn kein Hochgeborner will im Unglück thun, was seinen Namen entehrte, wie auch du die Erniedrigung durch die Bösen mit Muth, ja ihnen die Spitze bietend erträgst, durch treue Tochterliebe deine Gottesfurcht bethätigend.

Der Wunsch des Chors, daß es ihr noch wohl gehen möge, gestützt auf das Vertrauen jedes guten Menschen zu den Göttern, steht fürerst in starkem Contrast mit dem Erscheinen der angeblichen Asche des Orestes; und so ist die ganze Dichtung voll von Gegensätzen, welche das Interesse stets in Thätigkeit erhalten. Es werde hierbei wiederholt, was schon oben hin und wieder angedeutet worden, daß dieser lebenvolle Wechsel verschiedener, meistens sympathetischer Empfindungen wesentlich dazu beiträgt, den düsteren Grund des Gemäldes zu erheitern und die ungeheure That eines Muttermords bis zur Ausführung selbst dem Auge zu entziehen; ingleichen daß der Anblick der ganzen Liebe Elektra's zu ihrem Vater und Bruder und ihrer allein durch sie verursachten Leiden den Orestes, der sie selber daran erst erkennt, in die leidenschaftliche Stimmung versetzt, durch die ihm die That erleichtert wird. Elektra's Schmerz ist darum nicht minder rührend, weil er irrthümlich ist, denn er bildet nur den Gipfel ihres bisherigen langjährigen wahren Leidens. Und dieses Höchste, worauf keine Steigerung mehr folgen kann, zieht denn auch die Wendung nach sich, den Uebergang zu der zartesten und rührendsten Freude, geschildert mit aller der Innigkeit und Maßhaltung, wie sie der Muse unseres Dichters so eigen sind. Die überfließende Liebe, der Freudentaumel Elektra's erhält sein Gegengewicht durch

die sanfte Männlichkeit, mit welcher Orestes sie an Vorsicht und
Mäßigung und an den Hauptzweck seines Kommens erinnert, der
ohne Zweifel mit großer Gefahr verknüpft ist. Das gibt nun auch
der Pfleger zu bedenken, aber es kann Elektra nicht abhalten, nach
ihrer freudenvollen Stimmung sowohl als ihrem unerschrocknen We=
sen, auch den Alten mit einer herzlichen Anrede zu begrüßen, wo=
durch diesem tüchtigen Charakter gleichsam die poetische Gerechtigkeit
widerfährt, wie sie schon in der ersten Scene vorbereitet wird. Mit
Todtenopfer haben sie begonnen, mit Gebet zu den Göttern; insbe=
sondere zu Apollon, dessen Sendung von ihnen erfüllt wird, rüsten
sie sich zu der That, die eben dadurch ihren religiösen Charakter als
Ausübung der Gerechtigkeit behauptet.

Ares, der Gott des Mordes, geht in das Haus, mit ihm die
rächenden Erinnyen, witternden Hunden gleich des Verbrechens Spur
verfolgend; ihr Stellvertreter ist der Bluträcher, der Sohn und
Reichserbe, geführt von dem listerfindenden Hermes, der auch die
Seelen in das Land der Todten geleitet. So weit der Chor, als
Elektra eilig hervorkommt und das drinnen Geschehene berichtet.
Dieses sowohl, als daß sie nicht Zeugin des Mordes sein soll, ist
offenbar die künstlerische Absicht ihres Auftretens, so wie ihre Ant=
worten auf den Hülferuf der Klytaimnestra, welche nicht als zu deren
oder Orestes Ohren dringend, überhaupt nicht als an sie gerichtet
zu denken sind, sie doch mit Dem was hinter der Scene vorgeht in
Verbindung setzen und es gleichsam vergegenwärtigen.

Nun kommen sie rasch hervor, erschüttert von Dem, was, wenn
es unwiderbringlich geschehen ist, freilich noch furchtbarer erscheint,
als so lange es nur im Vorsatz bestand. Aber alle Unruhe schlägt
Orestes mit dem Rückblick auf den göttlichen Befehl, und, so wich=
tig war der Anblick von Elektra's Leiden, mit dem Gedanken an
ihre Befreiung nieder. Auch läßt ihm die Ankunft des Aigisthos
nicht Zeit zu entmuthigenden Betrachtungen, sondern fordert von
Neuem seine Thatkraft. Nicht minder als Klytaimnestra ist auch
dem Charakter des Aigisthos so viel Adel gegeben, als die Würde
der Tragödie erheischt. Er kann in Elektra's Augen ein Weichling
sein, aber, was man bei Shakespeares Männern überall bemerkt,
was auch ein Hauptzug des Griechischen Nationalcharakters ist, er
weiß zu sterben. Auch überläßt er sich, wenngleich übermüthig, doch
nicht so roh der Freude über den Glücksfall, daß er die Schen vor
den Göttern, die warnende innere Stimme ganz überhörte, welche

den nicht völlig verwilderten Menschen hinhält, sich der Schaden=
freude ohne allen Rückhalt hinzugeben. Wenn wir übrigens oben
der glücklichen Mittel gedacht haben, durch die der Dichter eine
Handlung von der größten Schauerlichkeit zu mildern gewußt hat,
so muß man dagegen anerkennen, daß der letzte Auftritt durch die
Ironie der Sieger, den Sturz des Besiegten vom höchsten Glücks=
taumel in den Abgrund des Verderbens, die Kälte, mit der ihn sein
Gegner in den Tod vor sich hintreibt, und die Festigkeit und Kühn=
heit, die er ihm entgegenstellt, endlich durch die Schärfung der
Strafe, daß er an der Stelle, wo er einst gemordet hat, sterben soll
(womit dann zugleich der künstlerische Zweck erreicht wird, kein Blut
auf der Bühne vergossen zu sehen); man muß anerkennen, dieser
letzte Auftritt hat eine so schneidende Herbe, eine so lakonische Kürze,
daß man wohl sieht, der Dichter habe nicht aus Unvermögen die
längere Zeit bei dem Milderen verweilt, und daß der heilsame
Schrecken, den der Anblick der Vergeltung böser Thaten erweckt,
um so entschiedener, ungeschwächter als Hauptgefühl beim Schluß
dieser poetischen Verherrlichung der göttlichen Strafgerechtigkeit
übrig bleibt.

Gehn wir nun am Schluß noch einmal zum Anfang zurück, und
wiederholen uns, daß Sophokles die Verfolgung des Orestes durch
die Erinnyen ganz ausgeschlossen hat, so werden wir sogleich ein=
sehen, daß dieses schon nach den Forderungen der Kunst geschehen
mußte, indem eine für sich bestehende Dichtung nicht einen wesent=
lichen Umstand, nachdem sie ihn angeregt, unentschieden, gleichsam
eine selbst aufgeworfene Frage unbeantwortet lassen darf; daß also
Euripides, der so wenig als Sophokles Trilogieen schrieb, wohl
nicht richtig verfahren, da er dem Orestes durch seine Oheime die
Furien ankündigen und ihn zur Flucht nach Athen anweisen läßt,
um dort vom Areopag losgesprochen zu werden; denn wenn er auch
in einem andern Stücke den Orestes auf dieser Flucht darstellt, so
bilden beide doch nicht ein Ganzes, und man darf nicht die Aus=
gänge der beiden Oidipus damit vergleichen, wo sich, erst in den
Worten des Oidipus nach seiner Blendung, daß er zu noch härte=
rem Geschicke aufbewahrt sei, dann, nach seinem Tode, in dem
Wunsche seiner Töchter, nach Theben gebracht zu werden, eine leichte
Hindeutung auf spätere, von demselben Dichter behandelte Begeben=
heiten finden läßt.

Wir gehen aber noch weiter und sagen; Sophokles konnte den Orestes als von den Furien verfolgt überhaupt nicht darstellen, Dieß brachte seine religiöse Denkweise mit sich. Unter den Ueberresten seiner Gedichte findet sich Nichts, das dieser Annahme widerspräche; denn er hat zwar einen Alkmaion geschrieben, der auch ein Muttermörder war, und auf dessen That er in der Elektra Bezug nimmt, wie er ihn aber behandelt, ist nicht bekannt, und was wir sonst von der Mythe desselben wissen, zeigt ihn uns, trotz mehrfacher Sühnungen, unstät lebend und endlich eines gewaltsamen Todes sterbend. Genug, wenn Orestes auf göttlichen Befehl eine That der Gerechtigkeit ausführen muß, weil Niemand an seiner Statt es kann oder will, so muß er von der Strafe des Gewissens befreit bleiben; allerdings aber kann er eine solche That mit reinen Händen nur auf Befehl der Götter ausrichten, keine Rücksichten des Rechtes, der Pflicht, der Nothwendigkeit, des öffentlichen Wohles allein, ohne diese höhere Sanction, würden ihn dazu bestimmen dürfen. Wollten wir Dieses auf einen allgemeinen Satz zurückführen, so würde ein unlösbarer Widerspruch, oder die mißliche Folgerung daraus hervorgehen, daß Etwas menschlich unerlaubt, göttlich aber verstattet sein könne; wir haben es aber hier mit einem bestimmten, für historisch geltenden, von der Poesie zu behandelnden Ereigniß, und haben es sodann mit dem positiven Glauben an die Orakel zu thun, deren Ansehen Sophokles auch im Oldipus vertritt und überall gelten läßt, mag er sie nun für wirklich inspirirt gehalten, oder sie als ein nationales Institut, als Mittelpunkt des Glaubens nicht nur, sondern auch des gemeinsamen öffentlichen Lebens aller Hellenen unterstützt haben.

V. 4 f. Das Land Argos (Th. 1. S. 294) wird der Hain, gleichsam das geheiligte Gebiet der vergötterten Tochter des Inachos genannt. Der Pfleger zeigt erst das Land, dann die Stadt Argos, in welcher der Lykeiische Marktplatz berühmt war (von Apol-

---

V. 2. Ἄργος kann die Stadt nicht bedeuten, da das οὐπόθεν doch dieser nicht vorzugsweise zukam, er sich vielmehr unter den Städten nach Mykenai zu sehnen hatte. Alt, das specifische Beiwort für die Stadt, ist auf das Land übergetragen.

Ion Lykeios (s. Th. 1. S. 234), dann den zwischen Argos und Mykenä liegenden, noch berühmteren Tempel der Hera (beide
Städte lagen etwas über zwei Wegstunden von einander), weiter
Mykenai selbst, und endlich das Haus der Pelopiden, oder
den väterlichen Palast des Orestes. — Jo, Tochter des Inachos,
Königs in Argos, wurde von Zeus geliebt, und, um sie vor Hera's
Eifersucht zu bewahren, in eine Kuh verwandelt, als solche aber
von letzterer in Wuth versetzt und in vielen Ländern umhergetrieben,
bis sie in Aegypten Ruhe fand und einen Sohn gebar. Die Kuh-
hörner sollen auf eine Mondgöttin deuten.

V. 9. 10. Mykenai, als Residenz des mächtigsten Griechi-
steht man daselbst ein erhaltenes Gewölbe, das Schatzhaus des
Atreus genannt, das aus der mythischen Zeit herstammt. — Pe-

um

Mit Diesem aber, der Wunderrosse besaß und den Myrtilos,
Sohn des Hermes, des Gottes auch der Leibesübungen, zum Wa-
genlenker hatte, mußte jeder Freier eine Wettfahrt machen, bei welcher denn bisher Alle besiegt und, nach der Uebereinkunft, von Oino-
maos getödtet worden waren. Nun bestach Pelops den Myrtilos,
der Hippodameien liebte, durch ein dahin zielendes Versprechen, daß
er die Räder des Wagens nicht verwahrte, wodurch der alte König
stürzte und umkam; um aber dann seiner Verbindlichkeit gegen den
Mitschuldigen sich zu entledigen, warf er denselben, als sie am
Strande hinfuhren, aus dem Wagen hinunter in's Meer. Dafür
ruhte Hermes Zorn auf ihm und seinem Hause. Seine ältesten
Söhne von Hippodameia waren Atreus und Thyestes. Diese
ermordeten mit Wissen ihrer Mutter ihren von einer früheren Gattin gebornen, von dem Vater vorgezogenen Stiefbruder Chrysip-
pos, weßhalb sie Pelops verjagte und seinen Fluch über sie und
ihre Nachkommen aussprach. Nach seinem Tode nahm Atreus die
Herrschaft in Besitz, gerieth aber darüber bald mit Thyestes, der
ihm auch seine Gattin Aerope verführt hatte, in Streit und wurde
vertrieben. Später versöhnten sie sich scheinbar, und nun lud Atreus
den Bruder zu einem Mahle, setzte ihm das Fleisch seiner geschlach-
teten Söhne vor, und als sich der Vater daran gesättigt hatte,
zeigte er ihm ihre Häupter und Glieder. Atreus Söhne waren
Agamemnon und Menelaos, Thyestes Sohn Aigisthos.

Dieser rächte die Uebelthat des Vaters an dem Sohne, als verstieß
seine Gattin Klytämnestra, Tochter des Tyndareos und der
Leda, Schwester der Helena und der Kastor und Pollux, und half
ihr den Agamemnon ermorden, wofür er sodann durch Orestes fiel.
Mit diesem endete der Fluch; er regierte glücklich, vermählt mit
Hermione, Menelaos und Helena's Tochter, vergrößerte sein Reich
und vererbte es auf seinen Sohn Tisamenos.

B. 16. Pylades war der Sohn des Strophios, Königs
von Krisa (175) in Phokis, südlich unter Delphi, in der Nähe
einer tiefen Bucht des Korinthischen Meeres, in weiter, fruchtbarer
Ebene; seine Mutter war Anaxibia, Agamemnons Schwester. Strophios Vater Krisos lebte in größter Feindschaft mit seinem Bruder
Phanoteus (45), König in Phanotea oder Phanoteus, nordöst-
lich von Delphi, und so ist dieser der natürliche Feind von Aigisthos und Klytaimnestra, weshalb er ihnen auch abgeschmacktheit
die frohe Nachricht von Orestes Tod melden kann; seine Asche
gegen sendet der Pflegevater Strophios durch dieselben Männer,
durch welche er den Körper hat verbrennen lassen (749).

B. 49. Die Pythischen Spiele (Th. 1, S. 231) wurden
in der Nähe von Krisa gefeiert.

B. 59. Orestes beseitigt das Unheimliche und Ominöse, was
die Nachricht von seinem Tode haben könnte, durch die Erinnerung an berühmte Beispiele. Welche der Dichter hier nament-

---

B. 42 f. οὐ γάρ σε μὴ ἔχωσι τε καὶ χρόνῳ μακρῷ γνῶσ᾽ οὐδ᾽
ὑποπτεύσουσιν δ᾽ ἠνθισμένον. Wenn ἠνθισμένον von dem weißen
Haar verstanden werden soll, so muß man es in der Construction mit
χρόνῳ κ. τ. λ. verbinden und Alles zu Einem Satz machen: sie werden
dich so vom Alter und der langen Zeit beurtheilet nicht kennen noch argwöhnen (daß du es seist). Alter und Zeit stehen dann ganz passend zusammen, da Jemand in jungen Jahren lange abwesend sein kann, ohne
grau zu werden. In dem doppelten Verdum aber bleibt ein Ueberfluß,
und ὑποπτεύσουσι bildet überdieß einen unpassenden Zusatz, denn es sich
ist es ja nicht unwahrscheinlich, daß er untroffen grau geworden. Sodann deutet auch die Wortstellung auf zwei Sätze mit demselben Subject.
Diese aber würden so lauten: sie werden dich wegen deines Alters und
der langen Zeit nicht mehr kennen, und nicht argwöhnen, daß du so grau
geworden; tautologisch und unrichtig, auch wenn man zugeben wollte,
daß ἠνθισμένος für sich allein grauharig heißen könne. Botbe versteht

22 *

lich der Ungewißheit, ist nicht zu bestimmen; daß aber gar mancher
ausgezeichnete Mann, der, wie Solon, auf weite Reisen ging, oder,
wie Vielen geschah, in der Verbannung lebte, todt gesagt, und deßwegen bei seiner Rückkehr um so ehrenvoller aufgenommen wurde, ist
natürlich. Man versteht es auch von Pythagoras, von dem erzählt
wird, daß er sich eine Zeit lang verborgen gehalten und für todt
ausgegeben habe. Die vernachlässigte Chronologie kommt natürlich
dabei nicht in Betrachtung.

V. 145. Die Sängerin ist die Nachtigall, Botin des
Zeus; da sie den Frühling anmeldet, Zeus aber die Welt, also auch
die Jahreszeiten regiert (Th. 1. S. 295. 6).

V. 154. Bei Homer sind die Töchter Agamemnons Chrysothemis, Laodike und Iphianassa, die zweite ist Elektra,
die letzte Iphigeneia, da er von deren Opferung Nichts weiß.
Bei nachhomerischen Epikern dagegen wird sie von Iphianassa unter-
schieden, wie auch Sophokles that.

V. 163. 4. Er vergißt es, daß ich ihn gerettet habe und
daß ich ihn sehnlich erwarte.

V. 190 f. Böse Lust und List vereinigt brachten ein Ungeheuer von Verbrechen hervor, welches das menschliche Maß übersteigt
(Vgl. zu Aias V. 239).

---

es von einem Blumenkranz, unter welcher fröhlichen Verkleidung man
allerdings den Pädagogen des Orestes nicht leicht vermuthen würde; doch
hätte er wohl, wenn bekränzt, einen grünen Kranz zu tragen. Wenn
ἄνθος so viel als κεχρωματισμένον heißen kann, welche nur auf unsre Stelle
gestützte Erklärung der Grammatiker von Hermann gebilligt wird, also
das ganze Aussehen, gleichsam das Colorit des Mannes, so kann es auch
eben so gut seine blühenden Umstände, nämlich seinen glänzenden Aufzug
bezeichnen, hinter dem sie ihren ehemaligen, bei ihnen ohne Zweifel übel-
gehaltenen Diener und Sclaven nicht suchen werden.

V. 193 f. Man construire: αἰκρὰ μὲν αὐδά, (ὅτε ἐν) νόστοις,
αἰκρὰ δέ; ὅτε ἐν κοίταις πατρῴαις κ. τ. λ. Auch nimmt die Uebersetzung nach Hermanns erster Ausgabe σοὶ πατρῴαις für σοῦ πατρός,
da das Sitzen auf dem Ruhebett das Hauptmoment ist und Elektra als
mitbetroffen ausgedrückt wird. Der Chor denkt zurück an den Tag der
Heimkehr und wie sich da die Nachricht von dem Morde in der Stadt
verbreitete.

Weg ist. Endlich, wann der Wanderer der Erwerbung
zurückkehrt, feiert sie ihn mit einem Mahl, nach dem, bei welchem
sie ihn erschlug, Agamemnonsmahl genannt.

V. 281. Die Gottheit, die ein Leiden schickt, hebt es auch
wieder (Aias V. 671); so können hier die unterirdischen Götter, welche Elektra durch den Tod ihres Vaters in Trauer versetzt
haben, sie wieder beruhigen, den Schmerz von ihr nehmen. Sehr
nachdrucksvoll wünscht ihr Klytaimnestra, von der Trauer, der sie
jetzt mit Vorsatz nachhängt, nie, auch nicht, wenn sie einmal anderen Sinnes werden sollte, befreit zu werden.

V. 298. Ihre nahen Hoffnungen sind die auf sich selbst,
die fernen die auf Orestes. Durch seine Zusage wird sie in ihrer
Thätigkeit gelähmt, während er selbst mit der seinigen zögert. Denn
daß sie, von Orestes Hülfe verlassen, sich selbst zu helfen fähig sei,
spricht sie später V. 946 und 1307 deutlich aus, und dahin scheint
auch V. 314. zu deuten.

V. 313. Nicht immer ist das Zaudern bei wichtigen Unternehmungen angemessen, denn ich rette ihn nur durch schnelle Ent-
schlossenheit.

V. 337 f. Chrysothemis soll es entschieden mit Einer Sache
halten, entweder ganz mit der schlechten, oder, wenn sie klug, d.
h. gut sein will, so soll sie sich von ihren bisherigen Freunden
lossagen; jetzt aber dient sie den letzteren, ohne daß sie doch den
Muth hätte, ihre Anhänglichkeit gerade heraus zu bekennen; dieß
ist die Feigheit, welche ihr Elektra vorwirft.

V. 214. δεινοῖς ἠναγκάσθην δεινοῖς, durch Gewaltsamkeit zur Gewaltsamkeit; wie V. 248 ἦ βία ἀναγκάζει, und V. 300. 1. ἐν τοῖς
κακοῖς πολλή 'στ' ἀνάγκη κἀπιτηδεύειν κακά, in dem Bösen (Niedrigen),
was uns widerfährt, liegt der Zwang, sich auch des Bösen zu befleißigen,
Böses mit Bösem zu vertreiben. So allein paßt auch das ἔξοιδα u. s.
w., ich erkenne meine eigne Heftigkeit sehr wohl.

V. 442. κάνθ' ἀλιπαρῆ τρίχα. Die in den Scholien erwähnte
Lesart λιπαρῆ paßt nicht, indem man das spätere λιπαρεῖ χερί nicht vergleichen kann. Da nun λιπαρής und λιπαρός ursprünglich einerlei sind,
so wird man in der Erklärung von ἀλιπαρής dem Suidas und Eusta-
thius folgen können, und es ist auch sehr angemessen, wenn sie ihr unge-
salbtes Haar den βοστρύχων ἄκραισι φάβαις, den wohlgepflegten Locken
der Chrysothemis entgegenstellt.

Stück des Aeschylus bildet die Mitte
der einzigen, uns übrig gebliebenen Trilogie, oder Dreieinheit von
Tragödien, einer Kunstform, von welcher Sophokles sogleich bei

und Vermögen ist in diesem Werke zu erkennen, wohingegen Euripides in seiner Elektra hinter sich selbst zurückgeblieben sein dürfte.
Auch von uns soll auf eine Vergleichung eingegangen und die
zwischen den Dreien bestehende Verschiedenheit zwar nur aus Einem,
jedoch einem wichtigen, die Anlage des Ganzen mit bedingenden
Gesichtspunkte betrachtet werden. Bei Aeschylus nämlich, wiewohl
auch hier die That von Apollon geboten ist, erscheinen dem Orestes
nach vollbrachtem Muttermorde die Furien, vor denen fliehend er
die Scene verläßt. Dieß bildet nun einerseits für die Dichtung
selbst den Verbindungsknoten zwischen diesem und dem Endstück und
ist ein Hauptmoment des Ganzen, das auf die äußerlich dargestellte
Versöhnung collidirender Pflichten hinausläuft; anderseits aber ist
eine solche Fiction, wie sie mythisch überliefert war, auch dem Dichter selbst sehr entsprechend, indem Dieser, seinem Genius wie seiner
Bildung und Denkart nach, geneigt ist, die Fragen, welche Natur
und menschliches Herz darbieten, den ursprünglich in beiden gesetzten
Widerstreit, durch personificirte Kräfte darzustellen und, da nach
einer solchen Ansicht nicht ein Niedrigeres dem Höheren untergeordnet wird, gleichsam vertragsweise auszugleichen. Der Mensch, des-

er dem linken Pferde Luft giebt, unversehens an die Säule anprallt, die Achse bricht und, in die Riemen verwickelt, von den schon ge= wandten, wild durch die Bahn hinstürmenden Rossen geschleift wird. Zur Unkenntlichkeit zerfleischt, wird er von den übrigen Wettrennern befreit, deßhalb sogleich verbrannt und die Asche seiner Mutter überschickt, sobald Alles ganz kürzlich geschehen ist und die Ueberreste des Umgekommnen zugleich mit der ersten Nachricht von seinem Schicksal eintreffen.

B. 794. Nemesis, die Göttin der Vergeltung, wird des Orestes genannt, insoferne sie das ihm widerfahrne Unrecht rächen soll.

B. 828 f. Von Amphiaraos s. Th. 1. S. 346. 7. Das Frauenputz ist das goldne, ihm zum Netz des Verderbens gewordne Halsband.

B. 862. Für eine Jungfrau, vollends eine Königstochter, schickt sich das Laufen nicht.

B. 878. Unheilbare Gluth, Fieberhitze, Fieberwahn.

B. 883. Alte, veraltete, vernachlässigte Grabstätte; ein Gut= tus, wie die frischen Opfer eben, steht damit im Gegensatz. An eine Familiengruft braucht man dabei nicht zu denken.

B. 887. 8. Sie sieht sich um, ob sie ohne Zeugen sei, so= wohl weil sie das Opfer nicht auf das Grab ausgießen will, als auch um sich ungestört ihren Gefühlen überlassen zu können.

B. 997. Die Verbindung mit denn geht auf schmählich. Wir sollen uns frei machen und uns selber helfen; aber ist das eine Befreiung und Hülfe, nicht blos, daß wir umkommen, sondern daß wir für ein vielleicht rühmliches Unternehmen schmählich umkommen werden? Denn in Gefangenschaft und Qualen werden wir den Tod vergeblich herbeiwünschen.

B. 726. 7. ἤλαυνε δ' ἔσχατος μὲν, ὑστέρας δ' ἔχων πώλους, Ὀρέστης, τῷ τέλει πίστιν φέρων. Daß Orestes schlechteste Pferde ge= habt, widerspricht an sich der ganzen Schilderung, wornach er sich in Allem auszeichnet, und dann ist ausdrücklich, wie bei Keinem der übri= gen, ihre edle Race angegeben. Bei ὑστέρας ἔχων betone man das Participium, er lenkte sie so, es war absichtlich, daß sie nachkamen.

B. 958. 9. εὐσέβειαν ἐκ πατρὸς — οἴσει. Eigentlich nicht das Lob der Kindestreue, sondern die Kindestreue selbst als eine Eigenschaft, ein Zustand. Selbst B. 618. Ὀρέσου τοῦδ' οἷς ἔλυσε gehört hier=

B. 1044. 5. Es ist eine Thorheit, daß du mich zu deiner Meinung bekehren willst, wie ich so thöricht war, auf deine Hülfe zu rechnen. In diesen Worten liegt bei aller Strenge etwas vermittelnd Abschließendes, und sie bekräftigen die Worte der Chrysothemis, die eine Verständigung für unmöglich hält und daher der Unterredung ein Ende machen will.

B. 1049 f. Man glaubte Dieß an mehreren Vögeln zu bemerken, als Störchen, Schwänen u. a. m. Eine Hintansetzung der Aeltern bleibt nicht ungestraft. Dieß ist allgemein gesagt, daher in der ersten Person, nicht gerade gegen Chrysothemis gerichtet, apolologetisch für Elektra gesprochen.

---

her; man zieht sich auch im Deutschen aus einem Verbrechen, statt aus den Folgen desselben. Eben so heißt Antig. V. 924 τὴν δυσσέβειαν εὐσεβοῦσ᾽ ἐκτησάμην, was ich Frommes gethan, ist mir zur Gottlosigkeit geworden. Dagegen Ephes. 6, 8. Was ein Jeglicher Gutes thun wird, das wird er von dem Herrn empfangen, von dem Lohne des Guten.

B. 1018. 19. ζηλῶ σε τοῦ νοῦ, τῆς δὲ δειλίας στυγῶ. ἀνέξομαι κλύουσα, χὥταν εὖ λέγῃς. Der letzte Vers hat sehr verschiedene Erklärungen gefunden, die meistens dahinaus gehen, daß Chrysothemis von der Zukunft rede, in welcher Elektra sie noch loben werde. Dabei bleibt aber der Ausdruck, ein Lob geduldig anhören, auffallend. Dieß sucht nun z. B. Wunder so zu beseitigen: Ich höre geduldig deine Schmähungen, weil ich voraussehe, daß du mich über Dasjenige, was du mir jetzt zum Vorwurf machst, einst loben wirst. Aber wie ist Das aus den Worten zu nehmen? Hermann: Ich werde noch hören müssen, daß du mich lobst. Ein passender Sinn, wenn ἀνέξομαι das heißen kann, und wenn das καί an einem andern Ort stünde. Guten Sinn hat auch Stolbergs Uebersetzung: Ich hör' und dulde, bis du einst mich rühmst; sie kann aber ohne Textveränderung nicht bestehen. Matthiä in der philologischen Encyclopädie erklärt: Ich werde dich geduldig anhören, wenn du mich tadelst und wenn du mich lobst, d. h. es ist mir einerlei, ob du mich tadelst oder lobst. Dieß scheint mir der Wahrheit viel näher zu kommen. Ich glaube nämlich (ob Matthiä es so genommen hat, hat er nicht ausgesprochen), daß sich die Worte der Chrysothemis auf das vorhergehende ζηλῶ beziehen. Wegen deiner Klugheit bewundere ich dich, aber ich muß dich wegen der Feigheit hassen, d. h. aber die Quelle dieser Klugheit ist die Feigheit; man betone δειλίας. Worauf Chrysothemis: Du fängst nun auch an, mich zu loben, aber auch Das wird mich nicht aus der Fassung bringen. Diese Ironie beantwortet Elektra, wiewohl sie selbst

V. 1057. Die Sage kann als Gottheit, wie Homer, und nach ihm Virgil sie darstellt, die Kunde an Agamemnon bringen; ohne Personification gelangen Nachrichten von der Oberwelt durch die Neugestorbnen zu den Todten. Agamemnon aber soll es hören, um Elektra, die nun allein steht, in der Rache zu unterstützen.

V. 1078. Weise ist Elektra, weil sie der guten Sache treu bleibt (vgl. V. 357), hochherzig, daß sie sich selbst helfen will.

V. 1089. Nicht ist zu schelten, zu tadeln, wer dich zurecht-wies, mit Bezug auf Orestes Wort, er suche schon lange.

V. 1113. Gellius, ein Sammler des zweiten Jahrhunderts, erzählt, daß Polos, ein Aiginete und jüngerer Zeitgenosse des De-mosthenes, der berühmteste Schauspieler seiner Zeit, da er diese Rolle zu spielen hatte, die Asche seines nicht lange vorher gestorbe-nen Sohnes in der Urne auf's Theater gebracht, und durch seinen natürlichen Schmerz eine große Rührung bewirkt habe. Daß diese Vermischung von Fiction und Wirklichkeit unkünstlerisch war und sogar ganz hätte mißlingen können, ist einleuchtend, und die Anek-dote von einem großen Griechischen Schauspieler unwahrscheinlich.

---

diesen Ton angestimmt hat, ernsthaft: Das hast du nicht von mir zu fürchten; wodurch denn das Gespräch geistvoll eine andere Wendung nimmt.

V. 1044. 5. Die richtige, schon von Triklinios angedeutete Erklä-rung findet sich bei Scheffler: Nam spes vana est, fore ut conjunctio nostra sit firma atque stabilis.

V. 1073 f. οὐδεὶς τῶν ἀγαθῶν, ζῆν κακῶς; εὔκλειαν αἰσχύναι θέλει νώνυμος. Dieß ist der Commentar zu dem vorhergehenden εὔπα-τρις, welches nicht eine gute Tochter bezeichnet, so wenig als V. 979 καλῶς πεφυκότες gute Kinder heißt. Kein Edelgeborner läßt sich durch das Unglück verleiten, zu thun, was seinen Namen schändet, ihn zu einem νώνυμος macht. So unterwirft sich Elektra lieber einem gemeinen (κοινόν), ihrer Geburt unwürdigen Loose, als daß sie mit den Feinden sich vertrüge. αἰῶνα κοινόν, wenn es den Tod bedeuten sollte, scheint mir dunkel ausgedrückt. Auch hat sie sich den Tod nicht gewählt, son-dern sie wagt es nur auf ihn, er schreckt sie nicht von ihrem Racheplan ab, und der Chor hofft auch noch Sieg und Glück für sie.

V. 1139. τέθνηκ᾽ ἐγώ · σύ. Nach Erfurdts Verbesserung.

V. 1162. πᾶσιν γὰρ ἡμὶν τοῦτ᾽ ὀφείλεται παθεῖν. Dieser Vers, der zur Abschließung und Resumirung des Gedankens so wenig müßig

B. 1199. Deines Ajax, der Besorgung desselben, der Bestattung.

B. 1295. Daß nur Klytaimnestra, nicht aber Aigisthos im Hause sei, hat Orestes aus Elektra's Worten (1234), wo sie dieselbe nicht mehr zu fürchten nöthig findet, entnommen, wie seine Antwort zeigt; und später (1283) seine Warnung, sich bei der Mutter nicht zu verrathen.

B. 1311 f. Die Worte sind doppelsinnig; für Klytaimnestra heißen sie: ihr bringt Orestes Asche, die sie nicht von sich weisen werden, ohne sich jedoch darüber freuen zu können, wie ja Klytaimnestra eine solche gemischte Stimmung gezeigt hat; ihrer wahren Meinung nach werden sie den lebenden Orestes weder von sich abhalten noch sich seiner freuen können.

B. 1331. 2. Uebel ist es für sie, [daß Orestes gekommen ist, wird aber gut, ein Vortheil für sie, wenn sie ihn erkennen, da er dann, allein, ohne Hülfe, von ihnen überwältigt werden könnte, und sie sich für immer der Furcht vor ihm entledigen würden.

B. 1468. Als guter Seher hat sich Aigisthos eben gezeigt, da er Orestes Worte versteht. — Dagegen Agamemnon nicht (1487),

---

ist, als z. B. Phil. 1416 Wund. wird nach Bergk's Vorgang von Wunder als dem Euripides gehörig gestrichen. Doch steht auch Phil. 1393 W. τοῦτ᾽ ὀφείλεται παθεῖν.

B. 1169. Es ist die von Wunder hergestellte und vertheidigte Lesart οὐ δή ποτε statt des gewöhnlichen τί δή ποτε in der Uebersetzung angenommen.

B. 1295. Der Scholiast erklärt, wahrscheinlich habe es Orestes vorher auswärts erfahren. Aber dieses konnte doch Elektra nicht mit Bestimmtheit wissen. Scheffler sah in der Hauptsache das Rechte, neigt sich aber zu einer andern, auch von Schneider gegebenen Erklärung, nämlich: κλύων, wenn du von mir hörst. Diesem widerspricht aber die Formel πῶς γὰρ οὔ; welche voraussetzt, daß sich Etwas von selbst verstehe, nicht anders sein könne.

B. 1331. 2. Hermann erklärt: Alles ist euch günstig, auch die ruchlose Freude der Klytaimnestra. Aber der Pfleger sagt hier angemessener nach einem Vortheil des Orestes etwas Warnendes, den Gegnern Günstiges.

B. 1436. τῆς φιλτάτης, durch veränderte Construction, als wenn vorher ἐμοῦ stünde; es treffe sie als nächste Freundin allerdings vor allen Andern das Geschick der Ihrigen.

sonst würde er das ihm drohende Verderben geahnt haben, wie es die mit ihm ermordete Kassandra voraussah.

V. 1475. Tödte ihn und gib ihn den Todtengräbern, denn Besseres hat er nicht verdient. Man erklärt es auch von Hunden und Vögeln, denen er als Verbrecher todt hingeworfen werden solle; eine dem Dichter der Antigone und des Aias nicht angemessene Härte. Klytaimnestra und Aigisthos wurden entfernt außerhalb der Stadt begraben.

Druckfehler.

S. 22 letzte Zeile für 415—435 lies 415—436
— 23 — — — 436—469 — 437—470
— 24 — — — 470—497 — 471—498
— 25 Zeile 24 — weitschauenden lies weitschau'nden
— — — 25 — Ehegatten lies Ehgatten
— — letzte Zeile — 497—526 — 499—527
— 26 Zeile 20 — euch hier — hier euch
— — letzte Zeile — 527—560 — 528—561
— 27 Zeile 12 — Besalb' — Besalbt'
— — letzte Zeile — 561—589 — 562—590
— 28 Zeile 11 — jenem — Jenem
— — letzte Zeile — 590—617 — 591—618
— 29 — — — 618—642 — 619—643
— 30 — — — 643—666 — 644—667
— 33 Z. 3 v. u. — brachte — brachte,
— 35 — 10 v. u. — Mutter — Mütter
— 37 — 18 — bringt — birgt
— 41 — 4 v. u. — Wehe — Weh
— 42 — 10 — nun — neu
— 45 — 5 — mich — mit
— 46 — 15 — aufs neu, — aufs neu
— — — 16 — Durchströmt's lies Durchstürmt's
— 60 — 20. 21 die Worte: als wäre sie zugegen, sind zu streichen
— 68 — 8 für mächt'gen lies nächt'gen
— 72 — 23 als sie der — als sie der Hera

9 780282 1086